JN285882

# 特捜検察㊤

――巨悪・地下水脈との闘い

山本祐司

講談社+α文庫

**特捜検察**　一九四九年（昭和二四）五月一四日、戦後のにおいが残る隠退蔵《いんたいぞう》事件捜査部が特別捜査部（略称・特捜部）と改称されて、「特捜検察」と呼ばれるようになった。公安部は公安検察、刑事部は刑事検察と呼ばれるようになった。

「特別」の名が示す通り、特に難しい事件「航空機事故」なども対象だが、花形は政界事件や脱税・外為法違反などの経済事件。特捜検事は約三〇人（うち女性検事は一〜二人）。実力本位だから学閥はなく、全官庁のなかでも特異なエリート集団。平均在籍年数は二、三年だが、ベテランになると五年を越える検事もいて意気は高い。

現在、特捜部が置かれているのは東京、大阪、名古屋地検である。

特捜検察㊤●目次

## 第一章　栄光と悲惨

**第四章 保守合同下の暗闘**

## 第五章　特捜王国の全盛



## 第六章　眠れる獅子

## 第七章 総理大臣の犯罪

# 特捜検察㊦●目次

## 第十章　惜別

失われた政治倫理
「東京佐川急便事件」
一五七億円の行方《ゆくえ》
投げつけられたペンキ
検事調書全文朗読
不毛な対立
深く静かな潜行
特捜の意地をかけた復讐《ふくしゅう》

## 第十三章　強運の星

吉永密約説
ゼネコン・トップの逮捕
前代未聞、特捜検事の不祥事
朝日新聞の大誤報
告発つぶし
ロッキード最終判決

# 特捜検察㊤

——巨悪・地下水脈との闘い

# 第一章　栄光と悲惨

## サイパンの空の下で

小さく見える戦闘機が銀翼《ぎんよく》をきらめかせ、サイパン島の空は抜けるように青かった。もう少し南下するとグアム島、さらに行くとトラック諸島と、南太平洋の島々が緑陰の濃い光景を描き出していた。

昭和一六年（一九四一）一二月八日、海軍主計中尉・河井《かわい》信太郎《のぶたろう》は日米開戦をサイパン航空隊隊長・高橋農夫吉中佐から聞いた。河井は司法官試補になると同時に海軍に入ってすでに二年、二八歳になっていた。「いよいよ開戦だ」とサイパン島で高橋は将校たちに言った。

はるか北東の洋上では「ニイタカヤマ　ノボレ」と暗号電報が発せられ、連合艦隊六隻《せき》の空母を進発した第一次攻撃隊一八三機が午前七時四五分、米ハワイ真珠湾《しんじゆわん》の軍港上空に達した。「全軍突撃せよ」と翼《つばさ》を振った指揮官機は叫び、急降下爆撃の姿勢をとった各機は戦艦八隻を中核とする米艦隊の停泊する軍港に迫った。

すさまじい雷撃《らいげき》。爆破、炎上、壊滅。突如の奇襲攻撃に迎撃に上がって来る米戦闘機もない。ついで午前八時四九分、第二次攻撃隊一六七機が上空に現れた。徹底的な魚雷攻撃……。

二回にわたる攻撃で沈んだ艦船は、アリゾナ、オクラホマ、カリフォルニア、ウェスト・バージニアの戦艦四隻、大中破の戦艦三隻、巡洋《じゅんよう》艦三隻、真珠湾にあった航空機五四四機のうち、四七九機は爆破炎上で使用不能、死者二四〇四人。

アメリカは太平洋艦隊の一八パーセントを瞬時のうちに失ったが（日本の損害は航空機二九機）、海軍が重要目標にしていたエンタープライズ、レキシントンの両空母は日本側のレーダー不備のためどこへ行ったのか、皆目《かいもく》わからなかった。

「本八日未明、帝国陸海軍ハ西太平洋ニ於《お》イテ米英軍ト戦闘状態ニイレリ」というのが大本営《だいほんえい》発表第一号だが、日本が、圧倒的な物量を持つアメリカと互角に戦えたのは、真珠湾の奇襲の効果があった七ヵ月だけだった。

河井信太郎

米海軍は無傷だった空母中心の艦隊編成を急いだが、この情報戦のさなかにレーダーを完備している国とそうでない国との戦力差は歴然としたものがあった。

開戦後七ヵ月目で早くも訪れた最大決戦の「ミッドウェー海戦」。艦艇三五〇隻、航空機一〇〇〇機、将兵一〇万人を投入して、ハワイ西方のミッドウェー諸島占領をはかった日本海軍は米ミッドウェー基地を空襲したところ、同基地には米軍機がいないという〝不思議〟に遭遇した。そして「第二次攻撃だ」、「空母発見だ」と慌《あわ》てているすきをつくように米機動艦隊から飛び立った米軍機が日本艦船を急襲し、日本海軍は至宝だった空母「飛龍」「蒼龍」「加賀」「赤城」の四隻を一度に失って戦史に残る決定的敗北を喫した。日本に勝利の女神は二度とほほえまなかった。

ミッドウェー海戦直後に空母「隼鷹」に乗り組んで現場へ行った河井信太郎が語っている。

「日本海軍は米海軍の動きを未然にキャッチできなかったのに米軍は日本の暗号電信を解読しレーダーを駆使して日本艦船の動きを熟知していた。米海軍は日本の裏をかき、罠《わな》に誘い込んで待ちぶせ攻撃をかけて壊滅的打撃を与えた。日本海軍は情報戦に敗れたのです」

多くの日本艦船が沈んだ。太平洋の戦いはこんな風に展開した。

▽アッツ島守備隊二五〇〇人全員玉砕《ぎょくさい》（一九四三年五月）▽タラワ島守備隊四五〇〇人全員玉砕（同一一月）▽クエゼリン島守備隊六五〇〇人全員玉砕（一九四四年二月）▽サイパン島守備隊三万人全員玉砕、住民一万人死亡（同七月）、そして沖縄の日本軍一二万人全滅、県民一七万人死亡（一九四五年四月）と続く。

サイパン航空隊隊長の高橋農夫吉中佐は敵機の来襲を警戒しながら訥弁《とつべん》で部下たちに話しかけた。

「相手は米英の強国だ。しかも死に物狂いだから諸君も生命を落とす覚悟がなければならぬ。

それが日本国に報《むく》いる唯一の道だ」

夜になると高橋はしばしば副長・伊藤琢蔵少佐や主計長の河井、さらには軍医長や若い将校たちを呼んで会話を楽しんだ。椰子《やし》の葉陰で、高橋が訥々《とつとつ》と語る言葉には、さまざまな人生があった。高橋には郷里の水戸に妻と愛娘《まなむすめ》二人がいた。

ある夜、河井は、高橋の言葉に強い衝撃を受けた。飾り気のまったくない人柄だったが、高橋の言葉は、こんな戦争に突き進んでしまった原因を考えた時、深刻な響きをもった。高橋は言ったのである。

「われわれ軍人は、国家の命令で死守せよと言われれば死ぬまで戦わねばならぬ。それがわれわれの任務である。しかし決して国の政治や経済にくちばしを入れてはならぬ」

南十字星の下で車座になった将校たちは高橋が、銃によって政治の右旋回をはかろうとした「五・一五事件」（犬養毅《いぬかいつよし》首相暗殺）や「二・二六事件」（蔵相・高橋是清《たかはしこれきよ》、内相・元首相斎藤実《さいとうまこと》ら暗殺）を暗に批判していることを感じとっているようだった。河井は述懐《じゆつかい》している。

「これは軍人ばかりではなく検察官にも言えることではないか。政財界疑獄《ぎごく》を追う検察は法律違反だけをひたすら捜査すべきで、それをよいことに政治や経済政策をねじ曲げたりしてはならない。軍人は戦いに勝つことに死力をつくし、その後のことは国民の支持がある政治家が考えるべきだ。それと同じように検察は政財界の法律違反摘発《てきはつ》には全力をあげるが、その後どうすべきかは国民に支持された政治家の問題だ。軍人も検察官も自らの分を守るべきことが共通している」

そのことを高橋から初めて聞いた時、河井の身体に電流のような感動が走った。〝本当の軍人に会った〟と思ったと河井は述懐している。河井は主計将校だから二年の年限が切れると本国へ帰り、検事として赴任《ふにん》することになる。だが、航空隊での短い期間にめぐり会った軍人らしい気概《きがい》は河井にはとうてい忘れられるものではなかった。

副長の伊藤少佐は戦闘機乗りらしく、竹を割ったような性格だった。

「戦闘機乗りは敵機をたくさん落とせばいい。任務はそれだけで、それ以外は何ものもいらない」というのが口ぐせで、「二・二六事件」などは苦々しく思っているようなのだ。

サイパン航空隊隊長・高橋中佐と副長の伊藤少佐は、「あのような人には二度と会うことはあるまい」と河井が終生、畏敬《いけい》の念《ねん》をもち続けた人たちだった。

とてつもなく大きい国家という機構のなかでは、それぞれが受けもつ任務というものがある。

軍は戦《いくさ》に勝たねばならぬ、検察は法を無視する政財界の悪を剔抉《てっけつ》せねばならぬ、検察ができるのは法に照らし、裁判所に処罰を求めることだけであって、かりそめにも政治を変革しようなどと考えてはならぬ——と河井は考えていた。

「軍」と国家とのかかわりでは「検察」も同じ一面があるという確信を河井はもった。

河井は生粋《きっすい》の軍人ではない。高等文官試験司法科に合格していたから、昭和一四年（一九三九）、中央大学（以下、中大）法学部を卒業すると法曹へ進む司法官試補になったが、念願の検察官になる前に海軍経理学校へ入校している。「男は一度戦場へ行く」――それが戦前戦中の青年たちの宿命であった。

河井が志望した海軍経理学校には短現《たんげん》制度（短期現役制度）があって、大学で法律、経済、商学を学んだ者から五〇人ずつが選抜されて、四ヵ月間武器操作から戦術、会計、簿記、需品調達、医療品の扱い方まで徹底的に叩《たた》き込《こ》まれた。

河井は愛知県蒲郡《がまごおり》の旧家の生まれだが、農学校へ通っている時に父母を相次いでなくした。一足先に上京していた兄が「学校を出るまで面倒をみる」と迎えてくれた。東京実業学校から中大法学部へ進んだから海軍が教える会計、簿記などの教科には苦労しなかったが、若い時から巨漢だったため海軍体操に苦しんだ。

東京・築地《つきじ》にあった海軍経理学校について河井自身が述懐している。

「初めはハンモックで、のちにベッドになりましたが、同窓生は結束がかたいところがありました。皆二〇代で青春をかけたわけですから。朝食前に築地から上野《うえの》までマラソン往復、東京湾をカッターでお台場《だいば》一周、太っていた私には死ぬ思いでした。オールは水に入らないし尻《しり》の皮はむけて腫《は》れあがった。海軍体操、朝礼での校長訓示、それでやっと朝食になって勉強が始まるのです。それでも楽しかったのは若さがあったからです」

そして四ヵ月が過ぎると海軍の前線へ出され、将校として二年間勤務のうえ復員させるという制度。もっとも前線に出れば二年の約束は守られなかったが、戦闘要員ではなく艦船、軍港で資金、物資調達など経理面で「軍」の経営にあたる、といった方がわかりが早い。

河井が経理学校で会計、簿記など経理学を叩き込まれ、艦隊勤務で主計実務を積み重ねたことが、ほぼ一〇年後、特捜検事として政財界の疑獄捜査を手がけた時、かけがえのない武器として威力《いりょく》を発揮する。

河井は学生のころから政財界汚職に関心をもち、疑問点をなるべく自分自身で調べ、事件関係者から話を聞いていたから、サイパン航空隊隊長の高橋中佐、伊藤少佐が「軍人は、国家から戦死するまで戦えと言われれば、戦わねばならぬ。だが、政治や経済のことに口出ししてはならない」という趣旨《しゅし》のことを言った時も、それを理解できた。それが本当の「勇気」ではあるまいかと河井は思った。

それは軍人と検察官の共通点ともいえるが、それでは検察官には「高橋中佐や伊藤少佐のような立派な人」はいなかったのか。いやいや、そうではあるまい。思想（公安）検察絶対の戦前であっても、政財界の不正追及の〝特捜検察〟のなかにそういう立派な検事はたしかにいた。

河井がサイパンで日米開戦を迎えた昭和一六年一二月八日の時点からフィルムを逆回転させて明治時代初期にスポットライトを当てることとする。特捜検察のあり方を考えるうえで戦前検察の実態を知ることが、どうしても必要なのだ。

## 日本検察の黎明《れいめい》

明治維新によって新しく生まれ変わった日本に初めて「検察官」が誕生したのは肥前《ひぜん》佐賀藩の下級武士、江藤新平《えとうしんぺい》が司法卿《しほうきょう》（法務大臣）に就《つ》いていた明治五年（一八七二）八月三日のことである。

その日に制定された「司法職務定制」によると第二二条で「大検事、権大検事《ごんのだいけんじ》、中検事、権中検事、小検事、権小検事」があり、「裁判所ニ出張シ、聴断ノ当否ヲ監視ス」となっているが、組織としては「検部」のほかに「罪犯ヲ探索捕縛ス」る「逮部」も設けられているから捜査もしたのであろう。

特に注目されるのは、検事章程として「検事ハ、法憲及人民ノ権利ヲ保護シ、良ヲ扶ケ、悪ヲ除キ、裁判ノ当不ヲ監スルノ職」として「市民検察」の旗印を明確にしていることだ。

このことは日本の検察制度がフランス法を継承していることと無関係ではない。元検事総長・伊藤栄樹《いとうしげき》には『検察庁法』という解説本の名著があるが、そのなかで伊藤は「現在の検察制度のルーツは十三世紀、フランスの『国王の代官』である」と言い切っている。

「国王の代官」は市民の告発を受けて裁判所に処罰を求め、国王のために罰金をとったり、財産を没収《ぼっしゅう》したりしていたが、フランス革命後は裁判にかけるかどうか、起訴《きそ》の権限を独占した国家機関となった。

これがフランス法移入によって日本の現在の検察制度になった。検事たちは中央にいて司法卿（法相）や大検事の命令で事件のたびに裁判所に出かけていたが、明治九年（一八七六）九月一三日に初めて全国各地の裁判所に検事が配属され、同二三年（一八九〇）二月一〇日公布の裁判所構成法（現在の裁判所法）で各裁判所に検事局が置かれ、「検事局ニ相応ナル員数ノ検事ヲ置ク」ことになった。○○裁判所検事局という名称は、太平洋戦争敗北による検察機構改革まで続き、現在の検察庁は昭和二二年（一九四七）五月三日、現行憲法とともに施行された検察庁法を基礎にしている。

戦前の検察組織は裁判所に付置されていたわけだが、それは形のうえのことで事実上の権力は検察が掌握《しょうあく》していた。たしかに現在の「○○地方検察庁検事」が当時は「○○地方裁判所検事局検事」であり、「○○高等検察庁検事」が「○○控訴院検事局検事」、また「最高検察庁検事」が「大審院《だいしんいん》検事局検事」であれば検事は裁判官より地位が低いと見られがちだが、検察は司法省をおさえることによって裁判所を制圧していた。

それは現在の最高裁にあたる大審院が司法大臣の指揮下にある機構のもとでは当然といえた。政界へ進出する検事も多く、司法大臣を制する検事群に対して裁判官が出世してもせいぜい司法次官どまりでは無理もなかった。

明治の世になって最初に起きた疑獄は陸軍の国家資金の一割を使ってしまったという破天荒《はてんこう》な山城屋《やましろや》事件であり、荒っぽい明治の気風《きふう》を思わせた。

明治五年暮れのことであった。かつて長州（山口県）の奇《き》兵隊総督《へいたいそうとく》だった山県有朋《やまがたありとも》の部下、山城屋和助は明治維新後、兵部省《ひょうぶしょう》の御用商人となったが、兵部大輔《たいふ》・陸軍大輔（陸軍中将）になった山県にワイロを贈り続けた。

山県といえば陸軍をバックに絶大な勢力を振るった元老。長州出身の桂太郎《かつらたろう》、児玉源太郎《こだまげんたろう》、寺内正毅《てらうちまさたけ》を陸軍省、参謀本部の要職に据《す》え、内閣を組織し、枢密院《すうみついん》議長となり元帥《げんすい》にもなった超大物である。

政府に山県という強力なパイプをもった和助は陸軍省国家資金の一〇パーセント、六五万円を不正に引き出し、生糸相場《きいとそうば》に手を出しパリで豪遊。これが、フランス法を直訳し、民法草案をつくって新政府きっての法律通である司法卿、江藤新平に追及されると和助は陸軍省内で割《かっ》腹《ぷく》自決を遂《と》げたが、山県の疑惑はこれだけでは終わらなかった。

陸軍省御用商・三谷三九郎が登場し、ここでも陸軍省公金流用事件が起きるのだ。三谷家の手代《てだい》が投機に失敗して表面化するが、陸軍省の経理は乱脈を極めており、この二つの事件の背後には山県がいたのである。

佐賀の下級武士出身の江藤は「司法権の独立」をかかげて薩長《さっちょう》両派を牽制《けんせい》しながら山県に迫り、陸軍大輔を辞職に追い込み、山県は絶体絶命のピンチに立たされた。

こんな山県を救ったのが薩摩《さつま》の西郷隆盛《さいごうたかもり》であった。西郷は山県を引き立て、辞職後わずか二カ月で初代の陸軍卿（陸軍大臣）として復活させた。西郷隆盛の頭には「国家有用論《こっかゆうようろん》」があったことは間違いない。それは「国家有用の人材は汚職のような低次元のことで葬《ほうむ》っては国家の損失だ」というもので、汚職政治家を救済する時には必ず浮上する論理である。

西郷が山県を救った明治五年という年は倒幕・王政復古からまだわずかで時代がすさんでいた。

六年前には長州の木戸孝允《きどたかよし》（桂小五郎《かつらこごろう》）、土佐の後藤象二郎《ごとうしょうじろう》、薩摩の西郷隆盛、大久保利通《おおくぼとしみち》らと坂本龍馬《さかもとりょうま》、中岡慎太郎《なかおかしんたろう》が新国家を目指して連絡をとっていて、坂本、中岡が暗殺されるという時代だった。

また、幕府軍の榎本武揚《えのもとたけあき》が立てこもった北海道・五稜郭《ごりょうかく》が陥落したのは、わずか三年前のことであることを思い浮かべれば、あるいは「国家有用論」は成り立つかもしれないが、あれから一世紀以上もたった現代社会で政治家たちが使うことは絶対に許されない。国家に有用でない政治家たちが検察攻撃の一つ覚えのように繰り返す「検察ファッショ」とともに「国家有用論」はいまやナンセンスになったが、ひそかに汚職に手を染めた政治家たちによって、この論理は一〇〇年を超える伝統をもつことになった。

「国家有用論」はロッキード事件で逮捕された元首相・田中角栄《たなかかくえい》のケース（第七章参照）で最も激しく使われたが、「国家有用論」は逮捕されてから使ったのでは効果は半減する。汚職に手を染めた政界実力者が事件を闇《やみ》から闇へ葬って検察に表面化させない理由として「国家有用論」は絶大な威力を発揮する。

明治時代で忘れてはならないことは、新政府ができたばかりというのに早くも大がかりな汚職が首相になる陸軍高官・山県有朋によって引き起こされたことと、西郷隆盛によって「国家有用論」が使われたことである。

そしてこの二つは残念ながら現代政治の裏社会でも充分通用していることである。「せくな、あせるな、天下のことは」と西郷どんは、どこまでも大らかであったが、新政府がスタートしたばかりなのに早くも汚職があったことは、権力は常に腐敗する要素をもっていることを示している。

山県を完全に失脚させられなかった江藤は征韓断行論《せいかんだんこうろん》を唱《とな》えて新政府と対立。すでに最高権力の参議（五人）のポストについていた江藤は職を辞し、「佐賀の乱」を起こした。

この時、征討参軍として江藤らの反乱を鎮圧したのが山県であった。「征韓断行論」を超えて山県には江藤に対する怨念《おんねん》があり、土佐甲浦《とさかんのうら》で逮捕された江藤は明治七年（一八七四）四月一三日佐賀城内二の丸刑場で処刑され、首はさらされるという過酷《かこく》さだった。

しかし動乱の世はすさまじく、やはり「征韓論」で参議の職を投げ打った西郷隆盛も西南戦争《せいなんせんそう》を起こし、明治一〇年（一八七七）九月二四日鹿児島の城山で自刃《じじん》した。

そしてこの時も征討参軍として鎮圧したのが山県であり、参議のほかに翌年、山県は新設された参謀本部長になって並び称される者がないほどの権力者になった。

このことは山県の勢力下にある権力はアンタッチャブルになったことを意味し、特に「軍」

は絶対の聖域になった。江藤が山県の汚職を追及した当時は検察組織はまだできあがっておらず、正義感に基づいた江藤の孤軍奮闘《こぐんふんとう》だったといえる。

大日本帝国憲法の施行は明治二二年（一八八九）、刑法は同一三年（一八八〇）だったが、明治の世も四〇年もたつまで一人の政治家も逮捕できなかったのは「国家有用論」が検察庁を圧倒していたからだ。

「国家のために頑張っているのにワシを捕《と》らえる気か」と政治家にすごまれると検事はすごすごと退散せざるを得ない時代が続いていた。妻をなぐって死なせた総理大臣経験者が「国家に有用だから」という理由で不問にされるような社会だった。

政治家の事件といえば、ほとんどがテロだった。「岩倉具視《いわくらともみ》襲撃事件」（明治七年）、「大久保利通暗殺事件」（同一一年）、「森文相暗殺事件」「大隈外相襲撃事件」（同二二年）、そして明治二四年（一八九一）には訪日中のロシア皇太子ニコライ・アレキサンドロヴィッチ（日露戦争時のロシア皇帝ニコライ二世）を警察官が切りつけるという「大津《おおつ》事件」も起きている。

政府に対し反感をもつ者の直接行動に対処することが検察の使命とされ、天皇制を覆《くつがえ》そうとする秘密結社の捜査そのものが検察の存在意義とされた。いわば思想犯に対する公安（思想）検察であり、その立場は政治権力と完全に一致していた。

戦前の検察には警察に対する捜査指揮権があり、少数の検察が巨大な警察組織を動かすことによって戦前の日本社会は形づくられていた。警察の強大な力を検察に与えたのも政府などの政治権力を守るためであるという構図である。

しかし、「国家有用論」をまやかしとして排斥《はいせき》し、政府・権力者と真っ向から対立する検察が現れた。明治四一年（一九〇八）春、東京地裁検事局の小林芳郎《こばやしよしろう》検事正が指揮する特捜（経済）検事たちである。日本に検事が誕生して三六年目、初の「特捜事件」として記念碑的な意味をもつ「日糖疑獄《にっとう》」が幕をあける——。

## 日糖疑獄——初めての特捜事件

奇妙な夜だった。四月一一日、小林が勤務を終え、知人と待合に寄って検事正官舎へ戻って来ると、それを待ちかねていたように見知らぬ客が不意に訪れた。大日本製糖の監査役と名乗り、風呂敷《ふろしき》包みから膨大《ぼうだい》な帳簿、伝票類を出して机《つくえ》の上に積みあげた。

「まったくけしからん。ワシは監査役として断じて許さん。経営者とグルになった国会議員どもを捕まえて欲しい。だいたい、大日本製糖という会社はですね」と不意の客は言った。小林は目を半眼《はんがん》にして聞き入った。

大日本製糖ならば小林だって知っている。一三年前に資本金三〇万円でできた小さな会社だが、相次ぐ合併で二年前には資本金一二〇〇万円の大企業にのしあがり、今年に入っても台湾製糖、明治製糖と結んで名古屋製糖を買収し、さらに東洋製糖との合併を計画するなど経済界で波乱を巻き起こしていたからだ。

その台風の目になっているのが、磯村音介、秋山一裕という大日本製糖の若手重役たちで、その手法は大胆さを極めていた。二人はまず株主団体を組織し株の多数派工作を行った。「君ら古い経営者には新しい経営がわからない。退陣すべきである」と主張して大日本製糖の経営者を次々に追放した。しかも彼らの巧妙さは、クーデター的な臨時株主総会では財界の巨頭・渋沢栄一《しぶさわえいいち》を相談役に迎えて反対派の動きをおさえ、社長には農商務省農商局長、酒匂常明《さこうつねあき》をあてて、磯村が専務、秋山が常務となって実権を握ったことである。

「ところが」と不意の客は言った。「積極経営にも落とし穴がある。運転資金が枯渇《こかつ》したうえに不況の追い打ち、生産設備の六割が動いておらん」

小林は半眼の姿勢を崩さない。客は本題に入った。

「きょう臨時の重役会があった。ワシは勘定科目に記載されている台湾起業費に疑問をもった。いったいどういう金なんだとワシは追及した。そうしたら当社に有利な法律を通してもらうため多数の代議士を買収するのに使ったと説明があった。これは瀆職《とくしょく》（汚職）ではないか。ワシは監査役として断じて承認するわけにはいかない。検事局で調べて欲しい。ここに帳簿類と伝票がある」

客が帰ると小林はただちに年かさの南谷知悌検事に対して検事正官舎に来るように指示を出した。この夜の奇妙さは、また客があったことである。大日本製糖の常務として経済界に波乱を起こしている秋山一裕であった。秋山は精悍《せいかん》な顔で低い声で言った。

「会社が不正の金を捻出《ねんしゅつ》して国会議員を買収している。その資金の出所《しゅっしょ》を台湾起業費として隠《いん》蔽《ぺい》している事実がある」

秋山が口にした汚職の実態は実行為者だけに監査役よりもはるかに詳しかったが、犯人が検事正官舎に出頭した意図がわからない。「犯行を重ねるうちに正義感に目覚めた」というような簡単なものではないことは、のちに重禁錮《じゅうきんこ》三年の有罪判決を不服として大審院（現在の最高裁）まで争ったことでもわかる。

怜悧《れいり》な秋山は監査役が検事正官舎にかけ込んだことを知り、事件を自分に有利に切り開こうとしたのではないか——海千山千の経済界で乗っ取り、裏切り、制圧と、「金」のために熾烈《しれつ》な闘いを繰り返している経済人の言葉はにわかには信じられない。

秋山が辞去した後も小林は難しい表情で考えていた。

「検事正、なにか？」と南谷検事が入って来た。

「大日本製糖を知っているだろう。あそこに許しがたい疑惑がある。大勢の政治家が関係しておる。事実を探《さぐ》ってみよ。今までの検事局が経験したこともない大事件になるかもしれぬ」

小林芳郎

小林の言葉に南谷は緊張して、春の夜に消えた。

「検事正、事実です。間違いありません」と南谷が検事正官舎に戻ったのは深夜も遅くなってのことだった。南谷が驚いたのは、小林だけではなく古賀行倫、三浦栄五郎、武富済《たけとみわたる》、小原直《おはらなおし》の四検事が応接間で待っていたことだ。

「ここで復命《ふくめい》してみろ。許すべからざる疑獄である。たった今から、君たちにこの事件を捜査してもらいたい。すぐ帳簿と伝票で事件を読むんだ。一刻も早く捜査態勢を立てよ」

小林はやや凹《くぼ》んだ目で四人の顔を等分に見た。徹夜の帳簿・伝票解読作業が始まった。小林は一番年かさの南谷に捜査主任検事を命じ、夜が明けると、警視庁に命じ、警官隊を動員して大日本製糖をはじめ重役の磯村、秋山の自宅など関係箇所の一斉家宅捜索に踏み切った。警視庁が検察の指揮下に入っている時代だった。

「相手が政治家だろうとひるむな。責任はワシがとる」と小林は言って疑惑キャッチの翌日には、一斉家宅捜索という果断の措置をとった。南谷が命じられた「主任検事」というのは、当該事件に限って全権を与える検察独特の制度で、主任検事の指示通りに他の検事が「補助検事」として動く。事件のスケールを大きく描けば大事件になるし、脇《わき》を固め着実に徹しようとすれば事件はかたくなるが、その反面、夢がなくなる。

検事の性格と証拠のかねあいから事件のスケールが決まるが、明治の小林一門の検事たちは検察始まって以来初めての政治家事件というのに、まったく気後《きおく》れがなく、東京・霞が関の一角にあった赤煉瓦《あかれんが》の東京地裁検事局には続々国会議員が連行された。その数が二〇人に達したのだから、当時の検察陣の意気がいかに高かったかがわかる。

しかも検事正の小林はどこか維新の荒っぽい遺風が残る明治の世にあって、確実な証拠に基づくものだけを起訴し、見込み捜査は排除するという近代捜査を検察部内に導入していたから、部下の信頼は絶大だった。

　小林は安政四年（一八五七）の生まれ。佐賀の葉隠《はがくれ》武士の流れをくみ、少年のころ郷里の先輩を頼って上京し、岡田呉陽《おかだごよう》の門下で経学《けいがく》を学びながら、世の学人に交わって人格を磨き、明治一七年（一八八四）松山始審裁判所に入り、のち検察界に進む。

　曲がったことは許さず、検察に「不羈独立《ふきどくりつ》」の精神を確立したが、のちには「怒るが如《ごと》く、泣くが如く、厳なるが如く、寛なるが如く、柔と見え、剛と見え……これはもう〝泣き閻魔《えんま》〟としかいいようがない」（江木衷《えぎまこと》博士）――と文書にはある。

　その人物像については、当時の記録本にはどれも「容貌魁偉《ようぼうかいい》、目を炯々《けいけい》と光らせている偉丈《いじょう》夫《ふ》」と書いているが、その時の部下で大日本製糖事件を捜査した小原直検事の回顧録に写真が出ている。

　眉毛《まゆげ》が下がりめで、目は少し凹んで口ヒゲを生やし、やせ型で姿勢はよく、〝泣き閻魔〟とは陪審制度を実現させた弁護士・江木衷のような親しい人でなければとても表現できない。

　明治といえば日露戦争とは切り離せない。薩摩出身の満州《まんしゅう》派遣軍総司令官・大山巌《おおやまいわお》（西郷隆盛の従弟《いとこ》）と長州出身の参謀総長・児玉源太郎が、ロシアの大軍を奉天《ほうてん》会戦で破り、海では薩摩出身の連合艦隊司令長官・東郷平八郎《とうごうへいはちろう》が率《ひき》いる海軍がバルチック艦隊を「天気晴朗ナレド波高シ」（開戦電報）の日本海に沈めて明治三八年（一九〇五）九月五日やっと終結するが、日本の損害も甚大だった。

日本兵の死者は八万四〇〇〇人にも達し、戦費の総額一九億八四〇〇万円のうち七〇パーセントが外債調達《がいさいちょうたつ》、つまり外国からの借金で、〝勝利なき勝利〟とまで言われた。

その財政負担に政府はあえぎ、それが日糖（大日本製糖）事件にも影響してくるのである。

日露戦争から三年、戦費財政の後遺症が政府には重く、砂糖消費税の増額をはかったのが事件の骨格である。第四種一〇〇斤《きん》あたり七円五〇銭の砂糖消費税を一〇円に上げるという構想だったが、大日本製糖では、相次ぐ合併・拡張と突然やってきた不況に直撃されて増税案は会社の死活問題だったのである。

こんな時、会社の経営者は何を考えるか。最後まで死力を尽くして倒産する人もいれば、不正手段にしがみついて、さらに傷を深くする人もいる。

大日本製糖の経営陣・磯村、秋山がしたことは国会議員に金を握らせて自分たちに不利な増税を阻止し有利な法案をつくってもらう汚職——贈賄《ぞうわい》の犯罪だったのである。具体的には製糖業界に有利な「輸入原料砂糖戻し税法」の効力延長と、できれば会社そのものを政府に買い取ってもらう「砂糖官営法案」の国会成立が焦点だった。そして秋山らは国会議員二〇人をランク分けして二万円から四〇〇円のワイロをばらまいた。

東京・霞が関の東京地裁検事局。赤煉瓦と大理石を贅沢《ぜいたく》に使った二階建ての洋館は建築様式上はドイツ古典式といって、窓は半円形、正面玄関の上には二つの小尖塔《しょうせんとう》がついていて、屋内に入るとひんやりするほどの冷たさがあった。

「政治家がワイロをもらって政策をねじ曲げていいと思うのか」と検事が切り込むと、「国会議員はな、お前らのような検事より偉いということをよく覚えておけ。ワシらは国家のために仕事をしているから何をしても今までの検事局は何も言わなかった。それが今度の検事正はどうかしとる。輸入原料砂糖戻し税法の方は効力延長にしてやったが砂糖官営法案は断じて認めなかった。だから廃案になったんだ。どうだ。あーん」

「戻し税法の効力延長はワイロをもらって賛成したのではないか」

「あんなちっぽけなゼニなんか。こんなところにいつまでいるのか、おい帰るぞ」

「それなら市ケ谷刑務所に行ってもらいましょう。部屋の外では警視庁の警察隊が待っている」

検察が指揮権をもっている警察隊が近づき、「刑務所（拘置所《こうちしょ》）」という言葉が国会議員を震えあがらせた。起訴された衆院議員二〇人。大疑獄になった。

政友会が松浦五兵衛《まつうらごへえ》（のち憲政本党幹事長）ら一一人、憲政本党が西村真太郎《にしむらしんたろう》ら七人、大同倶楽部が臼井哲夫《うすいてつお》ら二人と各派に及んでいた。

戦争で多くの兵士たちが犠牲になり、その戦争負担金が国家（ということは納税者の国民）の重圧となっているなかで、一部の業界のために国家政策が金でねじ曲げられることは明治を開いた気概が許さない。捜査する検事たちもまた明治の人であった。

## 政治権力の悪に踏み込む

農商務省から天下《あまくだ》った大日本製糖社長・酒匂常明は責任を感じて辞任のうえ、麻布霞町《あざぶかすみ》の自宅でピストル自殺した。

起訴された衆院議員は裁判の結果一九人が重禁錮三月〜一〇月のうえ罰金を追徴されたが、全員が執行猶予、一人が無罪。贈賄側の磯村、秋山が重禁錮三年の実刑。政治家側が軽く見えるが、当時の瀆職法が収賄者は一月以上一年以下の重禁錮と軽く定めてあったからだった。贈賄者がいなければ事件は起こらないという考えに基づくものだが、国会議員には「落選」という刑罰以外の「罰」が加わることを忘れてはならない。

大日本製糖は磯村、秋山の逮捕後、相談役の大物、渋沢栄一が臨時株主総会を招集、藤山雷太《ふじやまらい》《た》を社長に選任。のちに経営を引き継いだ息子の藤山愛一郎《ふじやまあいいちろう》が戦後、政界に進出。〝六〇年安保〟で岸信介《きしのぶすけ》内閣の外相になったが、「絹《きぬ》のハンカチには無理だ」と言われ、総理・総裁にはなれなかった。それだけ政界はドブのようなところなのであろう。

日糖事件はこれで終わりではなかった。捜査が日糖事件を超え、さらに大きな疑惑である「石油疑獄」へ突き進んでいくように見えたからだ。

この疑惑を引き出したのは最も若い検事・小原直であった。検事になって六年の三一歳。東京大学（以下、東大）法学部卒の切れ者の検事だった。日糖事件の取り調べを受けた衆院議員のうちに「ワシらばかりを調べているが、なんで内外石油を調べないんだ。あの方が大きいのに不公平じゃないか。あれにくらべれば砂糖なんかチッポケなもんさ」と言う政治家がいたのである。

「検事正、砂糖だけではなく石油も怪《あや》しいんです。多数の議員が連座している可能性があります。証拠書類を隠しているところもほぼ突き止めました」と小原は小林に報告した。

「まったく議員はどこまで腐《くさ》っているのか、追及の手をゆるめてはならない。外部にわからないように内偵《ないてい》を続けるのだ。君と武富済君に石油事件を担当してもらう。よし、かかれ！」

小林は若い検事が好きだった。小林には帝都《ていと》の安全を守る責任者として、金に目がくらんだ国会議員が群れとなって百鬼夜行《ひゃつきやこう》することは何としても許せなかったに違いない。この時は特捜検察の草創期《そうそうき》で、この〝葉隠検事正〟は若い検事たちを証拠を重視する特捜検事に育てあげていた。小原には特に目をかけて検察の将来を託している面があった。小原は回顧録で追想している。

「小林さんは部下を愛され、宿直の検事を官舎に呼んで食事をともにし、囲碁や将棋に興じたり、時には料亭にまで連れて行ってくれた。失職中の義父、小原朝忠を八王子区裁の検事に登用してくれたり、妻との結婚を仲立ちしてくれたのも小林さんだった」

小原にとって小林は生涯の師となり、小林流の検察独立精神と証拠重視の近代捜査が小原のかたい信念になった。

砂糖に続く石油の疑惑で政界は暗雲にとざされた。小原と武富の内偵が進み、小林から本格捜査についての請託が検事総長・松室致《まつむろいたす》を通じて政府にあがったからである。

当時の首相、陸軍大将・桂太郎は思わず声をあげた。

「検事総長を呼べ。もう捜査はやめてもらいたい。政府を敵と思っているのか、検察の奴らは。やめだ、やめだ、捜査はやめだ。政治家の国家有用を何と心得る！」

日露戦争の財政難を国会の党略《とうりゃく》でしのいでいる桂にしてみれば、ひそかにワイロを受け取るような議員こそが頼りになる存在なのだ。桂も長州（山口県）の出身で、普段はニコニコ笑ってポンと肩を叩く楽天家でニコポン首相と言われていたが、この時ばかりは恐ろしい顔をしていた。検事総長の松室致と司法省民刑局長・平沼騏一郎《ひらぬまきいちろう》（のち首相）がかけつけると桂は二人を睨《にら》みつけた。

「君たちは衆院議員を何人捕まえれば気がすむのか。砂糖で二〇人も捕まえ、そのうえ石油で多くの議員を捕らえたら、日本はどうなるか。衆院議員がだれもいなくなったらどうするのか」と桂は目をむいて言った。小原の回顧録によると正式に次のような首相の裁断《さいだん》があった。

「（桂総理は）石油問題のことは自分もいくらか聞いているが、これに手をつけると砂糖問題どころではなく多くの怪我人《けがにん》が出る。砂糖問題で国会の信用を傷つけているのにこのうえさらに石油問題で一層信用を害しては国会の不名誉である。この際、検察は我慢して、大局より本件を見合わせて欲しい。これは指示である」

検察が石油問題に手をつければ政権崩壊は必至であったが、この桂の論理は重大である。政治が検察の捜査をおさえる時に使う常套手段《じょうとうしゅだん》であり、別の言葉で言えば政治家の「国家有用論」であるからだ。西郷隆盛が山県有朋を救ったのも「国家有用論」であったし、はるかのちの昭和二九年（一九五四）、吉田茂《よしだしげる》内閣が造船疑獄で自由党幹事長・佐藤栄作《さとうえいさく》（のち首相）の逮捕を「法相指揮権」で阻止して事件をつぶしたのも、この「大局的見地」――「国家有用論」であった。検察裏面史には、こんな理由で捜査が闇に葬られた事件が多く、日本という国は明治初の疑獄「山城屋事件」（江藤新平司法卿追及）にしても、初の政治家逮捕である「日糖疑獄」にしても「国家有用論」の影につきまとわれており、不幸なスタートといえるだろう。

検事総長・松室は桂の要望をいれることにした。首相官邸から大審院検事局へ戻った松室は検察首脳会議を招集した。大勢《たいせい》は「総理の立場もよくわかる。やむを得ない」という結論だったが、その時、説得力をもつ言葉も用意されていた。「国なくして検察なし」という政治と捜査のバランス論である。しかし、ただ一人この結論を承服しない検察高官がいた。

小原　直

東京地裁検事局検事正・小林芳郎だった。「そんな曖昧《あいまい》さこそが国を誤《あやま》る。汚職とは政治家の任務を放棄し、自分の利己心（私心）を国家より上に置くことを意味し、こんな政治家が国を裏切らないといえるのか」と葉隠検事正の小林は思ったのである。

「総理大臣に言われて悪事を見逃すとはもってのほかだ。何のための検察か、そんな検察なら俺は辞職する」

小林は怒った。検察首脳には言葉がなかった。結局この事件は、将来、検事総長になり首相にまで栄進する平沼騏一郎司法省民刑局長が桂首相と小林検事正の間に立って両者を説得、刑事事件としては尻《しり》すぼみに終わる。強大な権力をもつ首相に特捜検察が敵《かな》わないことは昔も今も変わりはない。

ただ一つ、国民の圧倒的支持で捜査を遂げた時は「奇跡」が起こるが、それはのちの章で詳しく述べる。しかし、それでも小林が実戦指揮にあたった捜査について平沼が回顧録で書き残している。

「富豪、藩閥《はんばつ》、政党の関係で議員の瀆職事件が起こったのが、いわゆる日糖（大日本製糖）事件である。日糖事件は司法部として新時代を画したものである。それまで検事局など世間に力はなかった」

政治権力の悪に踏み込む検察に庶民の人気が高いことは昔も同じことだ。検察史上、初の政財界疑獄捜査に携《たずさ》わった小原は大きな実力をつけ、特捜（経済）検察の土台を築いたが、この捜査を終えた明治四二年（一九〇九）春、東大を卒業した男が東京検事局に配属された。

やはり小林検事正に目をかけられた塩野季彦《しおのすえひこ》。大局の把握に優れ、彼もまた小林を〝捜査の神様〟として慕《した》うのだが、小林門下《もんか》の二人、小原が特捜（経済）検察、塩野が公安（思想）検察の部局に分かれ対立、検察に大派閥を形成して血で血を洗うようなすさまじい抗争を繰り広げようとは、慧眼《けいがん》の小林でも見抜けなかった。小原も塩野ものちに司法大臣にまで登り詰めるのだが、第二次世界大戦をはさんで、小原、塩野が他界したのちも後輩検事たちが昭和四〇年代（一九六五—）まで争いを続けていたことを見れば、小林の眼力よりも派閥争いの激しさの方がはるかに上回っていたと言える。

特捜検察が政治家の悪を剔抉してこそ正常な社会を維持できると考えることに対し、公安検察は「社会には革命という政権転覆《てんぷく》をはかる勢力がいる。それを除去するのが検察の任務」と主張してやまない。

塩野といえば、昭和の初め、非合法共産党に対し二回にわたり空前の大弾圧を行い、終戦まで共産党が再建できなかったほどの徹底した捜査で知られている。

東京地裁検事正になった塩野は、昭和三年（一九二八）三月一五日、非合法共産党の徳田球《とくだきゅう》一《いち》、志賀義雄《しがよしお》、河田賢治《かわたけんじ》、春日正一《かすがしょういち》（いずれも戦後、国会議員）、水野成夫《みずのしげお》（転向して戦後、国策パルプ、産経新聞社社長）ら幹部を含めて一六〇〇人を逮捕する「三・一五事件」の指揮をとった。

塩野季彦

さらに翌四年（一九二九）四月一六日、塩野は市川正一のほか、鍋山《なべやま》貞親《さだちか》、三田村四郎《みたむらしろう》、佐野学《さのまなぶ》（いずれも転向）ら三〇〇人に及ぶ第二次一斉逮捕でも捜査の指揮をとって共産党を壊滅させた。幹部ならば宮本顕治《みやもとけんじ》（のち共産党名誉議長）のように戦争が終わるまで一〇年以上も獄中にいるほど重刑を科された。

塩野は同じこの年に「私鉄疑獄」（鉄道相・小川平吉《おがわへいきち》を起訴）、「朝鮮総督府疑獄」（陸軍大将・山梨半造《やまなしはんぞう》を起訴）、「勲章疑獄」（賞勲局総裁・天岡直嘉《あまおかなおよし》を起訴）、「鉄道疑獄」（元文相・小橋一太《こばしいちた》、鉄道次官・佐竹三吾《さたけさんご》を起訴）と四大疑獄のすべてに捜査指揮をとっているので、「公安・思想」事件だけに全力を集中した公安一辺倒の検事とはいえない。

小原にしても戦時下の司法相、内相を務め、左翼思想取り締まりを重点目標にしていたから、小原、塩野の違いは、政権に対する汚職・疑獄捜査の姿勢にあった。この問題に「国家有用論」をあてはめてみると、その差は歴然としてくる。

「国家有用論」というものはすでに書いたように「国家に有用な人材を汚職のような低次元のことで葬ってしまうのは国家の損失だ」というものだったが、〝国家に有用な政治家〟という点に留意していただきたい。これを逆から言うと「〝国家に有用でない政治家〟は葬っても国家の損失ではない」ということになる。西郷隆盛が汚職に手を染めた山県有朋を「国家有用論」で救ったのは、山県にはそれだけの才覚があると判断したのだろう。

塩野が逮捕・起訴した政治家は、その事件が政権に直接響くものではなかった。つまり「国家にとって有用でない政治家・官僚」だったのである。むしろ逮捕した方が社会の〝有用〟と考えたのだろう。塩野は、これらの政治家・官僚よりは非合法の共産党撲滅《ぼくめつ》の方がよほど国家にとっては「有用」と考えていた。

これに対して小原の疑獄に対する姿勢は明らかに違っていた。

日糖（大日本製糖）事件には個人的には「国家に有用な政治家」はいなかったようだが、その政治家たちが多人数にのぼれば状況は一変する。まして二〇人の政治家を起訴して、さらに石油事件で多くの政治家を逮捕・起訴するとすれば「国家有用論」を突き抜け、藩閥政府そのものの終焉《しゅうえん》となって日本国は重大危機に陥《おちい》る――と桂首相は考えたのだろう。

それを国の事情も知らずにしゃにむに逮捕しようとしたのが〝葉隠検事正〟の小林であり、彼を信奉している小原であると桂の目には映ったのだろう。

検察の政界捜査は、ひたすら証拠だけを追っていくべきで、政治家の立場などその他のことは一切考えるな――というのが小林芳郎以来の「特捜検察の正道」である。そうしなければ党派によって政治家に対する態度に差ができて捜査は歪《ゆが》み「検察の正義」に反することになる。

日本では容疑者を裁判にかけるかどうかの起訴の権限は検察官が独占しているから、政治的思惑《おもわく》から党によって起訴・不起訴の手心を加えれば、やがて検察に狙われた党の消長問題にもなる。検察が事件を通じて、党の盛衰を握るようになれば、これはまさしく検察ファッショになる。

だから政治家の捜査は、政治的思惑は一切排除してひたすら「証拠」を追って進むのが「検察の正道」なのだ。元検事総長・吉永祐介《よしながゆうすけ》によって引き継がれている考え方だ。

そしてこの「検察の正道」をかたくなに守ろうとしたのが、小林、小原の特捜検察陣であるといえる。日ごろ小林から、「検事たる者、見込み捜査で予審請求《よしんせいきゅう》（戦前の旧刑事訴訟法では起訴の前に予審があった）するようなことがあってはならぬ、まず証拠を収集せよ」と、見込み捜査排除と証拠捜査主義を東京の一線検事は叩き込まれていた。

「小林検事正の方針は検事がいたずらに見込みで予審請求をして免訴《めんそ》を出すようなことは厳しく戒《いまし》め、検事が慎重な捜査を行い、その結果、証拠が整理されたうえで着実に起訴するという画期的な方針が打ち出され、各検事もこれにならうようになっていた」と小原自身が書き残している。

検察・警察の「見込み捜査」は現代でも人違いの冤罪《えんざい》事件という深刻な人権問題を引き起こしているが、「自白は証拠の王様」と自白重視の旧刑事訴訟法時代（戦前）は、自白を急ぐあまり、むごたらしい拷問《ごうもん》に走りがちだった。そんな見込み捜査と自白絶対の戦前の検察・警察にあって小林のような検事の存在自体が一つの不思議と言えたが、「不羈独立」の検察精神を叩き込まれた東京地裁検事局第一線の特捜検察の意気は高かった。

小原は、明治維新を告げる戊辰《ぼしんせんそう》戦争で薩摩・長州の官軍を相手に最後まで戦った新潟県長岡《ながおか》（長岡牧野藩）の貧乏士族の出身。この地方を攻めたのは山県有朋、西園寺公望《さいおんじきんもち》らの軍隊で、歴史の不思議さから小原は山県たちがつくった新政府に検事として勤めることになる。

幕府軍の敗戦は小原が子供の時のことで、旧藩士の生活は惨《みじ》めで、「だいろ、だいろ、角出《つの》せ、だいろ」（かたつむりよ、角を出して立ち上がれ、今にみていろ）という「越後甚句《えちごじんく》」に怨念を込めて働いた。小原家も赤貧《せきひん》同然で、小原は中学一年を〝飛び級〟した祝いに母が初めて洋服を買ってくれた。

「近代検察の神様」と言われた小林は、小原の人柄のなかに権力に屈しない反骨の血を見たのであろう。ついでながら塩野は小原より四歳若く長野県(信州松代真田藩)の士族出身。幕末、佐久間象山《さくましようざん》と並び称された儒者《じゆしや》、山寺常山《やまでらじようざん》が祖父という名家で、父の宜健は東京始審裁判所検事でまだ半世紀を経《へ》ない検察のなかで早くも二代目、さらに息子の宜慶《やすよし》は戦後、東京高検検事長から最高裁判事、孫の健彦《たけひこ》は東京地検八王子支部長と四代続く検察一家なのだ。

## 内閣を崩壊させたシーメンス事件

混沌《こんとん》とした明治は近代化の曙光《しよこう》を見せながら去って大正時代がやってきた。「検察の神様」と言われた小林芳郎は大阪控訴院長を最後に検察を去り、平沼騏一郎は検事総長になり、小原直は東京地裁検事局次席という捜査を指揮するポストについた。将来、二大派閥となって対立する塩野季彦も腕ききの中堅検事として東京地裁検事局で重い存在になっていた。

花形検事のすべてが顔を揃《そろ》えていた。

総理大臣は海軍の大立て者、山本権兵衛《やまもとごんべえ》、海軍大臣は斎藤実(のち首相。二・二六事件で射殺)で二人とも海軍大将経験者だった。この陣容のなかで戦前検察最大の事件といわれる海軍の汚職「シーメンス事件」は起きたのである。

大正三年（一九一四）一月二三日、海軍省は騒然としていた。「帝国海軍に収賄疑義」「ベルリン地裁で発覚」という派手《はで》な活字が新聞紙上に躍っていたからだ。これを「東京日日新聞」（現・毎日新聞）から引用すると次のようになる。イギリスの通信社ロイターが全世界に配信したものだ。

「ベルリン地方裁判所は、シーメンス・エンド・シュッケルト東京支社員カール・リヒテルに対し会社の機密文書を持ち出した窃盗罪《せっとうざい》で懲役二年とした。機密文書中には、同社よりワイロを収受した日本海軍将校の名が記載されている」

遠いベルリン地裁の雑報にすぎない事件が、やがて謀略じみてくるから外国のからむ事件は恐ろしい。

小原には大事件に発展する予感があった。陸軍の実力者、山形有朋を「汚職」で完全に除去できない間に軍部が大日本帝国憲法第一一条で「天皇ハ陸海軍ヲ統帥ス」の条項を「政府といえども軍に干渉できない」と解釈した結果、軍は常に「聖域」とされてきた。

検察にとって軍の捜査は政治家捜査よりもはるかに難関といえた。その捜査に失敗した時、予想される海軍の報復は「天皇の軍隊に汚点をつけてそれが許されるはずがない」というもので、検察が二度と立ち上がれないほどの打撃を加えられる危険性があった。

平沼も小原も塩野も「いざ」という時の決意を固めたはずである。「シーメンス事件」はドイツからもたらされた外電の新聞報道がきっかけだった。昭和五一年（一九七六）のロッキード事件とよく似ているが、検察の威信《いしん》が確立した事件として汚職捜査史のなかで輝いている。

「海軍高官の名前が続々判明」「海軍窮地に」と新聞は連日シーメンス事件を大きく報道した。

「なぜこの時期なんだ。謀略なのか」と〝海の宰相〟山本は呟《つぶや》いた。山本はきかん気の薩摩っぽ。二〇年前、日露戦争の前に海軍次官の時、明治維新の功労だけで栄進した古い海軍提督の引退を強行、海軍兵学校卒の若手を登用して、近代海軍の衣替えをした実力者だった。

明治時代という大艦巨砲《たいかんきょほう》時代にあって、それを退《しりぞ》け、高速の巡洋戦艦隊を編成して明治三八年五月二七日の日本海海戦でロシア艦隊撃滅（戦艦など二〇隻撃沈、五隻降伏）の殊勲者となった。

「国の浮沈《ふちん》は海軍の強弱にかかわる」というのが山本の信念であり、一月二一日からの衆議院予算委員会で新艦隊編成の六ヵ年継続予算（一億六〇〇〇万円）を付託したばかりであって、これから始まるだろう不吉《ふきつ》な捜査が、山本の大海軍構想を崩壊させないかと思い始めたからだ。

海軍省では疑惑が発覚して五日目にやっと谷口高級副官が記者会見した。

「昨年一一月、シーメンス社日本支社長ビクトル・ヘルマンの秘書、リヒテルが極秘書類をごっそり盗み出した。そして上司のヘルマンを相当の報酬（二五万円）をくれれば公表しないと脅した。その極秘書類には贈賄先として日本の海軍将校のリストが含まれると言ってヘルマン支社長は斎藤海相を訪れた。そして『金を出してくれないか』と言うから斎藤海相は断った。

わが帝国海軍は潔白である」

シーメンス事件は極秘書類の持ち出しが端緒《たんしょ》だったが、その海軍高官のリストの存在が帝国海軍を揺さぶった。斎藤海相からの金の引き出しに失敗したリヒテルは、契約書、本社との往復書簡、海軍高官リストなど企業秘密書類をロイター通信東京支局員アンドリュー・プーレイ記者に持ち込んだ。

「世紀の大スクープ！」と、プーレイ記者は上司のブランデル支局長に報告して七五〇円の大金でリストを買い取ったが、かけつけて来たシーメンス社支社長ヘルマンが「これが公表されれば重大な打撃をこうむる」と意気消沈する姿を見て気が変わった。

プーレイは「二五万円で売ろうじゃないか」と吹っかけた。五〇〇円もあれば独身の海軍士官が一年暮らせた時代である。ヘルマンは結局、五万円で買い戻さざるを得なくなったが、さらに斎藤海相にも金を出させようと訪ねたのが谷口高級副官の記者会見の内容だった。

斎藤は軍人のなかでは和平派と見られていたが、その斎藤になぜ、シーメンス社のヘルマンは金を出させようとしたのだろうか。極秘リストに海軍高官名があるから——という子供騙《だま》しの理由では通用しない。何らかの特別な関係があったのか。シーメンス社はドイツの無線通信機器会社で海軍省とも取引はあったが、それだけで斎藤海相に泣きつくとは不審が多すぎる。そんなに簡単に海軍大臣に金を出してくれ、と言えるものだろうか。

帝国海軍の疑惑に世論は高まった。大審院検事局の検事総長室では、平沼が一通の書簡《しょかん》を前に難しい顔をしていた。司法相・奥田義人《おくだよしんど》から回されてきたものだったが、宛《あ》て先は奥田名義、「独逸人《ドイツじん》ビクトル・ヘルマンに関する件」という表題がついていた。差出人は「海軍大臣男爵　斎藤実」となっていた。

平沼は長い間、書簡の内容について考えていたが、決意すると立ちあがった。大正三年一月二八日、シーメンス事件の捜査が始まったのだ。

平沼は作州《さくしゅう》（岡山県）津山《つやま》の藩士の家に生まれたが、維新後、父が病《やま》いで失職し、極貧《ごくひん》のなかで最も慕っていた兄（のち早稲田大学教授）とともに「写字」のアルバイトをしながら月謝不要の大学予備門から東大へ進んだ。

若い時に一度結婚に失敗してから生涯独身を通し、「天性の無愛想」「謹厳実直《きんげんじっちょく》」と言われ、明治の元勲《げんくん》・山県有朋が「うちに出入りする若い者のなかで、最もしっかりしていて、将来性があるのは原敬《はらたかし》（のち平民宰相）と平沼騏一郎という男だ」と回顧録に残しているほどだから非凡なものがあったのだろう。

しかし、その非凡さは冷厳《れいげん》な人間性にあり、検事になるとますます近寄りがたい存在になっていった。彼は検事総長になるとただちに大人事異動を断行し、裁判官、検事を震えあがらせた。

〝司法界粛清《しゅくせい》の嵐〟と言われた人事異動は大正二年（一九一三）四月、平沼が司法相・松室致とはかって「裁判所廃止及名称変更ニ関スル法律」「判事及検事ノ休職並判事ノ転所ニ関スル法律」を成立させ、二二九人の判・検事を一挙に休・退職とし、四四三人にのぼる異動を発令した。

「司法の独立もいいが、そのための身分保障が人事運営上の障害になったり、よどんだ空気をつくる」というのが、検察史に残るほどの大異動の理由で、いまや平沼の司法部内の地位は盤《ばん》石《じゃく》になった。しかも検事総長のポストを一〇年間も務めており、当時の雑誌が「実に氏の実力の前には歴代の司法大臣も大審院長も、ただその威《い》を仰《あお》ぐばかりであった」と書いている。

　平沼はシーメンス事件を捜査する検察首脳会議を招集した。司法相・奥田に宛てた海相・斎藤の書簡には気がかりなところがあった。ロイター通信の記者プーレイに脅迫《きょうはく》されたシーメンス社支社長ヘルマンは斎藤に「プーレイは悪い奴だから検事局に告訴しようと思うが、そうすると多くの日本海軍高官の名前が出るから躊躇《ちゅうちょ》しとるんだ」と意味あり気に言ったことに対して斎藤の答えが書簡になっている。

「右ニ対シ本官ハ海軍ノ官吏ニシテ曲事ヲ為シタル者アリト信ズル能ハザルコトヲ断言ス　然レドモ不幸ニシテ万一ニモ不心得ノ輩アリシナランニハ職責上其関係及事実ハ極メテ明瞭トナランコトハ最モ希望スルトコロナリ　付テハ『プーレイ』ガ本件ヲ公表スルヲ拒マズ　又貴下ガ同人ヲ検事ニ告訴スルコトヲ拒ムモノニアラズト答ヘタル処両人辞去　右ハ即日海軍省司法局長ヲシテ東京地方裁判所検事正ニ口頭デ通知セシメ置キ候得共尚ホ参考ノ為メ通知候也」

　ヘルマンの恐喝《きょうかつ》まがいの事件があったのは大正二年一一月のことで、〝司法界粛清の嵐〟の大異動があって半年目のことだから中川一介《なかがわいちすけ》検事正も小原次席も忘れるはずはないのだが、こんな話は初めてであった。

「口頭デ通知セシメ置キ」という表現が引っかかった。証拠も残らず、口での言い方はどうにでもなるからだ。司法相の奥田は剛毅な男だった。新聞のスクープ記事をもとに国会議員たちから「海軍大臣が恐喝にあっているのに司法部は打ち捨てておくのか」と集中攻撃を浴びせられても「一片の風説《ふうせつ》で司法権を発動するわけにはいかぬ」と突っぱねていたが、斎藤海相から書簡を渡されると、奥田はすぐ平沼を呼んで「検察としての処理はまかせる」と即座に言ったものだ。

大審院検事局の会議室で開かれた検察首脳会議は緊張した。平沼は淡々と言った。

「捜査に着手することとする。海軍との関係は私が責任をもってことにあたる」

怜悧な平沼には覚悟ができていた。新聞の世論は圧倒的な支持があったし、まず何よりも特捜検察の存在が問われていることが重要だ。捜査如何では海軍が組織をあげて攻撃する非常事態も考えられるが、逆に言えば検察が覇権《はけん》を打ち立てる絶好の機会でもあった。

挑戦しなければ権力を強めることもできない、と平沼は考えた。平沼の口調はあくまで淡々としていた。

「捜査の主任検事は小原直東京地裁検事局次席検事、捜査にあたる検事

平沼騏一郎

は塩野季彦、秋山高三郎《あきやまたかさぶろう》、竹内佐太郎《たけうちさたろう》の三君、警察には追って指示を出す。相手が軍部だから、よほどの覚悟で臨《のぞ》まねばならない」

結論から先に言ってしまうと、検察はこの勝負に勝ち、初めて内閣（山本権兵衛）が倒れ、一〇年後に復活した第二次山本内閣では、平沼が司法相として迎えられているのだから平沼のしたたかな政治性ということができる。

シーメンス事件に勝って出世の特急券を手に入れた平沼は司法相、国務相を歴任して検察官経験者としてはただ一人総理大臣の座を極めている。

また平沼は捜査陣を他人まかせにせず、平沼自らが全般的な指揮をとったが、そのなかに小原、塩野の名前があることは平沼の厳しい目から見ても二人が検察きっての優秀な捜査検事だったことがわかる。

小原ら捜査陣の動きは早かった。実際には紆余曲折《うよきよくせつ》をたどったが、それを圧倒するだけの勢いがあった。捜査を命じられた日のうちにジャパンタイムズ社長・頭本元貞《ずもともとさだ》を参考人として呼び、プーレイ記者やロイター通信の内情を聞いた。

その翌日にはプーレイ記者を逮捕した。盗品の機密文書をもとに二五万円を要求、結局五万円で手を打ったこと、上司の支局長にも〝分け前〟として五〇〇〇円を渡したことまで、プーレイの供述は詳細を極めたが、日本海軍高官の名前が出てくるはずのリストだけははっきりしなかった。

機密文書を五万円で取り戻したシーメンス社支社長ヘルマンが、ただちに焼却してしまったからである。

「あんなものを持っていると、日本海軍への贈賄の証拠になったり、プーレイ記者への恐喝になったりして、ろくなことにならない。大正二年暮れのことだった。プーレイから香港上海銀行横浜支店で五万円の小切手と引き換えに機密文書を取り戻した翌日、横浜のドイツ領事館で燃やしてしまった」（『小原回顧録』）と、ヘルマンは供述している。

だが、帝国海軍の汚職は海軍高官リストがなければ犯人を突き止められないほどの完全犯罪ではなかった。銃で守る意識が習慣になっている軍は、銃が通用しない問題ではもろかった。大正三年一月三〇日、シーメンス社支社など三十数ヵ所の一斉捜索。同時に同支社商務代理人・吉田収吉を逮捕した。

山本権兵衛

彼は覚悟を決めていて礼儀正しくすべてを自供した。日本海軍が前年一一月、千葉県船橋に完成したテレフンケン無線電信の建設契約をシーメンス社と結んだ時、吉田は同社の代理人として活動し、その謝礼コミッションとして四万四〇〇〇円を受け取ったが、その使途について詳細に自供した。

「この契約につきましては艦政本部の沢崎寛猛大佐に特にお世話になりましたので、契約の七月ごろ七〇〇〇円を手《て》提《さげ》金庫に入れ、お宅にうかがいまして『娘さんの結婚資金の一助に』と置いて参りました。さらに無線施設ができた一一月ごろ、大佐が家をつくりましたのでお祝いとして四五〇〇円を差しあげました」

これを総計した一万一五〇〇円が「ワイロ」になり沢崎大佐は海軍軍人の起訴第一号となったが、吉田は独房内で自決して果てた。

捜査陣は焼却された機密文書のなかに「海軍少将・藤井《ふじい》光五郎《みつごろう》は有名なコミッション取り」という表現があったことを突き止めた。原文は燃えてしまったが、写真が残っていた。藤井に関する機密文書は二通で、そのうちのドイツの本社から日本の支社宛てのものには「岩崎少将に対して好結果あり、藤井少将に二・五パーセントを贈る」とあり、本社からロンドン支店宛ての極秘文書には「英国の建造中の駆逐艦艤装品《ぎそうひん》に関しては二〇〇〇ポンドから二五〇〇ポンドをジャパニーズフレンドに贈る」とあった。

精巧な写真が海軍の汚職の実態を暴き出し、最も親しいジャパニーズフレンドとは艦政本部第四部長・藤井光五郎少将だったのである。小原が警視庁に藤井の身辺捜査を指示すると「築地の料亭に入りびたり」という捜査報告が返ってきた。そして決定的だったのは特捜検察が藤井のワイロ金の保管場所を突き止めたことである。

藤井には陸軍中将・藤井成太という実兄がいるが、その妻の弟（元証券会社社員）がワイロ保管役だったのだ。

「申しあげます」とその保管役は小原に言った。「金や証券類を預かるようになったのは明治四一年からですが、額が三〇万円を超えると恐ろしくなりました。現在はさらに親戚宅に分散しています」

藤井のワイロ受け取りはドイツのシーメンス社、英国のヴィッカース社、英国ヤーロー社などから巡洋艦・駆逐艦の建造、タービンの注文、ポンプの購入とどまるところを知らず、ワイロ総額は三六万八三〇五円にも達した。藤井は逮捕され海軍軍人起訴第二号となった。そして特捜検察の照準は二人の高官にしぼられていった。

▽呉鎮守府《くれちんじゅふ》司令長官（海軍中将）松本和《まつもとわ》 ▽退役造船総監（海軍大佐）松尾鶴太郎

——呉鎮守府司令長官は広島県呉市に本拠を置く本面隊の最高指揮官で中国地方の海軍をすべて牛耳《ぎゅうじ》っている実力者だった。松本の前職が艦政本部長であったことを見てもポストの重要さがわかる。

世界最強の艦隊を目指す〝海の宰相〟山本権兵衛にとっては二人の汚職が新鋭巡洋戦艦建造をめぐるものであったことは最大の裏切りと映った。「二人は許せぬ。だが、海軍をメチャクチャにする検察も許せぬ」と山本は怒った。

この新鋭巡洋戦艦は「金剛《こんごう》」。明治四三年（一九一〇）四月、建造にあたって英国のヴィッカース社、日本の代理店である三井物産から莫大なワイロを取り続けた。軍艦建造をめぐる造船会社の暗躍はすさまじく受注商戦に勝ったヴィッカース社側の代理店三井物産に支払われた手数料の三割がワイロに消えた。

退役造船総監の松尾（大佐）は三井物産の顧問をしていたが、かつては松本の部下で松尾が囁《ささや》くワイロには松本はひとたまりもなく、ワイロ総額はわずか三年の間に、四九万九八〇円に達した。ワイロの支払いがとどこおると松本の方から催促《さいそく》するという国賊的行為さえあった。巨額のワイロに酔う海軍の汚職に国民は憤激《ふんげき》、二月一〇日日比谷《ひびや》公園で開かれた「疑獄糾弾国民大会」は荒れに荒れ、国会、警察、新聞社を襲って火を放ち、ついに軍隊が出動し騒乱罪《そうらんざい》を適用した。

二五〇人が逮捕され九六人が起訴されるという大事件になった。あの強国ロシアと血みどろになって戦った日露戦争で倒れていった夥《おびただ》しい兵士の英霊に何とこたえるのか、後方で私腹を肥やす将軍たち——そういった国民感情を〝無愛想・冷厳〟な平沼はよく知っており、それを巧みに利用した。

小原は呉鎮守府司令長官室をはじめ海軍の関係機関の一斉捜索に踏み切った。

捜査のために現れた東京地裁検事局の捜索隊に海軍側は「検察の横暴を許すな」という不穏な声をあげ、「勝手なことをすると叩き切る」と将校は血気《けっき》にはやった。海軍の腐敗に切り込んでいった検事たちには悲壮なものがあった。当時の検察陣が司令長官室の捜索をいかに重視したかは、捜索におもむく秋山検事に検事総長の平沼が呉まで付き添って行ったことが物語る。不測の事態になればただちに自分が乗り出す決意をしていた。

冷酷な人事で知られる平沼だったが、事件捜査がヤマ場になると、よく現場の第一線へ出た。事件現場で指揮をとる平沼の積極性が一線検事の感動を呼び起こし、特捜検察の王国間近しと思わせた。

司令長官室の捜索から間髪《かんはつ》を入れず、検察は激怒する松本の取り調べには小原をあてるという非常態勢をとった。その時の海軍側の雰囲気について小原は「松本中将を調べるため（部下とともに）司令長官室に入ったが、銃剣を持った警備の水兵に突き殺されるのではないかと思った」と回顧録に書き残している。

松本は中将の威厳をもって容疑を否定した。

「帝国海軍軍人たるもの、いかような金品も受けたことはござらぬ。海軍のなかへ入り込んだ覚悟はできとるだろうな」

松本は小原を睨みつけたが、司令長官室捜索で発見した偽装領収書（借金に見せかけた！）がキメ手になって、捜査は検察絶対優位に展開してやがて全容解明へと動く。

「この金は家屋購入のため親戚の長谷川直蔵という男に借りたもんだ」と松本は弁明したが、巨額の金というものは帳簿でも隠すのは困難なものだ。この（ワイロの）金は贈賄側の三井物産では「機密費」と帳簿には計上してあったが、海軍汚職追及中の検察には通じなかった。急遽《きゅうきょ》、その部分を小刀《こがたな》で削りとって「仮払い」と書き換えたことが致命傷になった。

さらに松本の元部下の三井物産の顧問（元造船総監・大佐）松尾鶴太郎への「貸与」として辻褄《つじつま》を合わせようとしたが、逆に小原に見破られ、捜査は一挙に核心に迫って松本、松尾も全面白供せざるを得なかった。消された証拠が本人に復讐《ふくしゅう》する「典型」であったが、裁判の結果は軍人たちが民間（三井物産）より重いものになった。

松本ら海軍高官は海軍高等軍法会議で判決を言い渡された。松本中将に懲役三年追徴金四九万九八〇円、藤井少将に懲役四年六月追徴金三六万八三〇五円、沢崎大佐に懲役一年追徴金一万一五〇〇円。民間人は東京地裁で退役大佐・松尾をはじめ三井物産取締役・岩原謙三《いわはらけんぞう》らに懲役四月～二年だったが、いずれも執行猶予付き。

この事件で山本権兵衛が衆院へ提出した海軍増強案は不成立どころか、三月二四日山本内閣そのものが崩壊した。現在に至るまで検察捜査が内閣を倒したケースは三件（本件と帝人《ていじん》事件、昭和電工《しょうわでんこう》事件）あるが、その初めての事件だった。

軍法会議で裁《さば》かれた松本中将が収賄金の不明部分についてかたくなに口をつぐんだ箇所があった。小原の捜査官人生の哲学に「置誠人腹中」（相手の心の中に自分の誠を置く）という考え方があるが、小原はこの時、松本中将を自白させている。

松本中将はあえぎながら「某高官に渡しました」と言ったが、その名前は海軍大臣・斎藤実（のち首相）。それを小原はごく少数の上司に報告したが「調書にも書かなかった」と回顧録に記している。なぜか。

海軍の権威そのものが失われるからだ。シーメンス社支社長から恐喝未遂まがいのことに遭《あ》いながら、斎藤海軍大臣は検察が捜査に踏み切る見通しをもつまでは疑惑の解明に積極的でなかった。斎藤は海軍きっての人格者といわれながら、政治の世界は一歩裏へ回るとまったく違った顔になることが多い。

疑獄捜査というものは政治側の結束がかたい時は不可能である。だが冷徹な平沼が陸海軍のすきを巧妙について一点突破全面展開に出たのがシーメンス事件と言える。

当時の有名な言論人、徳富蘇峰《とくとみそほう》が『大正政治史論』という著書のなかで書いている。

「もしもこの報道（端緒のロイター電）が議会開会中にあらざりしならば、また山本権兵衛が首相たるの時期にあらざりしならば、また、山本横暴、陸軍偏軽、海軍偏重という猜疑《さいぎ》の念を一般に排斥せしめたる機会にあらざりしならば殆《ほと》んど何人《なんぴと》も気付かずして、そのままに経過せらるべきなり」

平沼は「陸」の山県有朋の感情をよく知っていた。当時の新聞によれば「陸・海軍が共同で検察にかかってくることはあるまい」と考え、海相・斎藤が司法相・奥田に出した書簡が自分のところへ回ってきた一瞬の〝戦機〟をつかんで海軍に切りかかる電撃作戦をとったのである。

それは彼自身が政界に出た時、〝平沼の背後に検察あり〟と一種の恐怖感を漂《ただよ》わせて首相への階段を登っていったことにも現れている。

## 検察史上最大の恥辱《ちじょく》事件

「日糖事件」「シーメンス事件」と検察史に残る大疑獄をたて続けに摘発した実力検事・小原直は自らの地位を完全に固めたように見えた。翌大正四年（一九一五）九月には警視総監出身の内相・大浦兼武《おおうらかねたけ》の法案汚職事件で衆院議員一七人を起訴（有罪一五人・無罪二人）してからは、検察の正道を歩む〝比類なき名検事〟とまで言われた。

大隈重信《おおくましげのぶ》内閣の副総理格・大浦が陸軍二個師団増設案の国会成立をはかって贈賄した事件で、大浦本人は政界引退を条件に起訴猶予になったが、平沼が小原を全面的にバックアップした最後の事件となった。

「海」のシーメンス事件に続く「陸」軍の事件に山県有朋は平沼を何度も呼びつけ〝大浦救済〟を働きかけた。平沼は事件中は逃げ回り、事件が終わると即座に会いに出かけ老山県の意見をもっともらしく聞く政治性を見せた。

「大浦は警視総監の前歴にものを言わせて反対派の議員を脅す、という批判があった。また大隈内閣の背後には山県有朋の支持があって大浦は万事大丈夫と思っていたようだ。それは時世を知らない考え方であった」と平沼は回顧録で述懐しているが、平沼には小原の〝葉隠〟小林譲りの「正義」がうとましくなってきたようなのだ。

平沼は検事総長の後、大審院長、司法相、首相と進むが、特捜検察流の「正義」とばかり言ってはいられない状況が次々と押し寄せる。「国家の利益を真剣に考えるべきだ」と平沼は右翼がかった国本社を設立し、大きく右旋回するのである。

小原と平沼の関係は疎遠になり、その反面、平沼は公安重視の塩野季彦を重用《ちょうよう》するようになる。塩野は、どちらかといえばストイックな小原と異なり、清濁《せいだく》あわせのむような人間のスケールが大きいところがあり、平沼をバックにもった塩野に敵はなく大派閥を形成していく。

それは塩野が昭和二年（一九二七）一〇月、東京地裁検事局検事正になって首都をおさえると「塩野の前に派閥はなく塩野の後に派閥はない」と言われるほどすさまじかった。

「昭和」という時代にはいつも戦争の影があった。時代が幕を開けたばかりというのに、昭和二年五月政府は中国に対し〝第一次山東《さんとう》出兵〟を強行した。それはのちの「日中一五年戦争」「第二次世界大戦」へと続くのだが、戦争を考える政府は国民の思想に神経をとがらせ、反体制思想を取り締まるのは全国の警察を握る「検察」だった。

当然、検察は司法省を通じて警察と一体の関係にあるが、検察・特高警察が行った反体制の非合法共産党に対する弾圧はすさまじく、なかでも特高警察の陰惨な拷問は警察そのものを悪名の高いものにした。

「次に渡は裸にされて、爪先と床の間が二、三寸離れる程度に吊しあげられた。（中略）それは畳屋の使う太い針を身体に刺す。一刺しされる度に、彼は強烈な電気に触れたように、自分の身体が句読点位にギュンと瞬間縮まる、と思った。彼は吊されている身体をくねらし、くねらし、大声で叫んだ、『殺せ、殺せーえ、殺せーえ!!』」（小林多喜二《こばやしたきじ》『一九二八年三月十五日』）

「彼女も二度ほど警察で、ズロースまで脱ぎとられて真っ裸にされ、竹刀の先きでこづき廻されたことがあったのだ」（小林多喜二『党生活者』）

——これは自分も警察の拷問で命を落とすプロレタリア作家・小林多喜二の記述だが、拷問の方法もますます陰惨になった。

「昭和」という時代を映す事件とは何か。「明治」にも「大正」にも時代を代表する疑獄はたしかにあった。「明治」なら日糖事件、「大正」ならシーメンス事件で、いずれも検察の権威を飛躍的に高めた。このままの勢いならば「昭和」ではさらに特捜検察の名を高めると思いがちだが、そうはならなかった。

戦前の「昭和」を象徴的に表す疑獄は、政、官、財界に及ぶスケールから見ても、昭和九年（一九三四）発生の「帝人（帝国人絹《ていこくじんけん》）事件」しかないが、その実態を知るとそら恐ろしいものがある。これまでに長い年月をかけて築いてきた特捜検察の権威も庶民の信頼も一挙に失ったばかりか、「検察ファッショ」の罵声《ばせい》を浴びる最大の恥辱《ちじょく》の事件へと転落してしまうのだ。どうしてこんなことになったのか。

捜査主任検事は東京地裁検事局検事・黒田越郎（京都大学出身）だった。「シーメンス事件」から二〇年が過ぎていた。小原は東京控訴院長に栄進していたし、塩野もまた東京地裁検事局検事正を四年前に去っていた。

平沼は司法相、国務相を歴任して宰相の声もかかるような位置にいた。東京地裁検事局検事正は岩村通世《いわむらみちよ》。もちろん塩野派だった。捜査主任の黒田は、二年前、海軍の青年将校が起こした犬養毅首相暗殺のクーデター「五・一五事件」に心を寄せ、被告・三上卓《みかみたく》海軍中尉がつくった「昭和維新の歌」を口ずさむような検事だった。

「権門上におごれども　国を憂うる誠なし　財閥富を誇れども　社稷《しゃしょく》を思う心なし……」

黒田は「国家革新」という言葉を好んだ。北海道、東北の冷害、慢性的な不況、娘の身売りが激増した。

「私利私欲に走り、国民を顧《かえり》みない政治家、財界人から政治を取り戻し、国家を革新しなければならない」と黒田はしばしば言った。

「時事新報」が帝人株をめぐる財界人グループの疑惑を掲載し、反権力ムードをかきたてた。昭和の世に残る「帝人事件」とは、この記事をもとに検察陣が捜査を開始した事件だが、黒田のファシズム的な性格を忘れてはならない。

昭和九年四月五日午前九時、黒田に率いられた検察陣は帝国人絹、台湾銀行など関係箇所の一斉捜索に踏み切り、高木復亨《たかぎなおみち》・帝国人絹社長に出頭を求め、「帝人事件」は火を噴いた。前夜、一線の最高指揮官である岩村検事正が特捜検事を集めて異例の訓示をした。

「いいか、帝人株売買の背任罪《はいにんざい》だけでは起訴させない。何としても背任行為に伴う贈収賄の汚職を出してこい」

商法の背任罪だけなら財界人だけで収まってしまうが、贈収賄罪なら政治家、官僚に事件を伸ばせるからだ。捜査主任検事・黒田もハッパをかけた。

「国家を立て直すつもりで捜査にあたってもらいたい」

結局、「帝人事件」の被告は一六人にのぼったが、財界・経済人グループの第一次逮捕、ついで大蔵省グループの第二次逮捕、その後はずっと遅れて政治家たちが逮捕されるという構造を持っている。一斉捜索から二週間目の逮捕開始だった。

《第一次逮捕＝四月一九日から二六日》

▽高木復亨（帝国人絹社長）▽岡崎旭（帝国人絹常務）▽島田茂《しまだしげる》（台湾銀行頭取）▽柳田直吉（台湾銀行理事）▽武藤恒吉（台湾銀行整理課長）▽河合良成《かわいよしなり》（日華生命取締役）▽長崎《ながさき》英造《えいぞう》（旭石油社長）▽永野護《ながのまもる》（帝国人絹取締役）▽小林中《こばやしあたる》（富国徴兵保険支配人）

帝人事件の骨格には暗い社会を反映して恐慌が影を落としていた。昭和二年四月、三井、三菱、住友の大財閥を追う立場にあった財閥・鈴木商店が倒産した。鈴木商店は系列下に帝国人絹という超優良企業をもっていたが、台湾銀行から三億五〇〇〇万円の融資を受けたかわりに帝人株を差し出していた。

これに目をつけたのが河合良成らの経済人グループだった。この株を入手できれば帝国人絹を支配することができるが、この株の購入には総額で二〇億円の莫大な資金が必要だった。河合らは大阪の綿糸商人グループと生命保険各社と「買受団」を組織したうえで台湾銀行と折衝を重ねた結果、綿糸商人グループが四万株、生命保険各社が六万株を買うことで一件落着した。

「売買成立は一株一二五円だが、少なくとも一株一五〇円の価値があった」というのが検察判断である。河合ら経済人グループはブローカー的な役割だったが、この商談がまとまったのは政財界に強い人脈があったからだ。河合らが手にした手数料は二〇万円を超え、また高騰を続ける帝人株の割り当てをめぐって莫大な利ざやをかせいでいたことも黒田検察を刺激した。

一株一二五円は検察認定の一五〇円より「不当」に安く、台湾銀行に損害を与えて「背任罪」が成立する——というのが逮捕容疑だった。

《第二次逮捕＝五月一九日から二一日》

▽黒田英雄《くろだひでお》（大蔵次官）▽大久保偵次（銀行局長）▽大野龍太《おおのりゅうた》（同局特融課長）▽相田岩夫《あいだいわお》（同局管理官）▽志戸本次郎（銀行検査官補）

——逮捕罪名は全員が「収賄罪」——それに対応するように第一次逮捕の経済人にも大部分に「贈賄罪」が適用された。特捜検事は岩村検事正の「背任だけでは起訴させない。贈収賄を出してこい」という厳命に応えたのである。一〇万株という膨大な帝人株の購入には増資、新株の引き受けには大蔵省の許認可が必要で、それをスムーズに運ぶためには経済人グループから大蔵官僚に贈賄がなされたに違いない、と黒田検察は当初から視野に入れていた。

だから経済人グループを「背任」で逮捕しながら「背任」容疑の取り調べは逮捕後三日目までのことで、その後の長く厳しい取り調べは「贈賄」にあったのだ。経済人グループの自白によれば、黒田次官が帝人株四〇〇株、大久保銀行局長が同一〇〇株、大野課長が現金七〇〇〇円、相田管理官が五〇〇〇円、志戸本検査官補が二〇〇〇円ということになる。

そして被告の一人、河合良成が第一三一回公判で行った陳述によると、捜査主任検事・黒田は取り調べ中の河合にこう明言している。

「俺たちが天下を革新しなくては、いつまでたっても世の中はよくならぬ。腐っておらぬのは心ある大学教授と俺たちだけだ。大蔵省も腐っておる。官吏はもう頼りにならぬ。俺は早く検事総長になって理想を行いたい。君には気の毒だが社会革新の犠牲だ。しかたない。これによって社会を変えるのだ」

河合は経済人被告グループのなかでただ一人、「収賄罪」を適用されなかった信念の人である。そして黒田主任検事は決定的な取り調べを行う。市ケ谷刑務所の取調室のなかで、検事・黒田は恐れおののく大蔵次官・黒田英雄に迫って「嘆願書」を書かせるのだ。

「私は台湾銀行から（ワイロの）帝人株四〇〇株をもらいましたが、そのうち一〇〇株は高橋是清蔵相の子息に差しあげました。こんどの事件で、自分は罪をかぶってもかまわないが、高橋蔵相にまで御迷惑をかけてしまい言葉もありません」

この時の首相はシーメンス事件の時に海軍大臣だった斎藤実。議会で右翼議員の攻撃で文相・鳩山一郎《はとやまいちろう》、商工相・中島久万吉《なかじまくまきち》が失脚しており、内閣の命運は尽きかけていた。そのうえ高橋蔵相の身内がワイロの上前をはねていたとあっては内閣は倒壊せざるを得なかった。検察による二度目の内閣倒壊である。

この捜査に生命をかけた特捜検察陣は不眠不休ですさまじい捜査を繰り広げたが、その疲労感は特捜検察側にも、被告の経済人・官僚側にもいえた。

後者の実態については、のちに詳述するが、前者については捜査さなかの七月二三日に捜査主任検事・黒田越郎をはじめ二人の検事が急死、一人が過労で倒れたほどすさまじかった。後任の捜査主任検事は枇杷田源介《びわたげんすけ》が引き継ぎ、前商工相・中島久万吉と鉄道相・三土忠造《みつちちゆうぞう》を逮捕している（中島逮捕時は黒田主任検事は病床）。

中島は商工相の権限をフルに使って帝人株売買の成立に好意ある便宜をはかったと「収賄罪」、三土は台湾銀行の柳田理事が帝人株三〇〇株を（ワイロとして）贈っているのに、「さようなことはない」と予審判事の前で言ったことが「偽証《ぎしよう》」とされた。

事件捜査はその年の暮れまで続いたが、被告側もすさまじいものがあった。それは「拷問」である。帝人事件の起訴者一六人、それが東京地裁の法廷へ移ると、検察取り調べの過酷な実態が明るみに出る。帝国人絹社長・高木復亨ら経済人グループへの取り調べはひどく、長時間怒鳴《どな》り続けられ、「会社をメチャクチャにしてやる」と脅され、フラフラになったところで「ワイロの額を言え」と迫られた。

苦しまぎれに〝自白〟すると、同僚被告への「自白勧告書」を書くように迫られた。それでも検事の意に沿わない〝自白〟だと革手錠《かわてじよう》による拷問にかけられた。動くたびに革が皮膚に食い込み、その苦しさと痛さは気が遠くなるほどだった。

自殺の恐れがあるなど特別な場合以外は使われない戒具だが、帝国人絹社長の高木、富国徴兵保険支配人の小林ら四人の経済人に集中的に使われた。逮捕された九人の経済人のうち一人（河合）を除いた八人がことごとく自白した裏には、このような過酷な光景があったのである。大蔵次官・黒田英雄にいたっては主任検事・黒田越郎に一喝されると、検察への対抗心をなくし、検事の言いなりになって、ついには高橋是清蔵相の息子まで引き出して「嘆願書」を書き、内閣を倒壊させている。

釈放されて検事の手が届かないと知ると、「自白は全部嘘《うそ》なんです」と東京地裁の法廷で態度をひるがえし、「検事のことは死んでも忘れない」と全被告が検察非難にまわるなかで「検察ファッショ」という概念ができた。

そして倒れた斎藤実内閣の後にできた岡田《おかだ》啓介《けいすけ》内閣——岡田は斎藤と同じように海軍大将だったが、司法相に起用したのが小原直だった。「日糖事件」「シーメンス事件」などを手がけ特捜検察のエースといわれた小原だが、こんどは特捜検察が引き起こした人権蹂躙《じゅうりん》を擁護《ようご》しなければならないとは歴史の皮肉と言うべきか。法相になった小原は「被告の供述や手記は針小棒大で、とても信用できない」と反論したが、「検察ファッショ」の圧倒的な攻撃を呼び、議員たちが小原法相問責案を検討したりした。

判決は捜査終結から三年後にあった。司法相は塩野季彦にかわっていた。裁判長は藤井《ふじい》五一《ごいち》郎《ろう》。温厚《おんこう》な人だったが、この事件の主任で陪席判事《ばいせきはんじ》の石田和外《いしだかずと》(戦後になって最高裁長官)が判決文を書いた。一六被告全員無罪だった。判決文を一口で言えば、「帝人事件」は、まったく架空《かくう》の犯罪で、検察当局がつくりあげた「空中楼閣《くうちゅうろうかく》」と決めつけるほど痛烈だった。

つまり帝人株売買の起訴事実は「少なくとも一株一五〇円の価値があるのに一二五円で売買したのは、その分だけ株所有者の台湾銀行に損害をかけ、島田ら台湾銀行の役員たちと河合、永野、小林、長崎に特別背任罪が成立する」というものだったが、判決は株価変動は予測が困難で、この程度は商慣習の範囲内である、とした。それを判決文でいうと「自由ナル利潤ノ追求ヲ許サレタ経済機構」であり、株の売買交渉にあたっては台湾銀行側が一三〇円から一二九円、一二八円と順次、値を下げていき、河合、小林らの買受団の方は一二〇円から一二一円、一二二円と次第に上げていき、最終的には一二五円で合意に達している。

このポイントを判決文は見事に突いて「台湾銀行ノ島田等ハ帝人株ヲデキルダケ高ク売却セント努力、銀行ニ損害ヲカケル特別背任ノ任務懈怠《けたい》ハ少シモ無ク」と断定している。

贈収賄の汚職に至っては石田和外が書いた判決文は、「帝人事件」そのものが検察がつくりあげた「空中楼閣」だということを表すために、「水中ニ月影ヲ掬《きく》スルガ如《ごと》シ」(水に映った月をすくうようなものという意)の名文句を残している。

そうとすれば長い拘置で痛めつけられた経済人グループ、大蔵官僚、そして政治家はどうなってしまうのか。特に経済人グループには拷問がかけられ、内閣までが崩壊している。これが

「検察ファッショ」でなくて何だろうか、政財界事件を捜査することによって日本の針路に重大な影響をもたらした。「五・一五事件」などを起こした青年将校たちにとっては社会革新の手段は「銃」であったが、捜査主任検事だった黒田にとっては「捜査権力」そのものであった。

「黒田検事が急死しなかったら帝人事件はあんなに無残なことにならなかっただろう」と戦後になって言う検事もいたが、捜査権力も使い方によっては恐ろしい。政財界事件といえば証拠不充分や法律解釈で無罪になるケースはあるが、まったくの「空中楼閣」とされた事件は、特捜事件では「帝人事件」以外にはない。

国会、司法界を中心に「検察ファッショ」の囂々《ごうごう》たる非難のなかで東京地裁検事局はさらに上級審の東京控訴院で争うため控訴を決めた。「架空の犯罪を起訴した」とあっては検察の威信にかかわる。

だが、司法相の塩野はそれを許さなかった。「大乗的見地《だいじょうてきけんち》」という言葉をもち出して控訴権を放棄して、「全員無罪」を確定させたのである。上訴すれば検察の傷跡《きずあと》はさらに大きくなるだろう、と塩野は判断した。それと同時に「帝人事件」捜査陣を擁護した小原をも過去のものにした。

「帝人事件」無罪が検察に与えた衝撃は大きく政財界追及の特捜検察は再起不能に陥った。その後、昭和二〇年（一九四五）八月一五日の敗戦まで特捜検察の摘発は途絶《とだ》えた。

検察内部の空気は大きく変わった。思想検察が絶対となって思想統制の面で戦争協力体制ができ上がっていった。「帝人事件」が起きた昭和九年ごろから、共産党中央委員・宮本顕治《みやもとけんじ》、袴田里見《はかまださとみ》らの残存幹部逮捕を皮切りに「天皇機関説事件」（昭和一〇年）、「人民戦線事件」（同一二年）、「河合栄治郎《かわいえいじろう》『ファシズム批判』事件」（同一三年）、「企画院事件」（同一六年）、「尾崎行雄《おざきゆきお》・不敬事件」（同一七年）と思想・公安事件が東京地裁検事局の事件簿を埋めていった。

そして司法相であった小原の勢力が退潮し、塩野が戦前検察を掌握する。

忘れてならないものは「帝人事件」が呼び寄せたように、二年後の昭和一一年（一九三六）に起きた「二・二六事件」である。

社会を革新するために「捜査権力」を振るった検事・黒田越郎は急死したが、「銃」を国家体制を変えるために使った陸軍青年将校たちのクーデターは日本を確実に軍国主義路線の国家にしてしまう。下士官・兵一四〇〇人を率いて決起した陸軍青年将校二〇人は蔵相・高橋是清、内大臣・斎藤実、陸軍教育総監・渡辺錠太郎《わたなべじょうたろう》を射殺して永田町一帯を占拠した。

このクーデターは三日後には陸軍正規軍によって鎮圧されるが、昭和史に残した意味は大きい。

射殺された重臣のうち高橋（蔵相）と斎藤（内大臣・元首相）は「帝人事件」の検事・黒田によって失脚させられた政治家なのだ。斎藤はシーメンス事件では海相として、また「帝人事件」では首相として事件に関係し、高橋は当時も蔵相で検事・黒田によって「嘆願書」の謀略をかけられ失脚したが、軍の場合は実際に生命を落とさせるのだから恐ろしい。日本は戦争に急傾斜し、軍国主義はとどまることがなかった。

## 「特捜検察の正道」の行方《ゆくえ》

昭和一四年一月五日、平沼騏一郎が検察出身としては初めて政権を握った。それから六〇年近く経つ現代まで検察出身の宰相はいない。司法相は塩野季彦だが、彼自身も三期続けての司法相だから塩野の司法界への影響力は絶大なものがあった。

平沼は天下に号令した。「すべての国民は国家のために身をなげうって公に奉ずる民族精神をもたねばならぬ。共産党や労働者のなかには生をこの国に受けながら、わが国体を呪《のろ》ってロシアのソビエト政府をもって祖国と申すような実に乱臣乱賊とも何とも申しようがない輩《やから》が出て参ったのである」

しかし、ナチス・ドイツがソ連と独ソ不可侵条約を結ぶと、平沼は八月二八日「国際情勢は複雑怪奇なり」と言い総辞職、検察出身唯一の平沼内閣は崩壊した。この後、検察の任務は戦争を控えてますます国民の思想統一に向かい、全国警察を握っての思想弾圧に全力をあげることになる。「国家総動員法」「治安維持法」が威力を発揮し、国民の思想に検察・警察の監視の目が光るなかで日本は太平洋戦争に突入した。

昭和一六年一二月八日、日本は米英と戦争に入ったが、南太平洋のサイパン島では検察志望の海軍主計中尉、河井信太郎が、「帝人事件」を思い出しながら「軍」と「検察」のことを考えていた。学生のころ、帝人事件を調べたこともある河井にとっては通り過ぎることのできない重要な意味をもっていた。河井はサイパン航空隊隊長・高橋農夫吉中佐の言葉を思い出していた。

「われわれ軍人は、国家の命令で生命をかけて死守せよ、と言われれば死ぬまで戦わねばならぬ。しかし決して国の政治や経済にくちばしを入れてはならない……」

河井が衝撃を受けたのは、河井と二人の飛行機乗り——高橋と伊藤琢蔵少佐の「政治」に対する考え方があまりにも似ていることだった。

「政財界疑獄を捜査する検察は法律違反をひたすら追うべきで政治的思惑などは考えてはならぬ。その後のことは国民に支持された政治家が考えるべきことだ。検察が政治をねじ曲げてはならない」

それが明治の〝葉隠検事正〟の小林芳郎以来の〝特捜検察の正道〟ではなかったか。河井は「帝人事件」に思いを馳《は》せた。戦争には、さまざまなことがありすぎる。高橋と伊藤は河井が心から尊敬した軍人たちだったが、高橋は翌一七年（一九四二）、南の空に散った。

伊藤もサイパンのはるか南のラバウルへ行く途中、米軍機の編隊と遭遇し熾烈な空中戦の末戦死した。その伊藤が他界する一週間前、河井の部屋を訪ねて来た。快活そうに笑顔をつくっているが、そのなかにはにかみがあるのを河井は見逃さなかった。

「こんな夜更《よふ》けに緊急なことでも」と驚く河井に飛行服姿の伊藤は「君に頼みがある」と下を向き、右手に持った小包みを差し出した。「何ですか、これは」と聞く河井に伊藤は高笑いしながら言った。

「いや、たいしたもんじゃない。君は主計将校だから、飛行機乗りと違って内地へ帰ることもあるだろう。その時、これを妻に送ってくれればいい。いや、貯金通帳とか何やかやだ、まあ、俺の全財産だ」

戦争はドラマと言うには、あまりにも悲惨すぎる。河井も日本に新妻がいた。主計将校になって広島県の海軍呉鎮守府経理部勤務の時結婚していた。

河井は、この後空母・隼鷹の乗組員となって転戦後に帰国するが、伊藤との約束は果たした。それから四半世紀、河井は水戸地検検事正になった時、水戸市に高橋の娘を訪れ冥福《めいふく》を祈り、広島高検検事長の時は広島市の伊藤の墓を訪れている。河井は西本願寺の信徒でもあった(定年後は信徒総代)。

太平洋戦争は熾烈さを加え、日本は米軍機の大編隊による無差別爆撃によって廃虚となり昭和二〇年八月六日広島で、また九日には長崎で原爆による大量殺戮《さつりく》に遭った。

八月一五日終戦。「朕《ちん》深ク世界ノ大勢ト帝国ノ現状トニ鑑《かんが》ミ非常ノ措置ヲ以テ時局ヲ収拾セムト欲シ茲《ここ》ニ忠良ナル爾《なん》臣《じ》民ニ告グ」で始まる天皇の詔書《しょうしょ》がラジオから流れ、日本は世界を敵に回した太平洋戦争に敗れた。

米軍を中心とした連合軍が日本を占領し、戦争を遂行《すいこう》した前首相・東条英機《とうじょうひでき》ら閣僚、陸海軍将軍ら国家の指導層がA級戦犯として巣鴨プリズンに投獄された。そのなかには司法界に絶大な力があった枢密院議長・平沼騏一郎の顔もあった。

軍隊解体、財閥解体、教育の統制撤廃と民主化の波が滔々《とうとう》と日本列島を洗った。「思想取締まり面」で戦争遂行に協力した思想検察はGHQ（連合国軍総司令部）の目の敵《かたき》にされた。

検察上層部の公職追放は終戦当時の検事総長・中野並助《なかのなみすけ》をはじめ三八人におよび、検察の指揮・命令系統は壊滅的打撃を受けた。だが、「特捜検察の正道」は生きている。「ひたすら法律違反の証拠を追って検察は進むべきで政治の思惑に左右されるな」と河井が信条にした「特捜検察の正道」は対立相克《そうこく》の激しい検察のなかでどんな軌跡《きせき》を描いたのか――。

# 第二章　敗戦の混沌

## 戦時クーデター事件の捜査

敗戦の昭和二〇年（一九四五）八月一五日。

河井《かわい》信太郎《のぶたろう》の官名は静岡地裁沼津《ぬまづ》支部兼沼津区裁検事だった。海軍主計将校の任期を終え東京刑事地区裁検事の辞令が出たのは昭和一九年（一九四四）五月のことだったが、それも一年三ヵ月いただけで沼津への転勤命令が出た。その二週間後が日本の敗戦だった。

河井は三二歳、兵役のため検事としての経験は東京のそれしかない。敗戦の混乱が首都・東京に渦《うず》巻き、憲法をはじめすべての法律が機能を停止した。八月三〇日、連合国最高司令官ダグラス・マッカーサー元帥《げんすい》が厚木《あつぎ》飛行場に飛来し絶対の権力者として君臨した。相変わらず暑い日だった。

九月二日、米戦艦ミズーリ号上で降伏調印式。国際法での正式な降伏であり、この日を起点にドラスティックな歴史が始まる。

ＧＨＱ（連合国軍総司令部）が東京に設置され、最高司令官にダグラス・マッカーサーが就任したのもこの日なら、二週間前に発足したばかりの東久邇稔彦《ひがしくになるひこ》内閣に対し、陸海軍解体・軍需工業停止の命令を出したのもこの日だ。九月一一日には東条英機《とうじょうひでき》元首相ら三九名を戦争犯罪者として逮捕した。

一〇月四日からは、占領政策の阻害《そがい》となる権力者の大がかりな「公職追放」（パージ）が始まった。軍国主義・国家主義の除去を目指しており、「追放政策」とともにＧＨＱは「男女同権」「労働組合結成」「教育の自由」「専制政治からの解放」「経済の民主化」の五大改革を推進した。「治安維持法」「特高警察」は廃止され、「人」と「制度」の両面から日本を完全につくり変えるという壮大な実験が始まったのだ。

米軍は河井のいる富士山麓《ふじさんろく》の沼津へもやって来た。日本国土のあらゆるところへ連合国軍は来た。それが戦勝国による敗戦国の占領というものだろう。

「公職追放は二次三次とあるらしい。末端の教師にいたるまで大がかりになるらしい」「なんせ戦勝国がやることだから」と静岡地裁沼津支部でもヒソヒソ話がかわされたが、ＧＨＱが考えた「追放」はなかなか巧妙なものだった。

「公職追放」は恐ろしい。たとえば検事の場合、検察官という身分を失格するばかりか公私年金・恩給《おんきゆう》の受給権を剝奪《はくだつ》し、許されるのは生理的に生きることだけであって、政治的、経済的、社会的生命を断《た》たれてしまうのだ。

当時、東久邇内閣から幣原喜重郎《しではらきじゅうろう》内閣にかわっていたが、追放処分は直接連合軍が行う「直接管理」方式をとらず、日本政府にそれをやらせる「間接管理」方式をとった。日本人を日本人によって追放させたのである。

追放は二段階に分かれていた。

一次追放はGHQの「日本の軍国主義・極端な国家主義を除去する覚書」に基づいて行われ、第二次はさらに範囲は広く「好ましくない人物の公職除去に関する覚書」に基づくもので膨大《ぼうだい》な人々が追放された。

これで強力な権限をもっていた中央集権的な官僚支配機構は崩壊した。組織そのものが存亡を問われている激動期には少し横道にそれていた方が冷静に事態の推移を判断できるかもしれない――と河井は考えていた。

たしかに河井は検事の任官も浅く、占領軍が白い目をむく思想検事の経験もないが、それでも少し前まではアメリカと戦っていた日本海軍の将校だ。

「一度は捨てた生命《いのち》だ。それが運命で生き延びることができた。今からの人生は余生と思って、どんな仕事にも全力をあげよう。検事として、栄進・保身のために自分の信念を曲げることがいささかでもあってはならぬ」

これは河井が終始口にしていた人生哲学であり、終戦直後の狭い沼津区裁でこそ波風も立たなかったが、彼が中央へ出て実力を身につけると他の検事たちの反感を呼ぶようにもなる。河井の言葉は一種の「正義派」的考えだったが、他の検事たちの攻撃も「正義」に依拠《いきょ》しており、検察内部の「相克《そうこく》」は「正義」をめぐっての争いだから深刻になる要素を常にもっている。

「正義」に妥協はなく、そのほとんどが「政治家」逮捕をめぐって起きている。河井が「人生哲学」で、栄進・保身を排して守ろうとした「信念」とは何か。南太平洋で二人の〝戦闘機乗り〟の将校に触発された言葉だが、河井がかたときも忘れたことがない重要な信条なのだ。

「どんな政界事件に対しても、ただひたすら『法律違反』の証拠だけを考えるべきで、政治の思惑《おもわく》などに一切左右されてはならぬ」

いかにも男らしい言葉ではないか——と河井は言っている。検察の中央が人事と制度で激動を始めると沼津区裁という小さな検事局にも時代の波が押し寄せてきた。

木内曽益

昭和二〇年一二月三日、戦後初めての検察人事異動が行われた。東京控訴院検事局検事・木《き》内曽益《うちそえき》という検事が大審院《だいしんいん》検事へ昇進する平凡な人事だったが、木内が、特捜検察の旗頭で元司法相・小原直《おはらなおし》の数少ない門下生《もんかせい》であったことが重要である。小原は「日糖疑獄《にっとうぎごく》」「シーメンス事件」という大事件を手がけ、「不羈独立《ふきどくりつ》の精神」を検察内部に確立したことで知られるが、戦争激化の風潮のなかで「思想・公安検察」重視の元司法相・塩野季彦《しおのすえひこ》が検察内部に大派閥を形成して、派閥争いではとっくに決着がついていた。だが、敗戦という大激動である。塩野派を継《つ》いだ直系の岸本義広《きしもとよしひろ》東京地裁検事局検事正が危うく追放されそうになった時代である。

岸本は木内より二歳若く、ともに東京大学（以下、東大）卒。面長《おもなが》で濃い眉《まゆ》をもっていた。木内は精悍《せいかん》な表情をもっていて青年将校のクーデター「二・二六事件」の捜査主任検事になったことから小原を深く知るようになった。小原は「帝人事件《ていじん》」の裁判が続いていたころは司法大臣であり、「軍」強硬派による政権掌握《しょうあく》に道を開いた「二・二六事件」で司法相の小原と捜査主任検事の木内が結びつくとは運命というより他にない。

その当時木内は四〇歳の働き盛り。四年前の昭和七年（一九三二）には塩野系の検事正・宮《みや》城長五郎《ぎちょうごろう》のもとで「政権汚職」ばかりでなく一人一殺の「血盟団事件《けつめいだん》」や「五・一五事件」でも捜査主任検事を務めているからよほど優秀な検事であったのだろう。

司法相・小原が青年将校のクーデターを知ったのは昭和一一年（一九三六）二月二六日午前五時、東京・中野《なかの》の自宅で内相・後藤文夫《ごとうふみお》の電話を受けたから、と小原の回顧録には記してある。

「今、陸軍部隊が首相官邸を襲《おそ》った。岡田啓介《おかだけいすけ》総理の生死は不明、高橋是清《たかはしこれきよ》蔵相、渡辺錠太郎《わたなべじょうたろう》陸軍教育総監、斎藤実《さいとうまこと》内大臣邸も襲撃されたが、それらの人の生死もわからない（いずれも射殺）。大変なことだ。いずれ皆集まって協議せねばならぬが、危険だからすぐ居所《いどころ》を移動させ、至急、連絡をとって欲しい」

警視総監・小栗一雄《おぐりかずお》から急報を受けた東京地裁検事局検事正・猪俣治六《いのまたはるろく》は即座に捜査主任検事に木内をあてると決めた。雪のなかを下士官・兵一四〇〇名を率《ひき》いて決起した陸軍青年将校二〇名は斎藤内大臣（元首相）と高橋蔵相らを暗殺し、永田町《ながたちょう》一帯を占拠した。戒厳令《かいげんれい》が敷かれ、このクーデターは三日後に陸軍正規部隊によって鎮圧されるが、この事件を契機に日本は確実に軍国主義・ファシズムへの道を走り出し、世界大戦へと突き進む。

そのなかで検察捜査の実権を握る司法相・小原―捜査主任検事・木内ラインは事件処理を〝陸軍まかせ〟にせず、言うべきことははっきりと言ったので、「軍」と強硬派官僚には〝扱いにくい正義派〟と映り、二人とも「二・二六事件」を最後に表舞台から姿を消すことになる。

木内は硬骨漢《こうこつかん》である。戦後になって木内自身が言っている。「検事生活のなかで直接調べたのは政治家と右翼だった。右翼は手段はいけないが信念でやっている。調べていて肝胆相照《かんたんあいて》らすんだな」

「五・一五事件」と「二・二六事件」と青年将校が起こした二大クーデター事件を捜査した木内には国を憂《うれ》うる右翼青年の人間性が痛いほどよくわかる。三井、三菱の大財閥は政党と結んで私利私欲にあけくれて巨利《きょり》を追い、その一方では自分の娘を苦界に売って飢えをしのがねばならない農民たちの苦悩。その反面、政治家たちの腐敗堕落《ふはいだらく》……。

だが検察官としては法を遵守《じゅんしゅ》せねばならない――木内は右翼青年の心情がわかるといって寛

大な措置をとることは一切しなかった。むしろ厳しくなることが木内の人間性といえた。もしかりに法律を実力でねじ曲げることが常態化すれば国家が崩壊するという検察官の論理だった。

木内は昭和七年の「血盟団事件」を捜査しているうちに、前蔵相・井上準之助《いのうえじゅんのすけ》射殺、三井合名会社理事長・団琢磨《だんたくま》射殺のテロ犯人二人に対して、立正護国堂の法華講行者・井上日召《いのうえにっしょう》から秘密指令が出ていることを突き止める。

当時、井上日召は政財界に隠然たる影響をもつ右翼の巨頭・頭山満《とうやまみつる》にかくまわれていたが、頭山邸に踏み込むには検察・警察にためらいがあった。

木内は強力に主張した。

「犯罪の容疑があるものを逮捕するのは当然だ。何を遠慮する必要がある。検察の責務だ。法の前に特別な人などいない。なぜ頭山邸が聖域なのか。頭山邸だろうが、どこだろうが断固踏み込んで逮捕すべきだ。これでは検察の正道がすたる」

木内は捜査主任検事であった。その要求をはねつけるわけにもいかず、結局、司法相・鈴木《すずき》喜三郎《きさぶろう》が乗り出し、井上が柴山塾長・本間憲一郎《ほんまけんいちろう》につきそわれ、検事正・宮城長五郎の待つ検事局に出頭した。

検事としての優秀さを認めながら〝正論〟を振りかざす木内の硬骨ぶりは検察幹部にさえ一《ひと》筋縄《すじなわ》ではいかない印象を与えた。しかし同じような正義派の小原とは「二・二六事件」では見事な連携を見せる。

軍と検察の間に「裁判管轄問題」がもちあがった。戦前の裁判制度は軍人と民間人とは分けられていた。軍人としての行動に関する事件は陸軍、海軍のそれぞれの軍法会議が裁《さば》き、民間人の場合は東京地裁など普通の裁判所の管轄とされていたが、陸軍側が「民間人の右翼もこちらによこせ」と言い出したのだ。

「二・二六事件」に関連した民間右翼の大物、『日本改造法案大綱』で知られる国家社会主義者北一輝《きたいっき》、元陸軍騎兵少尉で青年アジア同盟の西田税《にしだみつぐ》が含まれていたからだ。

木内は検察代表として厳戒司令部参議員となり、軍官捜査連絡会議に出席した。陸軍側も検察代表の木内も強硬だった。

「民間右翼も軍法会議で処置したい。なんとなれば戒厳令が敷かれていたからである」

「戒厳令下ではお説の通りである。しかし北一輝や西田税らの民間人が逮捕されたのは、戒厳令が解除されたのちのことであり、東京地裁で裁くのが筋《すじ》というものだ」

「軍」「検」が真っ向から激突の様相を見せたが、「武力」をもっている者が強いことを当時の歴史が証明する。軍の意向が通って民間人も軍の管轄に置く特設軍法会議が設置された。

木内が強硬だったのは、軍が自分たちに都合のよい判決をする恐れがあったからだ。「五・一五事件」では犬養首相が射殺されているのに、軍の青年将校は禁錮《きんこ》四年～五年と予想外に軽かった。

「もう五・一五事件のようなことはない」と軍も示唆《しさ》したが、木内を強力に支援した小原が北一輝の身柄をめぐって川島義之《かわしまよしゆき》陸相に激しく迫った光景を鉄道相・内田信也《うちだのぶや》（のち鉄道疑獄で逮捕）が書き残している。北一輝を陸軍憲兵隊に引き渡す時、小原は条件をつけたのだ。

小原法相「北の犯行は電話傍受《ぼうじゅ》によって一点の疑いもいれぬ。この北を君の方にもっていく以上、彼の死刑を『五・一五事件』の時のようにことさらに減刑してはならない」

川島陸相「犯行かくの如《ごと》く明らかなる以上、たとえ憲兵の手に渡すも結局、死刑となるものと確信する」

小原は戒厳令にも反対だったが、その後の特設軍法会議で小原、木内らの意向が通っている。早稲田大学に学んだ国家社会主義者・北一輝と陸軍幼年学校出身の秀才で元陸軍少尉の西田税は死刑。さらに北の日本改造論に心酔していた青年将校一三人も死刑。ただちに銃殺された。

その代々木の処刑場では銃殺されていく青年将校を悼《いた》む声が絶えなかった。木内は軍部も政府も右翼も恐れなかったが、そのことがやがて軍部独裁によるファシズムには〝邪魔者〟と映るようになって検察内部では主流派からはずされていく要因となる。

## 公安・思想検察の崩壊

木内は「二・二六事件」の捜査終結に符節《ふせつ》を合わせたように横浜地裁に流された。その後、東京を経《へ》て浦和と歩いて東京控訴院検事になるが、裁判のほかはすることがなかった。

小原の方はその後、内相兼厚相として入閣したことがあるが、念願の司法相復帰は塩野季彦の反対でつぶされた。組閣の大命降下《たいめいこうか》が阿部信行《あべのぶゆき》に下った時のことだ。

「（平沼氏に相談すると）平沼氏は『塩野前法相の意見を聞いてくれ』と言うので塩野氏のところに行った。塩野氏は私の法相就任に反対し、（塩野直系の）宮城長五郎・名古屋控訴院検事長を推挙した」と『小原直回顧録』にはあり、小原の口惜《くちお》しさがにじみ出ているが、検察界では、古典的正義派は、戦雲の慌《あわただ》しい時代にははっきりと邪魔でしかないことを示している。

塩野派はますます強大だった。

内部権力を争う官僚社会では一人の失脚が他の一人の栄進を意味する。木内の左遷《させん》と前後して思想統制の時流にもうまく乗り、栄進を続ける検事がいた。同じ東大卒ながら木内より二歳若く検察界に入った岸本義広。塩野派に列し、次第に派の中核になった公安検事である。

昭和二〇年八月一五日の敗戦に至る二人の略歴を併置《へいち》してみると木内の挫折《ざせつ》がよくわかる（地名は地裁検事局）。

〈木内曽益〉横浜（大正一二年任官）―東京―横浜―東京―浦和《うらわ》―東京控訴院
〈岸本義広〉東京（大正一四年任官）―横浜―東京―甲府《こうふ》―東京―大審院検事―東京地裁検事局次席―東京地裁検事局検事正
精悍な表情の木内がエリートコースをはずされて閑職《かんしょく》を歩かされたのに対し、二年後輩の眉の濃い岸本は塩野の強力な引きで首都をおさえる東京地裁検事局の次席、検事正に抜擢されている。その次のポストは天皇の認証官である控訴院検事長だから、木内は三階級ほど岸本にリードされたことになる。

その時起きた敗戦の大激動——首都に睨《にら》みをきかせてきた東京地裁検事正であるがゆえにパージ（追放）されそうになった岸本に精彩はなく、「なにをビクビクしなければならないのだ」と開き直れる木内に新時代の女神はほほえんだ。

木内が東京控訴院のヒラ検事だったのは三ヵ月だけで、昭和二一年（一九四六）二月一日には浦和地裁検事局検事正になっている。久しぶりの現場指揮官だが、この日付に注意していただきたい。この日、検事総長・中野並助《なかのなみすけ》らの検察首脳が一斉にパージされ、警察を指揮する形で日本を支配していた公安検察は崩壊したのである。

戦後五〇年の長い歴史をみても検事が政界へ出て大臣になったケースは皆無《かいむ》だが、戦前では検事から司法相になった者は松室致《まつむろいたす》（桂、寺内内閣）、平沼騏一郎《ひらぬまきいちろう》（第二次山本内閣）、小山松吉《こやままつきち》（斎藤内閣）、小原直（岡田内閣）、林頼三郎《はやしらいざぶろう》（広田内閣）、塩野季彦（林、第一次近衛、平沼内閣）、宮城長五郎（阿部内閣）、岩村通世《いわむらみちよ》（第二次近衛、東条内閣）、松阪広政《まつざかひろまさ》（小磯、鈴木内閣）らに及んでいる。

このことは法律の強さを示しており、現在の刑事訴訟法が「検察官・検察事務官と捜査」に対し第一九一条で「検察官は、必要と認めるときは、自ら犯罪を捜査することができる」と犯罪を捜査してもしなくてもよいというような弱い規定になっているが、戦前、全国警察を指揮して強大な権限を振るっていた時の旧刑事訴訟法は、「検察官犯罪アリト思料スルトキハ犯人及証拠ヲ捜査スヘシ」（第二四六条）と捜査を義務付けている。

検察が「捜査をしてもしなくてもよい」と弱い規定では大臣ポストも狙《ねら》えないわけだが、GHQの「追放」（形の上では日本政府にやらせたが）は明らかに検察弱体化にあった。戦前の公安検察が、「治安維持法」「国家総動員法」などをフルに使って国民の思想を「軍国主義・国家主義」にまとめあげて、検察は軍部政権に協力したから、検事総長など最高幹部でなくとも司法省思想課長の前歴のある者は職を追われた。

戦争遂行《すいこう》が最優先の国家政策だった時期には、優秀な人のほとんどが思想検察に入れられていたため、終戦直後の検察は惨憺《さんたん》たる目にあった。のちに復職し、戦後五代目の検事総長になる清原邦一《きよはらくにかず》、七代目総長の井本台吉《いもとだいきち》も追放された。終戦まで鉄壁を誇った塩野系大派閥は昔日《せきじつ》の色を失い崩壊した。

木内の昇進スピードは検察幹部の追放と同じ軌道上にある。木内は浦和地裁検事局検事正に四ヵ月いただけで、いきなり東京地裁検事局検事正に栄進した。昭和二一年六月のことで木内の前途が洋々と開かれてきた。木内に押し出されるように東京地裁検事局検事正から大審院の閑職に異動された岸本は、それから一ヵ月しかたたないというのに札幌控訴院検事長に流された。

控訴院検事長は外務省の大使と同じように天皇の認証官であり、出世競争としては、まだ岸本の方が一歩リードしているが、組織、機構そのものが大変革される時、それに参加できる者と、北海道に封じ込められている者とでは勝負にならない。

この人事を推進しているのは、司法相・岩田宙造《いわたちゅうぞう》。戦前、検察ファッショといわれた「帝人《ていじん》事件」で全員無罪を勝ち取った弁護士として名高いが、戦争中、貴族院議員として「国家総動員法」の議決に加わらなかったリベラルな政治家だった。相次ぐ「追放」で壊滅状態になった検察中枢《ちゅうすう》を、在野《ざいや》の弁護士をあてることで再建しようという構想だった。

昭和二二年二月一日、新しい検察の舵取《かじと》りをする重要人事が発令された。（　）内は前職である。

◇司法省人事

▽検事総長（弁護士）木村篤太郎《きむらとくたろう》　▽司法次官（弁護士）谷村唯一郎《たにむらただいちろう》

——木村は明治四四年（一九一一）東大卒。三六年間、一貫して弁護士であり、剣に親しむ風格があったが、強大な検察権力の頂点を弁護士にまかせてしまうなどとは敗戦の非常事態がなければ考えられない。

岩田司法相によって検事総長になった木村は「司法権を守るためには岩田の馬前で討ち死にする」と感激したが、人は舞台が回り始めるとわからない。吉田茂《よしだしげる》首相は木村のタカ派の反共体質を見抜いて、検事総長に置いていたのはわずか四ヵ月だけで法相に引き上げている。

検事総長になった木村の第一声は「これまで取り調べの時、一部に自白を強要することがありがちだったが、こうしたことは絶滅したい。司法部、検事局の明朗化をぜひやりたい」というものだったが、政界へ転進してみると、「民主化」から「反共」へ大転換したGHQの方針が木村の反共的体質によく合って吉田首相の〝御意見番〟になったりした。

先に戦後検察高官から法相になったケースは皆無と書いたが、「木村がいるではないか」と思われる方もおられることだろう。しかし、検事総長の期間が四ヵ月だけで後の三六年間は弁護士であり、むしろ政界転進の意味が強いので、あえて省《はぶ》いた。しかし、木村のケースも含めるべきだと言われるならば、「検察高官から法相のケースは木村の一件だけ」ということになるが、いずれにしても、稀《け》有《う》な例である。

木村の後の検事総長も弁護士の福井盛太《ふくいもりた》、その後は裁判官・佐藤藤佐《さとうとうすけ》、さらにその後は弁護士・花井忠《はないただし》と続いて、生粋《きっすい》の検事が検事総長になるのは昭和三四年（一九五九）五月、追放を解かれて最高検次長を務めていた清原邦一の登場まで待たなくてはならない。いかに検察中枢の破壊がすさまじかったか。

素人《しろうと》検事総長のもとで、木内、岸本が派閥争いをする条件があまりにも揃《そろ》っていた。木内は小原系検察を引き継いで「特捜検察」に拠《よ》り、岸本は大集団の塩野系検事を引き継ぐ形になった。〝特捜の伝統〟は戦前の「帝人事件の全員無罪」でプツンと切れているのにくらべ、思想検察のリーダーがことごとく壊滅されているとはいえ、数のうえでは中堅の公安検事はいまだに健在だったのである。

たとえば司法省刑事課長、人事課長、会計課長を歴任し「ヒト」と「カネ」に通じた長身の岡原昌男《おかはらまさお》。ずっと後には大阪高検検事長から最高裁判事になり第八代最高裁長官と検察で初めて司法界トップを極めたが、岡原は終戦当時、中堅でありながら「追放」には遭《あ》っていない。それは中堅といっても彼が務めた課長は思想課長のような治安立法をフルに使って思想弾圧をする露骨なポストではなかったからである。

岡原昌男

岡原は岩手県水沢市出身。幼いころから秀才の誉《ほま》れ高く、小学五年、中学四年、高校二年と〝飛び級〟の連続で東大を終え、検察官になるための司法官試補になったのは、まだ二〇歳という離《はな》れ技《わざ》を演じている。「生家では小さい時から偉くなれと言われ、自分でもそう思って勉強した」と岡原は述懐《じゅっかい》している。

しかし出世の切り札といわれる司法省の人事課長、会計課長と枢要《すうよう》なポストを歴任したことは戦争協力の司法省政策を推進したことになり、岡原のような超エリートは思想はなくとも追放されるべきだと司法部では囁《ささや》かれた。

これを特捜検察再建のエースだった馬場義続《ばばよしつぐ》（のち検事総長）の司法省経済課長とくらべると、「戦争協力では人事課長などの中枢ポストより貢献度が低いのだ。だから馬場さんには追放理由がない」と反公安派の検察官は息巻《いきま》く。

戦争を始める国家には、情報面と物質面の二つの統制が必要であり、これを検察サイドから見れば「思想犯」「経済犯」の問題となる。これは戦争遂行上の車の両輪だが、このうち経済統制を馬場がまかされたことは、それなりに馬場の優秀さを物語る。戦後検察は思想を軸に、追放を免《まぬか》れた検察の実力者たちが相克《そうこく》を繰り返しながら再建の道をたどる。岸本が追放にならなかったのは追放該当年限をわずかに下まわったためだが、馬場は「経済」であり、追放の対象になっていなかった。

馬場は福岡県秋月《あきづき》村（現・甘木《あまぎ》市）の生まれ。父は大工で六人兄弟の長男。家が貧しくて小学校を卒業すると八幡製鉄《やはたせいてつ》（現・新日本製鉄）の少年工になり、独学で専門学校入学検定試験にパス。田川《たがわ》中学の四年に編入したが、篤志家《とくしか》が現れ、熊本の五高、東大と進む馬場を援助。高文司法科試験では検事志望のトップ（裁判官志望を加えれば八位）になった。

馬場は子供の時から負けず嫌いで、自分で自分の人生を切り開いたが、それが特捜部の実力主義につながった。

馬場義続

つりあがり気味の鋭い目は「豹《ひょう》の目」と言われ、口を真一文字に結び、ちょっと近寄りがたい風貌《ふうぼう》を持つ。「沈着果断《ちんちゃくかだん》」「情勢判断の的確さ」が馬場に与えられた評価で、「政治権力にも社会の風潮にも左右されず法律違反だけを厳しく追及するのが〝検察の正道〟だ。このことは検事ならだれでも知っているが実行するには勇気がいる」というのが馬場の口ぐせだった。

やがて沼津区裁検事局にいる河井信太郎が馬場と運命的な出会いをするが、戦後の焼け跡で〝検察の正道〟に対する考え方が一致したことがおもしろい。

これに対抗する考え方が「国家に有用な人材を汚職のような低次元のことで葬《ほうむ》ってはならぬ」という西郷隆盛《さいごうたかもり》以来の「国家有用論《こっかゆうようろん》」だが、戦後の検察の歴史も政治に対する二つの考え方の暗闘であることに変わりはない。

馬場は昭和三年（一九二八）、検事に任官してから同四二年（一九六七）検事総長で定年退官するまで転任の多い検察庁にあって、ただの一度も東京を離れたことがないという稀有な経歴をもっている。

戦前では昭和一一年、馬場は東京地裁検事局検事として「鉄道疑獄」の元鉄道相・内田信也、貴族院議員・飛島文吉《とびしまぶんきち》らを逮捕しているし、司法省経済課長として物資不足による経済事件を指揮した。戦後になると政財界事件を摘発《てきはつ》する特捜検察を通じて検察再建に懸命になるが、どうしても許せない検事がいた。

「将来の検事総長」とまで言われた五つ年下の公安検事・岡原昌男だった。岡原は権力を掌握するエリートコースにいた。戦後検察は徐々に岡原をはずしていくが、検察の歴史のドラマ性は、社会情勢の変化によってまったく意外な人物が登場することである。やがて全検察を支配していく馬場だが、彼にも強力なライバルはいた。

二つ年下で馬場の次に検事総長になる井本台吉。司法省思想課長（正確には第六課長）のポストゆえに追放された大物だが、昭和二八年（一九五三）、犬養健《いぬかいたける》法相が日本独立（昭和二七年）を期《き》して「優秀な者は復職させる」と新方針を打ち出し、井本の洋々たる前途が開けてきた。

そのなかには検察関係の追放者リストをつくった司法省秘書課長・清原邦一もいて、自分は追放該当の基準ではないのに、自分が作成したリストで先輩、同僚たちが追放されることがしのびなく自分の名前を最後に書き加えて追放となった孤高《ここう》の検事である。

この時の追放解除は清原と井本だが、のちに二人はいずれも検事総長になっているから大物であったことは間違いない。

井本はのちに首相となる福田赳夫《ふくだたけお》と同郷（群馬県）。一高、東大では一級違い、剣の使い手だがユーモアを解する座談の名手。若い時の正月、酒に酔って日比谷公園で鶴を捕まえようとしてモーニング姿で池に飛び込んだりした。

しかし芯は強く戦争末期には四〇代そこそこで、大審院検事として全国の思想公安事件の指揮をとっていた。「教授グループ事件」で逮捕された元東京都知事・美濃部亮吉《みのべりようきち》は著書『苦悩するデモクラシー』で井本像を次のように書いている。

「向う（井本）の思い通りの供述をしない限り許してくれない。『そんなことありません』と答えると『よく考えておけ』と言ったきり五日でも七日でも放っておかれる。気が気でない」

## 新しい検察を定めた検察庁法

井本は塩野主流派の俊才の一人で、思想・公安全盛時代が続けば馬場に検察覇者《はしゃ》の目はなかった。だが敗戦がすべての価値を一変させた。それでも清原、井本の検察復帰が急浮上したのにはそれなりの理由があった。

日本に対するアメリカの外交方針が、①陸海軍解体、②財閥解体、③教育の統制撤廃など徹底的な民主化から、米ソの対立という国際情勢の険悪さによって「日本を共産主義の防壁《ぼうへき》としなければならない」（昭和二三年一月六日、ロイヤル米陸軍長官演説）と、ソ連をはじめとする社会主義国家群との対決へと動く情勢が影響した。

昭和二五年（一九五〇）六月二五日に勃発《ぼっぱつ》した朝鮮戦争を背景に左翼デモ隊と警官隊が激突する東京「血のメーデー事件」、大阪「吹田事件」、名古屋「大須事件」など大型公安事件が頻《ひん》発《ぱつ》し、GHQ・政府が「思想検察」を敵視するような時代は去ったと考えられた。

「国家有用論」が「汚職」ではなく、戦争責任の「追放」問題に巧妙に働いたといえる。日本の検察は、検事総長以下の三八名もの中枢部がゴッソリ追放されたので最高幹部は素人《しろうと》の弁護士、裁判官にまかせ、中堅の東京地裁検事局検事正クラスの木内、岸本が「特捜検察」「公安検察」の旗頭《はたがしら》になって、司法省課長クラスの検事が〝自ら信ずる検察の正道〟のために抗争を繰り広げる。

しかし「人」の面での新生検察の素地はできたが、「制度」の方はどうなっただろうか。中央集権的な強力な権力をもつ検察制度は戦争遂行に決定的な影響を与えた、とGHQから目の敵《かたき》にされた。

〝自白重視〟の規定が「拷問」を呼ぶとして戦前の刑事訴訟法が廃止されて、検察は警察に対してもっていた指示権・命令権を失うことになった。さらに警察自体も自治体警察と国家警察とに分断された。しかも自治体警察に至っては（それが主力なのだが）東京（警視庁）、大阪、愛知……と各都道府県ごとの組織に寸断された。

検察・警察の力を削《そ》ぐことにいかに腐心していたかがわかる。検察の権限が相次いで削除され、「検察は手足も出せない裸の王様になってしまった」と検察OBは言っているが、捜査を一切認めず、裁判だけに専念させる公判中心主義の検察にする制度がGHQや司法界の一部で急浮上した。

沼津区裁検事局にいた河井信太郎に東京転勤の辞令が発せられたのは、そんな重要問題が焦点になっていた昭和二二年（一九四七）一月のことだった。

そのころの検事局の空気はすさんでいた。

板橋《いたばし》区の陸軍造兵廠《ぞうへいしょう》では二〇〇〇人の群衆が元陸軍少将・小林軍次をトラックに立たせてつるしあげ大豆四六四俵を強奪《ごうだつ》して逮捕者が連行されたりした。

また皇居前広場の「食糧メーデー」ではデモ参加者がプラカードに「ヒロヒト詔書《しょうしょ》曰ク国体はゴジされたぞ　朕《ちん》はタラフク食ってるぞ　ナンジ人民　飢えて死ね　ギョメイギョジ」と書

いて不敬罪《ふけいざい》（現行刑法では削除）で逮捕され、千葉県庁では膨大な隠匿金塊《いんとくきんかい》が発見された。

ヤミ物資の巨大ルートが摘発されたのもこのころで、敗戦のドサクサで陸海軍をはじめ政府の夥《おびただ》しい物資が隠匿《いんとく》された。

戦争中、中国の上海《シャンハイ》を中心に海軍航空本部の支配下で物資調達と情報収集のために暗躍していた右翼の児玉誉士夫《こだまよしお》が、その児玉機関を通じて日本に持ち帰った財宝が自民党の前身「日本自由党」の結成資金に使われたことはあまりにも有名だ。

昭和二〇年一一月九日、日本自由党が日比谷公会堂で結成。鳩山一郎《はとやまいちろう》が総裁（その後追放。のち解除、民主党総裁）に河野一郎《こうのいちろう》（のち農相。河野洋平《こうのようへい》元副総理の父）が幹事長。その資金源について児玉自身が評論家・大森実《おおもりみのる》のインタビューで答えている。

「当時のカネで七〇〇〇万円、それにカマス一つ半くらいあったダイヤモンドと段ボール二〇箱くらいのプラチナをそれぞれ半分ずつ。河野（一郎）さんが、これを売ってカネにした」

日本自由党はその後自民党になるが、児玉誉士夫はこの資金の重みによって政財界ばかりでなく、暴力団にも睨みのきく右翼の超大物として登場した。川島正次郎《かわしましょうじろう》（自民党副総裁）、大野《おおの》伴睦《ばんぼく》（同副総裁）らと親しく元首相・岸信介《きしのぶすけ》とも交際があったが、特捜検察にとって児玉は逮捕すべき暗黒界の大物として、マークする原点は終戦直後からあったのである。

東京・霞が関の東京地裁検事局に転勤になった河井信太郎はそのころの大部分の検事がそうであったように隠匿物資摘発の捜査陣に入れられた。相変わらず太っていて体重八五キロ。開いているかどうかわからない細い目。「あんたねェ」と迫る取り調べのすさまじさから、たちまち〝閻魔《えんま》〟のニックネームがつけられた。

敗戦直後の隠匿物資に群がる〝海千山千〟の〝ワル〟たちが、〝河井閻魔〟の一喝《いっかつ》にあうと、たちまち自供し始めたから、「河井の出現はまさに彗星《すいせい》のようだった」と昭電《しょうでん》疑獄捜査の同僚検事は言っている。

河井の政治家調べについて元検事総長・伊藤栄樹《いとうしげき》が、自著の『秋霜烈日《しゅうそうれつじつ》——検事総長の回想』のなかで書いている。

「河井検事は、たしかに不世出《ふせいしゅつ》の捜査検事だったと思う。氏の事件を〝カチ割って〟前進する迫力は、だれも及ばなかったし、また彼の調べを受けて自白しない被疑者はいなかった」

当時の検察陣は、検事総長は弁護士出身の福井盛太、東京控訴院検事長も弁護士出身の佐藤《さとう》博《ひろし》、東京地裁検事局検事正が木内曽益という陣容だが、木内の部下である総務部長に馬場義続がいた。

「河井です。一生懸命頑張ります」と河井は東京地裁検事局に着任すると木内に挨拶《あいさつ》した。

「君には期待してるよ」と木内は激励したが、馬場から「検察の正道のためにやろうじゃないか」と言われた時は体にジーンと走るものがあった。この瞬間から河井は終生《しゅうせい》、馬場を「師」と仰《あお》ぐようになる。

しかし検察を取り巻く空気には不穏なものがあった。それは、すべての捜査権を検察から剝《はく》奪《だっ》して裁判に専念させる公判機関にしてしまう構想である。そうなれば論理の帰結は捜査権のすべてを警察が掌握することになるが、これまで検察の指示権で上からおさえられていた警察にとっては「捜査からの検察追放」は悲願だったのである。河井の怒りの言葉が残っている。

「私は沼津にいましたから、この問題はずっと遅れて知りました。検察庁に捜査させないとは日本の検察制度を根底から覆《くつがえ》すことです。弁護士から検察へ入られた福井盛太検事総長や佐藤博東京控訴院検事長の最高幹部を捜査のプロである木内曽益検事正、国宗栄次席、馬場義続総務部長がバックアップして激しい運動をしていました。

政財界事件は警察では無理です。そのほか複雑な事件があり、検察がどうしても必要なのにそれをわかっちゃあいない。若い検事たちも怒りました。その迫力にGHQや政府機関が折れる形で落着しました。ギリギリの捜査権でした。それは刑事訴訟法第一九一条に規定された『検察官は、必要と認めるときは、自ら犯罪を捜査することができる』という項目なんです」

検察の権限は大幅にカットされた。「捜査」が法律で認められたとはいうものの、戦前の旧刑事訴訟法のように、検察の機関を信頼して事件のすべてを捜査するという誇り高い規定ではなく「捜査をしても、しなくてもいいんだよ。ま、やりたければやったら」という規定なのである。

戦前の旧刑事訴訟法と現行の刑事訴訟法を改めて対置してみると、歴然《れきぜん》たる格差がよくわかる。

〈検察官の捜査〉
▽現刑事訴訟法第一九一条「検察官は、必要と認めるときは、自ら犯罪を捜査することができる」
▽旧刑事訴訟法第二四六条「検察官犯罪アリト思料スルトキハ犯人及証拠ヲ捜査スヘシ」
〈警察官の捜査〉
▽現刑事訴訟法第一八九条「司法警察職員は、犯罪があると思料するときは、犯人及び証拠を捜査するものとする」

この条文をよく見ていただきたい。捜査について戦前の検察の条文が戦後はそっくり警察に移されているではないか。戦前の検察が、すべての事件の捜査権限をもち、警察を指揮して絶大な権力を振るった源泉はここにある。

それを検察は失った。ギリギリの線で捜査は守られたが、刑事訴訟法第一九一条によりかかって何もしなければ、すぐ特捜検察は骨抜きにされてしまう。

「それがどんなに重要なことであったか。〝検察官は、必要と認めるときは、自ら犯罪を捜査することができる〟の一項目が法律に入ることが決まってからも安心できなかった。敗戦直後とはそういうものでした」と河井は述懐している。

また特捜部がない当時、特捜検察の構想をもっていた馬場が「検察の正道」という言葉を口にする時は現実的な切迫感がにじみ出ていた。警察が捜査権を有効に使わないうちに検察が政界がらみの大事件を捜査して検察の地歩《ちほ》をできるだけ早く固めておくべきだ——と馬場や木内は考えていた。それは警察との先陣争いのようにも見えた。

昭和二二年五月三日、新しい検察を定めた検察庁法が裁判所法とともに施行された。大審院検事局―東京控訴院検事局―東京地裁検事局は廃止され、かわって最高検察庁―東京高等検察庁―東京地方検察庁がスタートした。河井が転勤後五ヵ月目のことだ。

東京地検次席の国宗栄が司法省刑事局長に栄進し、同地検総務部長だった馬場が地検ナンバーツーの次席に昇進した。

木内―馬場の特捜検察派がガッチリと首都・東京をおさえ、馬場の行動が始まる。

その年の晩秋、馬場は東京地検に特捜部の前身である「隠退蔵《いんたいぞう》事件捜査部」を新設した。昭和二二年一一月一日のことで、このいかにも戦後のにおいがするセクションは、昭和二四年（一九四九）五月一四日、特別捜査部（略称・特捜部）と現代的な名称に変わるまで続くが、これによって馬場は〝特捜部の生みの親〟と言われるようになった。

馬場は特捜部に優秀な若い検事を集めることから始めた。それまでの検察は「東大卒」「京大卒」が一つの資格のようなものだったが、馬場は自分が東大卒でありながら学歴にこだわらなかった。実力があれば私立大学卒でも抜擢した結果、東大、京大を中央大学などの私立大学卒が上回った。

東京地検には野武士《のぶし》のような実力派検事がゴロゴロしていて強力な実力派集団が形成され

た。特捜部（隠退蔵事件捜査部時代を含めて）はほぼ三〇人前後の勢力だが、のちには本省と呼ばれる法務省と並ぶ特異なエリート機関となる。検事の人事権をもつ法務省は東大、京大の官学出身の人脈が支配するエリート機関だが、特捜部の方は学歴を無視して実力を重視した結果、中央大学など私大出の実力派の多い特異なエリート組織になった。

「強い特捜」を目指した構想は、馬場が戦前、経済検事として捜査上の会計・財政学の草分《くさわ》け的存在であったこともプラスとなった。

この集団のなかで海軍主計将校の経歴をもつ経理のベテラン、河井の存在はズバ抜けていた。河井が東京転任になって一年余り、特捜検察が虎視眈々《こしたんたん》と狙っていた政治家群が腐臭をまき散らしながら現れたのである。昭和二三年（一九四八）春、芦田均《あしだひとし》内閣が崩壊し、芦田首相までが逮捕されてしまう「昭電疑獄」である。

## ＧＨＱを巻き込んだ「昭電疑獄」

昭電疑獄は戦火で焦土《しょうど》となった日本の復興をめぐる壮大な汚職である。昭和二一年一〇月、政府はまず日本の基幹産業を再建することによって日本経済を復興させようとした。鉄鋼、石炭、肥料工業が重点産業に選ばれ復興金融公庫を通じて膨大な政策融資が投下されて工場や生産施設がつくられていった。

昭和電工は戦前の大財閥の一つ、森コンツェルンの有力企業だったが、財閥解体の嵐にあい、社長が森暁《もりさとる》から中小企業から叩《たた》きあげの日野原節三《ひのはらせつぞう》にかわったことから暗雲が立ち込めるようになった。日野原は総合化学メーカーである昭和電工の肥料部門への転換を打ち出すとともに復興金融公庫から莫大な政策融資を引き出そうとしてワイロをばらまいた。

食糧難にあえぐ国民のため政府は食糧増産につながる肥料工業を重視して融資は昭和二一年一一月六億三五二〇万円、同二二年九月五億三五二〇万円、同年一二月一二億八四二〇万円と跳ねあがっていった。現在の貨幣価値に換算するとその約一〇〇倍。日野原のもくろみは成功したように見えたが、それにしては作戦があまりにずさんだった。

しかも思惑をもった政治家や経済人が昭和電工の利権に近づいて暗躍し、戦後の混乱が象徴的に表れていた。

いざという時には「ワイロを使えばいい」という勝手な論理が日野原にあり、昭電疑獄はまたたくうちに巨大な疑獄へと発展した。

日野原ら幹部の政・財・官界の有力者に対する接待は連日行われ、庶民は飢えているというのに愛妾《あいしょう》・秀駒こと小林峯子の杉並区の自宅宴会は派手《はで》で、客を招いてドンチャン騒ぎ。日野原の生活も豪華で、国家の資金を月に七〇万〜八〇万円も使うと囁かれた。

あでやかな秀駒の髪結《かみゆい》に行く時のチップは一万円、新橋演舞場《しんばしえんぶじょう》のこけら落としで舞った時は当時で一〇〇万円の指輪が人目を引いた。

復興金融公庫委員だった品川白煉瓦社長青木均一《あおききんいち》は怒っている。

「政府は石炭、肥料には最優先であきれるくらいの金を出したが、日野原は寝ていても融資が受けられるのに、なんであんなに金を使って、バカなことしたもんだ、と思っていますよ。これでは検事局や警視庁に手入れしてくれと挑発したようなもんですよ」

昭電疑獄が表面化したのは保守・民主自由党の高橋英吉《たかはしえいきち》が昭和二三年四月二七日の衆議院不当財産取引委員会秘密会で追及したのが発端だった。

「昭和電工の日野原社長は政界大物といわれる菅原通済《すがわらみちなり》氏の義兄だが、それをいいことに芦田均首相をはじめ日本興業銀行出身の栗栖《くるす》赳夫《たけお》国務相などに接近し、（財閥解体の）昭和電工を乗っ取った疑惑がある。

日野原社長はもともと興銀と縁が深い日本水素の社長でしかなかったが、興銀の後押しで昭和電工の経営権を握ると昭電の幹部二〇人を追い払った。その昭電にだよ、一七億円も融資が行われたが、このうち数億円は政界にばらまかれたというではないか」

日野原節三

高橋英吉は衆院議員であると同時に血気《けっき》盛んな弁護士であり、のちの佐藤栄作《さとうえいさく》政権の時、東京地検特捜部に逮捕された〝政界の爆弾男〟田中彰治《たなかしょうじ》衆院議員、さらに「大阪タクシー汚職事件」で逮捕された関谷勝利《せきやかつとし》衆院議員の弁護活動をして〝自民党弁護団長〟と言われた男だ。

だが、国会より早く警視庁ではひそかに昭電事件を内偵《ないてい》していた。昭和電工の秩父《ちちぶ》、富士、大町工場の物資横流しのヤミ事件の事実を突き止めていたからである。捜査が本格化するとともに、警視庁にとって〝衝撃的〟なことが起きる。捜査の指揮をとっていた刑事部長・藤田次郎《ふじたじろう》と捜査二課長・秦野章《はたのあきら》（のち警視総監、参院議員）が突如更迭《こうてつ》されるのだ。

当時、超法規的な絶対権限をもっていたのはＧＨＱしかないが、捜査二課長として検察より早く捜査に乗り出していながら挫折《ざせつ》させられた秦野の言葉は意味深い。

「昭電疑獄は完全にＧＨＱの意向に沿った事件だった。当時、ぼくは捜査二課長として捜査を指揮していたが、内偵を進めるうち、政界がらみの大きな汚職があるという確証をつかんだ。政府がつぶれるかも知れん、とも思った。だが意外なものも出てきた。

ＧＨＱの汚職だ。ＧＨＱ高官たちも昭電側から金をつかまされていた。そのＧＨＱも内部分裂をきたしていた。その意味では昭電疑獄は政・財・官界どころかＧＨＱをも巻き込んだ大疑獄だった。警察ではＧＨＱの悪が漏《も》れるとでも思ったのだろう。ぼくらは抵抗したが、突然転勤になった。捜査は完全に検察の手に移った」

秦野の指摘通り、かりに昭電幹部からＧＨＱに金が流れていたことを突き止めても、当時の日本は占領中だったから超憲法的なＧＨＱには手が出せず、高官の逮捕、起訴は無理だったろう。

この時の東京地検検事正には法務庁（のち法務省）検務長官に栄進した木内曽益にかわって、帝人事件の捜査検事をしたこともある堀忠嗣《ほりただつぐ》がなっていた。

堀は温厚な検事だったが、実戦指揮官である馬場次席に率いられた実力者集団は腐乱した世界に切り込んで行った。警視庁と東京地検の内偵が一時、競合する形になったが、警視庁の捜査陣は途中で消えた。

政府が復興金融公庫を通じて産業界に注《つ》ぎ込んだ金がもとでついに〝復金インフレ〟が起きたという昭電疑獄、しかも肥料産業界への融資の三分の二は昭電だったという昭電に対する政策融資のすさまじさ……。

借りた方に返す気がなく、貸す方も特にそれをとがめないという政財癒着《ゆちゃく》の関係が「疑獄」と呼ばれる政財界犯罪の原型を浮きあがらせる。

馬場は捜査主任検事には先任の伊尾宏《いおひろし》をあて捜査専従《せんじゅう》には河井、渡辺、金沢、環、横溝の五人を選び、順次検事を投入する方法をとった。昭和二三年五月二七日、東京地検は東京・赤坂の昭和電工の家宅捜索に踏み切り強制捜査の幕を開けた。

検事総長の福井盛太はまだ首相が逮捕されていないのに、「犯罪容疑の確証をつかめば、首相であれ大臣であれ断固として検察当局独自の立場から正邪《せいじゃ》を公にして、処罰するものは処罰するよう全力をあげる」と強気な談話を発表している。

空襲の焼け跡が目立つ東京で飢《う》えに苦しむ庶民にとっては東京地検は〝正義の味方〟のように見えた。それまで「検察」と言えば暗い印象しかなかったが、彗星のように現れた特捜検察に国民は目を見張った。

河井が昭電捜査について語っている。

「私は（捜査）主任検事の補助検事として入った。帳簿は全部調べてあるからそれを見てくれればよいと言われたが、粉飾の内容を究明していくうちに手口《てぐち》が巧妙で離れられなくなった。結局、使途不明金が一億五〇〇〇万円ほど出たが、この不明金が何に使われたかを明らかにするために日野原社長を調べるように命じられた」

日野原の逮捕は六月二三日。俊英な検事たちが二ヵ月がかりで攻め立てたが口をかたく結んで頑として供述を拒否した。そして河井と日野原の対決が始まる。河井が捜査の核心を語る。

「昭電は初め警視庁がやっていた。警視庁の方では昭電と通ずる者もいるし、また押収した書類を荒縄《あらなわ》をかけておくだけで何もしない。GHQが怒ってすべての証拠書類を取りあげた。ところがこんど来た検事も何もしない。帳簿を調べるでもない。そこで上司から『お前、調べて来い』と言われた。そこでGHQへ押収された証拠品を受け取りに行った。ふたかかえもある書類はドイツ語、英語、フランス語で書かれ暗号まじりだった。

帳簿類はトラック二台分もあった。それを暑い倉庫でフンドシ一つになって一ヵ月がかりで調べた。そのなかに日野原社長の秘書が克明に書いていたメモを発見した。帳簿を整理してメモとつき合わせてみると多額の金が政財界の有力者に渡っている事実がわかった。重要なメモだった。これをもとに日野原を取り調べた。日野原はそれでも自供しなかったが一一日目になって『参りました。すべて申しあげます』と一切を供述した。これで昭電事件の内容が一挙にわかって、それは政治家、官僚へと伸びる重要供述だったわけです」

**「天気晴朗なれど波高し」**

昭電疑獄は、独占資本ただ儲《もう》けの政財界犯罪の原型だが、ひそかに贈賄《ぞうわい》メモをつけていた昭和電工社長秘書・砂原季世（当時三二歳）の逮捕が決定的だった。逮捕者は次々に増えて総理大臣を含む前大臣三人、国会議員六人、大蔵省、商工省など官僚六人、日本興業銀行など銀行幹部八人、昭和電工七人、関連会社二一人、その他一三人――逮捕者総計六四人と史上最大の疑獄になった。

　重要人物の逮捕者をたどるだけでも疑獄捜査のすさまじさがわかる。

《重要人物逮捕の系譜》＝年齢は当時

五月二七日　昭和電工本社の捜索

▽六月二三日　昭和電工社長・日野原節三（四六）＝贈賄　▽七月二九日　昭和電工常務・藤井孝《ふじいたかし》（四二）＝贈賄　▽八月二日　同常務・鳥巣《とりす》正之《まさゆき》（四五）＝制限会社令違反　▽八月一八日　安田銀行貸付第二課長・横山彰（四一）＝経済罰則違反、三和銀行銀座支店・横田昇（四一）＝経済罰則違反

九月二日　東京地検が捜査本部を設置

▽九月一〇日　安田銀行常務・丸山二郎（五七）、大日本肥料理事長（元農林次官）・重政誠《しげまさせい》

之《し》（五二）＝経済罰則違反　▽九月一三日　大蔵省主計局長・福田赳夫（四四）＝収賄▽九月一七日　元自由党総務・松岡松平《まつおかまつへい》（四五）＝追放令違反　▽九月一八日　前自由党幹事長・大野伴睦（五七）＝収賄　▽九月二一日　日本興業銀行副総裁・二宮善基《にのみやよしもと》（四五）＝収賄　▽九月三〇日　経済安定本部長官（国務大臣）・栗栖赳夫（四五）＝収賄　▽一〇月五日元民主党総務（代議士）・小沢専七郎《おざわせんしちろう》（四四）＝贈賄　▽一〇月六日　前副総理（社会党代議士）・西尾末広《にしおすえひろ》（五八）＝収賄　▽一〇月八日　元代議士・福家俊一《ふけとしいち》（三七）＝収賄幇助《ほうじょ》▽一〇月一三日　岡組社長・岡直樹（五四）＝贈賄　▽一〇月一七日　元日本興業銀行総裁・末広幸次郎《すえひろこうじろう》（五八）＝偽証　▽一〇月二〇日　元内閣書記官長・迫水久常《さこみずひさつね》（五八）＝贈賄▽一二月六日　元鉄道工業会会長・菅原通済（五五）＝公正証書原本不実記載　▽一二月七日　民主党代議士・北浦圭太郎《きたうらけいたろう》（六一）＝収賄、自由党代議士・川橋豊二郎《かわはしとよじろう》（六五）＝収賄、前首相・芦田均（六一）＝収賄

——この重要人物逮捕の系譜のうち九月一三日の大蔵省主計局長・福田赳夫（のち首相）の項目に注意していただきたい。福田逮捕を転換点に事件の性格が「経済人の犯罪」から「政治家の犯罪」へとガラリと変質しているからだ。刑法レベルで言えば「贈賄」摘発から「収賄」摘発への性格転換と言うこともできる。

福田赳夫の逮捕は九月一三日だが、東京地検はその直前にあたる九月二日に捜査本部を設置している。捜査線上に大疑獄の暗影《あんえい》を認めたからだ。検事総長・福井盛太をはじめ、法務庁検

務長官・木内曽益、東京高検検事長・佐藤博、東京地検検事正・堀忠嗣、同次席・馬場義続、捜査主任検事・伊尾宏、一線の検事、河井信太郎らが、政治家・官僚逮捕に備《そな》えた最終協議を行っている。

木内は検察庁全般を見る法務庁検務長官となり検察現場を離れていたが、特捜検察の最高リーダー木内が顔を並べたことにこの事件捜査にかける新検察の意気込みが表れている。馬場は四七歳の働き盛り。特捜検事の大動員を号令した。のちにロッキード事件、田中角栄《たなかかくえい》元首相逮捕の時の検事総長・布施健《ふせたけし》もまだ三〇代だったが他の事件捜査を切りあげて参加した。

この年には若き田中角栄も「炭鉱国管汚職」で検察当局に逮捕されているが、「昭電疑獄」とは関係がないのでのちに詳述する。

終戦後の混沌とした社会——食糧難は一向に好転せず、東京地裁判事・山口良忠《やまぐちよしただ》が配給の食糧だけに頼って餓死したのは昭和二二年秋。庶民の苦しみをよそに昭電疑獄に象徴される政・財・官の特権階級が自分たちだけの栄華《えいが》に酔いしれている光景——それは典型的な「汚職の図式」なのだが、特に〝空腹の時代〟は特権階級への怨念《おんねん》がつのる。「国家の融資だって俺たちの税金だろ。食うや食わずの俺たちから税金をとって特権階級の栄華のために渡そうというのか」「絶対に許すな」——と庶民世論はすさまじかったが、そこへ颯爽《さっそう》と現れた特捜検察は、庶民のための〝正義の味方〟になる要素を充分もっていた。

福田赳夫

庶民は特捜検察の登場を拍手で迎え、特に〝閻魔の河井〟は疑獄捜査のスターとなった。

この事件の捜査は徹底している。自由党幹事長を務めた大物、大野伴睦の容疑は昭電幹部から「昭電のことを国会で問題にしないように、党をおさえて欲しいと二〇万円をもらった」というものだが、京都で逮捕された。旅館の奥部屋にふとんを高く積みあげて隠れているところを検事に踏み込まれたが、東京での取り調べの時、河井に「国民が食糧難に苦しんでいる時、あなたのような政治家の指導者がこんなことでいいのか」と迫られ、むせび泣きながら自供をした。「そんな人は泊まっておられまへんえ」とかくまった旅館の若い女将《おかみ》も逮捕。日野原の愛妾・秀駒も調べられた。現在は法務省・検察庁の宿舎になっている東京・三田《みた》の「桂」は、当時は「般若苑」という高級料亭で政財界の密談場所になっていたが、有名なその女将・畔上《あぜがみ》輝井《てるい》まで逮捕されている。

「昭電が大野ら政治家に供応《きょうおう》のため出した料理が高すぎる」という料飲政令違反まで使われた。事件のスケールが大きければ大きいほど意外性も高く、東京地検の捜査陣は上司の東京高検次席検事にも捜査の照準を合わせた。大野ら政治家逮捕が最高潮にかかりかけた時、「東京高検次席検事があんなに昭電と仲がよくて、どうして私らばかりを逮捕するんですか」と開き直った被疑者《ひぎしゃ》が現れたからだ。

法律違反はなかったが、疑惑の目で見られた東京高検次席検事ら二人の検事が辞職に追い込まれた。東京拘置所は法務庁の管轄下にあるが、そこの戒護課長と看守も日野原に五万円で買収されていた。せっせと差し入れ品を運んでいるうち獄中獄外の連絡役に堕《お》ちて逮捕されたのだ。

昭和二三年一〇月六日、保守党（民主党）の連立相手にあたる社会党の前副総理・西尾末広が逮捕されるに及んで芦田内閣は崩壊した。検察の捜査が内閣を倒したのは戦前の「シーメンス事件」「帝人事件」に続いて三度目のことだった。当時の新聞によると、早朝トラックで乗りつけた捜査官に西尾邸は包囲され、身仕度をして「おまたせ」と西尾は現れたが、東京地検庁舎では社会党書記長・浅沼稲次郎《あさぬまいねじろう》が待っていて離党勧告書を渡された。

そして一二月七日、辞職したばかりの前総理・芦田均が他の二人の議員とともに逮捕された。日本列島は怒りに燃え、混乱は最高潮に達した。国会は開会中だったので誕生したばかりの吉田茂内閣が東京地検から出された逮捕許諾《きょだく》請求を衆院にかけると一四二対一二〇の僅差《きんさ》で可決された。芦田は険《けわ》しい顔で「天気晴朗《てんきせいろう》なれど波高し」と言って小菅《こすげ》の東京拘置所に消えた。

芦田の容疑は、直接、昭電事件とは関係はなかったが、外務大臣の時、建設業者の岡組社長・岡直樹から政府の支払いを早めるように頼まれ、一〇〇万円をもらった、というものだった。昭電と関係がなくとも捜査をすれば政治家に疑惑はたくさんあるということか。

芦田の取り調べ検事だった河井が自著の『検察読本』に書いている。

「首相だった人の事件だから多くの検事の意見を聞いた。証拠もかたいから起訴すべきだ、というのが全員の意見だった」

東京地検検事正の部屋に芦田はいた。すぐその前に検事正の堀（のち大阪高検検事長）、やや後ろに河井が控えていた。堀が簡単な調べをした。東京地検トップの検事正が出てくるのは総理まで務めた人に対する礼儀である。それまでは任意同行の形だったから、それで初めて逮捕状執行ということになる。翌日からは〝閻魔の河井〟の取り調べが始まる。

検察の長い歴史のなかで「首相」経験者が逮捕されたのは、このほかに四半世紀後のロッキード事件の田中角栄がいるが、このケースでも高瀬《たかせ》礼二《れいじ》検事正自らが取り調べる伝統を守っている。

河井の調べによると検事正自ら取り調べたのは明治時代、日本で初めて衆院議員（それも二〇人も）を逮捕した「日糖事件」で、〝検察の神様〟小林芳郎《こばやしよしろう》が礼儀は礼儀と伝統をつくっている。

さらに起訴状に検察官の署名の段階を迎えると、堀は「総理大臣の起訴ですから検事正の私がしますよ。この事件についての一切の責任は捜査の指揮をとった検事正の私にあるんですから」と言って起訴状の署名をした。前副総理の西尾末広には東京地検次席の馬場義続が起訴状に署名をした。総理、副総理を除く昭電疑獄の全被告については捜査主任検事・伊尾宏が署名をした。

――五月二七日の一斉家宅捜索から始まった事件捜査は一二月二八日の芦田前首相起訴で終

わったが、起訴者は三七人という超大型疑獄になった。政権中枢に対し容赦《ようしゃ》なく踏み込んで前総理大臣・芦田均、前副総理・西尾末広らを逮捕・連行した東京地検。国民の血税に「政」「財」「官」界が群《むら》がった典型的な権力犯罪のように見えた。特捜検察は完全に再建されたように見えた。

## 政治家一六人逮捕、有罪はたった四人

昭電事件の起訴事実は五つの骨格から成り立っている。

①国務大臣（経済安定本部長官）・栗栖赳夫、昭和電工社長・日野原節三ら一五人の復興金融公庫、日本興業銀行からの昭電融資にからむ贈収賄

②前自由党幹事長・大野伴睦、前副総理（社会党）・西尾末広ら四人の国会審議もみ消しに関する贈収賄

③前首相・芦田均ら九人の岡組に対する床板納入金などをめぐる政府支払い促進の贈収賄

④昭和電工と日野原節三ら六人が行った大蔵大臣の許可を得ない預金払い戻し

⑤前東京拘置所戒護課長・伊藤光二郎ら三人の贈収賄

――すべてが終わったように見えた時、「炭鉱国管疑獄」という大型汚職が現れた。芦田前首相が昭電疑獄で逮捕された四日後の一二月一一

芦田　均

日のことだった。昭電疑獄の陰に隠れて目立たなかったが、田中角栄ら三人の衆院議員と竹田《たけだ》儀一《ぎいち》前厚相が逮捕された事件である。

この捜査を東京地検の特捜検察はしなかった。特捜検察は昭電疑獄で主力をとられ、そのほかにも「繊維汚職」(商工省繊維局長・松本重郎、日本羊毛産業社長・小西富夫ら一二人起訴)もあって手いっぱいだったからだ。それならば田中角栄ら政治家をだれが捜査したのか。

それは普段は捜査をしない東京高検(ヤミカルテルなど高裁が一審と定められている事件を除く)と福岡地検が捜査を担当した。

FBI(アメリカ連邦捜査局)のように管轄にとらわれることなく、あらゆる検察があげて国民のために巨悪をやっつけるとは戦後検察の意気の高さを物語っている。

「炭鉱国管汚職」というのは昭和二二年、片山哲《かたやまてつ》社会党内閣が炭鉱を国家の管理にするための国家管理法案に対して、炭鉱業者がワイロをばらまいて反対したという事件である。当時、石炭は経済界にとって最大のエネルギー源であったにもかかわらず、生産は低調で、石炭不足は列車の運行や電力にも大きく響いていた。

したがって石炭は基礎産業再建のカギとされ、食糧増産のための肥料とともに政府の重要産業とされていた。復興金融公庫から全産業融資の四〇パーセントにあたる三八八億円にのぼる膨大な金が注ぎ込まれていた。それを社会主義的色彩が強い国家管理にするというのだから業界のショックは大きく、その反対運動にも巨額な金が動いて田中角栄ら四人の政治家を含む一二人が贈収賄罪で起訴された。

竹田儀一前厚相が一〇〇万円、田中角栄法務政務次官も一〇〇万円、深津《ふかつ》玉一郎《たまいちろう》衆院議員が二〇〇万円、田中万逸《たなかまんいつ》衆院議員は一〇〇万円のワイロをもらったというものだった。

衝撃は炭鉱のヤマにも広がった。

特捜検察の意気は高かった。昭電疑獄に続く炭鉱国家管理法案汚職——東京高検、福岡地検を含むオール検察は完全に復権したように見えた。占領下の非常事態下の捜査とはいえ、政権中枢に容赦なく踏み込んで前総理大臣・芦田均、前副総理・西尾末広を逮捕・連行したことは、暗い世相にあって、「たとえ首相であろうと不正は許さない」と検察の意気と力を見せることで社会に一挙に明るさを取り戻した。

戦争中の「思想検察」の暗いイメージを払拭《ふっしょく》し、「特捜検察」の時代が幕を開け、国民から信頼される検察への転換に成功したように見えた。政治家の「国家有用論」などは戦後の民主社会にはまったく関係なく雲散霧消《うんさんむしょう》したようだった。昭電疑獄捜査が大詰めを迎えた捜査会議の時、検察内部で起きたエピソードが庶民から感動で迎えられた。京都地検から応援に来ていた検事をめぐるものだった。捜査会議のさなかに京都からの応援検事に幼い声で「病気のお母さんが死んだの」と連絡があった。子供は三人だったが、検事は「事件が終わったら葬式をしよう。事件は今が大事な時だからお父さんにこのまま捜査をさせてほしい。お母さんもきっと許してくれる」と言った。

その会話を聞いていた馬場は会議中、涙をポロポロ流して「奥さんのために京都へ帰ってくれ」と声をつまらせた。その検事も泣きながら「捜査をぜひ」と言い張ったが馬場にさとされた。

このことは〝鬼の目にも涙〟と法曹界で有名になり、検察庁内では、昭和一一年摘発の「鉄道疑獄」（内田信也鉄道相起訴）捜査のさなかに馬場も妻を亡くしていて「捜査と妻の死」が馬場に昔を思い出させたのでは——と言われた。

昭電疑獄の大捜査中に検事の個人的事情が話題になること自体、特捜検察の余裕だったが、特捜検察が深刻なショックを受ける不吉《ふきつ》な事件が、少しずつ忍び込んできた。

果《は》たして特捜検察は日本最強の捜査機関として戦後の混乱のなかに再建された、と言えるのか。

いやいや、そうではあるまい。たしかに「政」「財」「官」界の権力者たちが群がった昭電疑獄は、捜査終結・起訴までは日本最強の捜査機関の誇りがあっただろうが、裁判の結末を見ると暗澹《あんたん》とする判決が不気味に並んでいるのだ。全起訴者三七人のうちほぼ三割にあたる一二人が無罪なのである。しかも政治家にしぼってみると七人のうち前総理大臣・芦田均、前副総理・西尾末広ら五人が無罪で、有罪はたった二人、さらに将来、政界に打って出ようと志《こころざし》をもっている者が五人いたが、無罪が大蔵省主計局長・福田赳夫（のち首相）ら四人、有罪はたった一人なのだ。

《現職の政治家》＝起訴罪名は特に書いていないものは収賄
①芦田均（前首相、衆院議員）＝無罪
②西尾末広（前副総理、衆院議員、元社会党書記長）＝無罪（一審は懲役一年執行猶予三年追徴金一〇〇万円）
③栗栖赳夫（前国務相）＝懲役八月執行猶予一年追徴金一五〇万円
④大野伴睦（前自由党幹事長、衆院議員）＝無罪（一審は懲役一〇月追徴金二〇万円）
⑤北浦圭太郎（衆院議員、民主党）＝無罪
⑥川橋豊二郎（衆院議員）＝無罪
⑦小沢専七郎（衆院議員）＝懲役六月執行猶予二年（贈賄）
《官僚などでのちに政界へ進出した人》
⑧福田赳夫（のち首相）＝無罪
⑨綾部《あやべ》健太郎《けんたろう》（のち運輸相）＝無罪
⑩迫水久常（のち郵政相）＝無罪
⑪松岡松平（のち衆院商工委員長）＝無罪（追放令違反）
⑫重政誠之（のち農相）＝懲役一年執行猶予二年追徴金二三万一一一五円

これらの被告のうち翌二四年四月二六日の一審判決では大野伴睦が有罪だったが二審判決で「無罪」となり、そのまま昭和二六年（一九五一）一月一〇日最高裁で確定している。

また西尾末広は昭和二七年(一九五二)一〇月二五日の一審判決では有罪だったが、昭和三三年(一九五八)一二月二日の二審判決で「無罪」となりそのまま確定した。

ほかの大部分の被告は昭和二七年一〇月二〇日東京地裁で判決を下されたが、この無罪ラッシュは何だろうか。この無罪傾向は「炭鉱国管汚職」にも及び、竹田儀一・前厚相が無罪、田中万逸(衆院議員)も無罪、田中角栄(衆院議員)は一審では懲役六月執行猶予二年の有罪だったが、二審で無罪となってそのまま確定するなど、有罪は深津玉一郎の懲役二年執行猶予二年追徴金二〇〇万円という判決だけだった。

昭電疑獄の政治家(のちに政界へ進出した者を含む)と炭鉱国管汚職の政治家を加えると逮捕政治家は一六人となるが、このうち「有罪」は四人だけで「無罪」はなんと一二人にのぼる。どう考えても特捜検察の敗北であり、昭電疑獄は国民の血税に群がった「政」「財」「官」界の権力犯罪に正義の鉄槌《てっつい》を加えた——などと格好よく言えるものではなかった。

判決が下されるたびに特捜検察はショックを受け、内部では重苦しい判例検討が長く続いた。だが、「帝人事件」のように事件そのものがデッチ上げによる事実無根の〝空中楼閣《くうちゅうろうかく》〟でなく、昭電疑獄、炭鉱国管汚職は金の〝受け渡し〟は厳然として裁判所から認められており、贈収賄罪の法律解釈で引っかかったのだ。

特捜検察は、金の「趣旨」、または国会議員の「職務権限」との戦いに敗れたのである。刑法の汚職の規定は敗戦にかかわりなく効力をもち続けたが、その規定は次のような条文になっている。

刑法第一九七条〔収賄、事前収賄〕①公務員又ハ仲裁人其職務ニ関シ賄賂ヲ収受シ又ハ之ヲ要求若クハ約束シタルトキハ五年以下ノ懲役ニ処ス請託ヲ受ケタル場合ニ於テハ七年以下ノ懲役ニ処ス　②公務員又ハ仲裁人タラントスル者其担当スヘキ職務ニ関シ請託ヲ受ケテ賄賂ヲ収受シ又ハ之ヲ要求若クハ約束シタルトキハ公務員又ハ仲裁人ト為リタル場合ニ於テ五年以下ノ懲役ニ処ス

——もちろん国会議員、大臣は刑法の「公務員」に含まれるが「贈収賄罪」の最大の難関は「職務権限」「金の趣旨」の法解釈であった。

元首相の芦田について検察側は、

「各国務大臣（芦田の場合は外務大臣の時の行為）の職務の範囲は、行政全般にわたり、個別的具体的事項にも権限をもち、芦田は業者への政府支払い促進の請託に基づき、閣議決定に加わるなど尽力《じんりょく》をした」

として起訴したにもかかわらず、判決はこの論理を排斥した。東京地裁は、

「内閣は国の行政の根本方針を確立することをもって職務とし、個別的具体的事項、行政事務を処理する執行機関ではない。各国務大臣は国の行政事務全般に影響を及ぼすような重要な行政上の案件については、その事項に制限なく閣議事項とすることができるが、かかる事情の認められない個別的、具体的な行政事務（たとえば本件のような特定の土建業者に対する政府支払

い促進や融資）については閣議に提出して内閣自らこれを処置する権限がないばかりか、下部行政官庁や特殊金融機関に対し、指揮監督権を行使することもできないものと解すべきである」

と判示している。

また福田赳夫（のち首相）については「金はもらったが、ワイロとは思っていなかった」という福田の弁明が裁判で通り、炭鉱国管汚職事件の田中角栄についての判決では「田中が受け取った金はワイロではなく田中土建の工事の前渡し金である」とこれも田中の言い分が通った。

芦田については「職務権限」の問題、福田、田中については「金の趣旨」の問題だった。業者から国会議員、大臣へ金が渡された証拠があっても「有罪」とはできないわけで、「職務権限」「金の趣旨」の問題は、特捜検察が政財界事件に執念《しゅうねん》を燃やしても、裁判所が法の制約として立ちはだかる。

## 「日本に特捜検察あり」

昭電疑獄、炭鉱国管事件と大型汚職で前総理大臣、前副総理ら空前の政治家無罪が出たというのに、飢えに苦しむ庶民からはほとんど検察攻撃の声がなかった。

それは政治家が逮捕されたのが昭電疑獄発覚とほぼ同じ時期であるのに、政治家の判決はそれよりずっと遅く時期も一様でないことに起因している。

前自由党幹事長・大野伴睦のように有罪の一審判決が逮捕の翌年である場合もあるし芦田均（前首相）の場合は四年後だった。

前副総理・西尾末広が「無罪」判決を初めて受けたのは昭和三三年一二月の二審であり、大蔵省主計局長・福田赳夫（のち首相）が無罪の初判決を受けたのは一審の昭和二七年一一月であった。それぞれ判決の時期がバラバラで、西尾に至っては一〇年もかかっての無罪だった。だれかが昭電疑獄のウォッチャーになっていればともかく、五年、一〇年も経てば庶民の判決への関心は薄らいできもしよう。さらに政治家たちが無罪とはいえ、業者から金が渡ったことは裁判所も認めており、「清廉潔白《せいれんけつぱく》じゃあないんだ」と庶民が思い込んでいることもあるだろう。

「金銭授受の事実」「長すぎる裁判」から政治家無罪の印象は薄らぎ、「昭電疑獄」といえば「悪いことをした奴は総理大臣であろうと国会議員であろうと検察は許さない」という検事総長・福井盛太のタンカが、混乱している暗い社会では光明の役割を果たしたようなのだ。

しかも国民の思想に目を光らせ弾圧策をとっていた恐ろしい思想検察が「敗戦」によって追放されてからまだ三年も経っていない。その暗い検察を押しのけて登場してきた特捜検察には国民的人気があり、政治家無罪をあまり問題にしない庶民の気風《きふう》もあった。

国民の動向に目を光らせ、政府の意向に反する思想に接近すれば弾圧する、という思想検察の恐ろしさを排除して、疑獄捜査を通じて新しい検察を打ち立てようという特捜検察の意図は明らかに成功した。組織的に警察と切り離され、膨大な「公安情報」を失った検察が「威信」をもち続けるためには「政治側」の敵対者になっても政界捜査を続けるほかはないという構図ができているのだ。

昭電疑獄捜査は一つの事件としては無罪が多く失敗だったが、政権を揺さぶり、「日本に特捜検察あり」と検察の名を轟《とどろ》かせた点で、政治的には効果をあげた。

庶民の感情はそれでいい。しかし、特捜検察のプロはそういうわけにはいかない。空前の政治家無罪を出した責任はとらなければならない。それがより強い検察をつくるのだが、日本の検察はこの点をウヤムヤにした。

「国家に有用な政治家を逮捕すべきではない。国家あっての検察じゃないか」と旧公安検事から批判が出たりしたが、検察主流は認めなかった。弁護士出身の検事総長、東京高検検事長を木内曽益が押し立てるようにしていたので、旧公安検事の非難も大きな声にはならなかった。多数の政治家無罪を出しながら木内—馬場の権力はますます強くなるように見えた。

昭電疑獄の捜査が大詰めを迎えた昭和二三年一一月一二日、戦犯を裁く極東国際軍事裁判の判決があった。元陸軍大将・元首相・東条英機ら七人を絞首刑、元首相・平沼騏一郎ら一六人を終身禁錮《きんこ》とした。一〇年間も検事総長を務め、司法界に絶大な権力を振るった平沼に対して軍事裁判所が下した事実認定は次のようなものだった。

「平沼は枢密顧問官《すうみつこもんかん》であり、一九三六年から一九三九年に総理大臣になるまでは枢密院議長であった。その後、第二次、第三次の近衛内閣で無任所大臣、内大臣を務めた。枢密顧問官であった間、軍閥の侵略的計画の実施を支持した。

総理大臣として、また大臣として彼はこれらの計画を引き続いて支持した。一九四五年四月五日に開催された重臣会議で彼は講和のための、どのような申し入れをすることにも強く反対し、日本は最後まで戦わなければならないと主張した。平沼は武力によってでも日本が東アジアと南方を支配する政策の支持者であったばかりでなく、共同謀議の指導者の一人であり、その政策を推進することについて積極的な参加者であった」（判決要旨）

## 「国家有用論」との闘い

木内が最高検次長に、馬場が東京地検検事正になった。昭電疑獄の一審判決がポツリポツリと出始めたが、あまり幸先《さいさき》のよいものではなかった。政治家がらみの事件では前自由党幹事長・大野伴睦に無罪、のち衆院議員になる松岡松平も無罪、のち農相の重政誠之だけが有罪（懲役一年執行猶予二年追徴金二二万一一一五円）だった。

また炭鉱国管汚職も竹田儀一前厚相が無罪、田中万逸議員も無罪、田中角栄議員はまだ一審だから懲役六月執行猶予二年（二審では無罪）、深津玉一郎は懲役二年執行猶予二年追徴金二〇〇万円、双方の事件を合わせてみると無罪四人、有罪三人で、大部隊はまだ裁判中だが、七人の判決が出た段階ですでに無罪が有罪を上回っていることが不気味さをしのばせる。「もはや検察対政府の激突は避けられない。一歩も退《しりぞ》いてはならぬ」と木内は決意を新たにした。「検察は政治と結託《けったく》してはならない。軍部と結んで国民を弾圧した暗い思想検察のイメージは払拭し、新しい検察を再建できるのは汚れた手の思想検察ではない。政治家の腐敗を果敢《かかん》に摘発する特捜検察でなければならない」というのが木内の考えだった。

半年前の昭和二五年七月一三日には検事総長・福井盛太が定年でプロ野球のコミッショナーに転進した。その後任の佐藤藤佐《さとうとうすけ》・新総長は裁判官の出身だった。東大卒で、横浜、東京地裁所長を経て法務庁（のち法務省）刑事局長になったのが出世の始まりだった。

秋田県の名家の九人兄妹の末っ子で、父が「もう名前を考えるのが面倒だ。佐藤をひっくり返して藤佐でいいや」と名付けた。酒、タバコ、碁、将棋、麻雀など娯楽は一切せず、だれよりも早く出勤して、だれよりも遅く帰る「早官遅退」がモットーというまじめ人間。

検察の人事権は検事総長にあるが、実質的には補佐役の最高検次長木内の助けを得なければならない。しかし木内の思想・公安派検事に対する差別人事は徹底していた。戦前主流派の思想検察から左遷人事をされ続けた木内には、深い怨念がある。その感情と思想検察排除の理念がドッキングした時、怨念人事は現実感をもった。

検察内部から反木内派検事による木内攻撃の情報がしきりに流された。

「国家有用論」は政治家たちにとってはさぞ心地よく耳に響《ひび》いたことであろう。この理論の便利さは、国家に有用でない政治家も有用な大物と錯覚させてしまうことだ。

思想・公安検事たちは言った。昭電疑獄の不吉な大量無罪判決が近づいている。「時局《じきょく》が重大な時、汚職のような低次元なことで国家に有用な人材を葬ってはならない。それが政治不信を呼び内閣の基盤を弱めている。政府を倒して快感にひたるなど検事の風上《かざかみ》にもおけない。検察はもっと大局的立場から行動すべきなのに特捜の奴はそれを忘れておる」と木内不信をあおるような言葉が政界に流された。

さらに謀略的《ぼうりやくてき》な衣《ころも》をまぶした情報も検察内部から伝えられた。木内が東京地検検事正から法務庁検務長官に抜擢され検察のエースになったのは昭和二三年二月、社会党の片山哲内閣の時だった。法務総裁（法相）も社会党だったから「アイツを重用《ちょうよう》するのは革命勢力を利するだけだ」といまや反主流になった思想・公安派は必死だった。のちに首相になった池田勇人と親しかったことから見ても、木内が社会主義を奉ずるような人物でなかったことは間違いないが、「左がかった木内派は壊滅あるのみ」と思想・公安派は思い込んでいたのだろう。

佐藤藤佐

木内の差別人事は「思想・公安派検事は首都・東京の中央に戻さない」を軸にしており、中立派の検事たちからでさえ「検察人事は木内の独断人事。これでは派閥解消と称して新しい派閥をつくる以外の何ものでもない」と反木内派に立った。木内にしてみれば、「人事は徹底してやらなければ後悔を残す」という感情があった。「人事こそは真剣勝負なのだ」と木内は疑わない。

ここに木内が最高検次長になって人事権を掌握した昭和二四年五月一六日付の検察人事がある。昭電疑獄捜査が終結して五ヵ月目のこと。

このなかで木内と岸本の位置に注目していただきたい。
◇法務庁辞令　（　）内は前任地
▽大阪高検検事長（最高検次長）渡辺俊雄　▽広島高検検事長（札幌高検検事長）岸本義広
▽福岡高検検事長（広島高検検事長）山井浩《やまのいひろし》　▽名古屋高検検事長（高松高検検事長）有安堅三　▽仙台高検検事長（大阪地検検事正）藤原末作《ふじわらすえさく》　▽札幌高検検事長（最高検検事）宮本増蔵《みやもとますぞう》　▽最高検次長（法務庁検務長官）木内曽益
——検事総長、最高検次長、高検検事長の一〇人は天皇によって認証される「認証官」だから、一般企業では最高幹部の重役にあたるが、実質的な序列は次のようになっている。
①検事総長　②東京高検検事長　③大阪高検検事長　④最高検次長　⑤法務事務次官　⑥名古屋高検検事長　⑦福岡高検検事長　⑧広島高検検事長　⑨札幌高検検事長　⑩仙台高検検事長　⑪高松高検検事長
このなかで法務事務次官だけは天皇の認証官ではないが、事務次官は法相を補佐するポストの重要さから上位にランクされている。木内よりも岸本の方が二歳年下だが、戦前では木内が閑職ばかり歩かされている間に、岸本は思想検察の時流に乗って終戦の年には東京地裁検事正

になって確実に四ランクもリードしていた。それがこんどは岸本が地方に出され、木内が〃検察の正道〃をかかげて東京を制し、岸本に完全に逆転勝利をしたのがこの人事であった。

しかも岸本はその後も地方ばかりを歩かされ、最後に検察のナンバースリーにたどりつければ幸運というのが、当時、裁判・検察界の絶対的な観測だった。

しかし岸本の浮沈には思想・公安検察の行方《ゆくえ》を占うバロメーターの意味もあった。世界は米ソの対立が熾烈《しれつ》になり、アジアの情勢は険悪で昭和二五年六月二五日に朝鮮半島で戦争が勃発した。いつまでも「検察民主化」「思想検察罪悪論」と言っていられない激動期のしぶきが、検察の足元を洗い始めていた。

「国家有用論」が政界・検察界に根強く伸張した、霞が関の最高検次長室で木内が「政府・検察の激突は避けられないだろう」とつぶやいたことにもそれだけの理由があった。

検察を指揮下に置く法務総裁（法相）大橋武夫《おおはしたけお》は、「日本の共産解放軍の編成についてはすでに情報を入手した。勢力は一〇〇万人である」と勇ましいことを言う反共主義者である。

内務官僚出身で、ライオン首相と言われた浜口雄幸《はまぐちおさち》の娘婿で、吉田茂首相に引き立てられて出世コースを驀進中《ばくしんちゅう》の政治家であった。政治家を敵視するような特捜検察については「国家あっての検察であることを忘れたのか、絶対に許しがたい」という信念をもち、その最高リーダー木内を始末することが自分の使命と思うような政治家であった。

岸本義広

昭和二六年一月八日、木内は新聞の朝刊一面の記事に引きつけられた。正月用に打ちあげる政治家の会見記事だったが、大橋は「検察幹部の異動を行いたい。一昨年五月以来異動がないので沈滞した空気がある。人事で清新の気を吹き込みたい」とさりげなく言いながら、実はそれは木内に対する宣戦布告だったのである。

しかも木内には大橋が記者会見した場所が「広島」であったこともカチンとくるものがあった。広島には岸本が広島高検検事長として赴任《ふにん》していたからである。検察内部から政治家に宛《あ》てた情報文書が大橋のところでまとめられることを見ても、大橋と岸本がひそかに情報を交換していてもおかしくはない。裏舞台の動きが激しくなってきた。

では岸本とはどんな人物だろうか。明治三〇年（一八九七）に岸本は現在の大阪府泉南《せんなん》市の農家の五男として生まれた。早くから父を失い、中学へ進学できるほど裕福でなかったため北《きた》浜《はま》の相場師の養子になった。成績が抜群のうえ、体が大きく養家で大事にされて次第に親分的気質になっていく。

三高から東大へと進むが、彼の周囲は常に賑《にぎ》やかで、検事になってからも碁、将棋、麻雀などの勝負ごとに滅法強く、酒豪でもあったから「山賊《さんぞく》」と呼ばれた。

彼はこの綽名《あだな》が気に入っているらしく、眉は太く、やや赤ら顔で野太い声で「俺は百姓の顔、漁師の声」と言ったりした。これが中国の『水滸《すいこ》伝《でん》』にある「梁山泊《りょうざんぱく》」ならば反権力的性格を強めるのだが、ファシズムの戦前日本では思想検察として民衆に君臨する方向へのコースをたどる。

　太平洋戦争に敗れ、国民を戦争にかりたてたものとして思想検察はアメリカなどの連合軍に目の敵にされ、二年半以上の思想検察の経験のある検事はことごとく公職追放されたが、岸本はわずか二ヵ月の差で生きのびる。東西対立の激しさは占領政策の転換をもたらし、岸本も〝検事総長〟が狙える位置までせりあがったところまでが現時点の状況だった。

　大橋が木内を追放して、岸本を抜擢《ばってき》しようとしていることを木内が知ったのは六ヵ月前の佐藤藤佐検事総長就任の時だった。

「いずれ木内次長をかえるから」と大橋は検事総長就任の挨拶に訪れた佐藤に言った。佐藤は聞き流していたが、大橋の方は検事総長就任の条件と思い込んでいたから事態は一気に緊迫した。

「いつ木内の異動をするのか」と大橋は佐藤に迫った。佐藤にすれば一生懸命自分に尽くしてくれる木内を異動させる理由がない。「木内君を最高検次長から転出させよ、と言われるが、総裁はどこのポストを考えておられるのですか」と佐藤は聞いた。

「札幌へ出す。札幌の検事長だ。後任の最高検次長には岸本君を入れたい」

　大橋はさり気なく言った。最高検次長から札幌高検検事長というのは完全な左遷である。しかもそのあとへ思想・公安検事の総帥《そうすい》である岸本が広島からかけのぼってきて最高検次長の椅《い》子《す》に座るというのでは意図が露骨で、木内が納得するわけがない。

「こんなに非常識なことは、法務総裁（法相）の考えでもしたがうわけにはいきません、いま最高検次長をかえるつもりはありません」

佐藤の顔が蒼白《そうはく》になった。最高検次長のポストをめぐって検事総長と法務総裁は激突した。双方とも最高検次長のポストを越えて特捜検察対公安検察の重要問題へと突き進んだ。「不退転《ふたいてん》で強行する」という大橋の意向に木内、馬場は戦慄《せんりつ》した。岸本が舞い戻ってきて大橋と手を結ぶことは木内―馬場ラインの「死」を意味する。

木内が札幌へ追い払われた後、目の敵にされるのは東京地検検事正として「特捜」の実力部隊を擁《よう》している馬場であり、馬場の追放は、ようやく頭角《とうかく》を現しかけてきた特捜検察の崩壊を意味する。

「最後まで闘うんだ」と馬場は部下に言い、木内は「検察官の身分保障で拒否する。大橋総裁が言っている人事は絶対に受けない」と言った。

一方の政府側（具体的には大橋側）にも言い分がある。吉田首相も大橋法務総裁も木内を許しがたいと考えていた。検察と政治の間には一定の距離を置くという特捜検察の正統的な思考方法が、吉田首相らには「融通《ゆうずう》がきかないがんこ者」と見えただろうし、政府の意図が通じない検察に対し、「どこの何様だと思っているのか。いちばん偉いのは特捜検察ではなく政府だぞ。それをわかっていない」との焦燥感《しょうそうかん》もあっただろう。

政治権力を握った者は、それが軍部であれ捜査機関であれ、完全に支配下に置きたいという欲望にかられるものなのだ。木内が制した検察庁が、何とも目ざわりになってきたことはたしかだ。反木内の感情が徐々に自由党の政治家に広がった。〝木内追放〟の動きについて佐藤検事総長は「社会党によくて自由党に悪い、ということは少しもなかった。ただほかから木内君をみて、おそらく自由党の要人のなかに同君を許せないという人がいたのだろう」と言っている。しかしそれよりもこの木内事件は、検察内の反主流派の公安系検事が自由党政府の要人と通じ、一種の検察内クーデターをはかったという方が真実に近いと思えるのだ。

大橋は相次いで強硬措置をとった。人事異動の原案をつくった。

◇法務庁辞令（原案）

▽最高検次長（広島高検検事長）岸本義広　▽名古屋高検検事長（仙台高検検事長）藤原末作　▽仙台高検検事長（札幌高検検事長）宮本増蔵　▽広島高検検事長（高松高検検事長）飛鳥田《あすかた》喜一《きいち》　▽高松高検検事長（最高検公安部長）堀忠嗣　▽札幌高検検事長（最高検次長）木内曽益

検事総長の佐藤に対して大橋は「検事の人事権は国務大臣である法務総裁の私にある。それが不服ならば辞表を出したらいい」と通告した。「承認しえず」と佐藤は拒否した。検察庁は緊張した。

最高検第一検事室には佐藤検事総長、木内最高検次長らを支持する検事が続々集まって来た。岸本の影がちらつくこと自体謀略的様相を深めた。「検察官は本人の意思に反して異動させられない」と佐藤、木内は検察官の身分保障規定を最大の武器にした。

検察庁法第二五条は「検察官は、前三条の場合を除いては、その意思に反して、その官を失い、職務を停止され、又は俸給《ほうきゅう》を減額されることはない」と規定していた。前三条とは、定年退職、国会の検察官適格審査会による罷免《ひめん》、剰員のことである。

佐藤、木内らは、さらに同法が「検察官とは検事総長、次長検事、検事長、検事、副検事」の五種であると規定していることを論理構成の重要な基礎とした。つまり木内は最高検次長から検事長へと転任させられるわけだが、これは最高検の「次長検事」という官を失うことであり、これが検察庁法第二五条に違反する――という言い分だ。

しかし大橋の方は「『官』というのは検察官という総称の『官』であって検事総長、次長検事、検事長、検事、副検事というような個々の身分を指すものではない。検察官をやめろというのなら同意も必要だが、次長も検事長もともに天皇の認証官として実質上も同等であり、次長から検事長への転任命令が検察庁法に違反しないのは当たり前だ」と言い張って真正面から衝突した。

## 法務総裁との全面対決

しかし実力部隊をもっている者は強い。自分の最高上司である法務総裁・大橋に対し、馬場は東京地検を動かし捜査権を突きつけて全面対決を企図したのである。馬場の頭のなかには足《あし》利工業という会社の疑惑がひらめいた。「二重煙突事件」といって米軍宿舎につける煙突について特別調達庁から長さ一万八〇〇〇フィートの発注を受けたのに足利《かが》工業は長さ五万フィートの検収調書をつくって二二〇〇万円を余計に受け取った――というものだった。

そして大橋がこの会社の顧問弁護士だったことが重要なのだ。

「徹底追及せよ」と馬場の指示が特捜部の第一線検事たちに出た。のちに足利工業社長・田中平吉、専務・高橋正吉らが公文書偽造同行使、詐欺で起訴されるが、大橋についても、①この公文書偽造、詐欺の共謀にかかわったのではないか、②昭和二四年、大橋は衆院選に初出馬した時、専務の高橋から二〇万円をもらったが、政治資金規正法違反ではないか、③二二〇〇万円の過払い金返済のため、同社では自動車を売却して返済の一部に当てることにし、大橋に頼んだが、大橋はそれを横領してしまったのではないか――などの疑惑を特捜部がつかんだのだ。

木内左遷をめぐる両者の確執《かくしつ》は続いたが、昭和二六年三月二日になって大橋は一気に勝負に出た。木内を含む検察異動を正式決定し、四日には佐藤検事総長に通告。異動の対象になった検事長に電報を打ち有無《うむ》を言わせぬ強硬姿勢だった。政府も五日には岡崎官房長官が記者会見して「検察首脳の異動については法務総裁に人事権があるのは当然だ。明日六日の閣議にかけるが、法的疑義などない」と大橋をバックアップした。

佐藤検事総長は「法律違反である。とうてい、納得しがたい」とかたい姿勢を崩さず、政府、検察激突の事態が刻一刻と近づいた。舞台裏での折衝が激しくなった。自由党の佐藤栄作幹事長は吉田首相の意向として大橋に「慎重に」と伝えた。木内を好ましく思わない感情に変わりはないが、吉田としては木内人事がこれほど重大な政治問題になると思っていなかったらしく、苦虫をかみつぶした表情だったという。

「職をかけても断行する。検事総長は私の立場がわかる位置にいながら、私に反対する意見を発表したことを諸君（記者団）はよく覚えておいてもらいたい」と強硬だった大橋も吉田の意向を聞くと、「岸本君を最高検次長にする人事だけは譲れない。だが木内の転出先は地方なら名古屋でもいいと思っている。それなら左遷じゃないだろう」と一歩引いた。

だが木内は折れなかった。五日深夜、佐藤は検事総長公邸に木内と刑政長官・草鹿《くさか》浅之介《あさのすけ》、官房長・柳川《やながわ》真文《まふみ》を呼び、最後の説得を行った。ここに佐藤自身の文章がある。

「こうなると木内君をかばうということではなく法規の不当解釈が将来の検察官の身分保障に重大な影響を及ぼすという問題に逢着《ほうちゃく》する。私は木内君に向かって全検察の身分を守るために、君がひとまず最高検から出て大橋総裁に誤った法解釈をとらせないでくれ、と頼んだが、木内君は頑《がん》として聞かない。きょう閣議という日の朝、突然、木内君が官舎に飛び込んで来た」

木内は検事として最後の場面をあざやかに演じて見せた。表情は明るく内ポケットから辞表をとり出し佐藤に渡した。「政治家と妥協するより退官という検察官としての『死』の方を選んだ」と木内の表情は語っているようだった。ただちに検事総長公邸で木内の記者会見が行われた。

「私の考えや主張が通ったと考えるので、（朝鮮戦争が起こるなど）時局重大の折から、私としては内閣に動揺を与えるのは死んでも死に切れないので辞表を出した。今回の問題で国民の支持を受けたと思っている。私の闘いで検察官の身分保障も認識されたと思う。これ以上、追い打ちをすることもないし、私自身、当事者としての道義的責任は負わねばならない」

そして、こうつけ加えた。「城山の露《つゆ》と消えた大西郷の心事こそ、まさに私の心境だ。死んで勝ったということになるのかな。私は死に場所を得た」

東京地検の検事正になってから四年余り、塩野派の大派閥を敵に回し、特捜検察の正道を急ぐあまり、木内は政治権力に切りかかり、逆に切り捨てられたということができる。検察から木内のようなうるさ型のがんこ者を追い払った大橋は、にこやかに勝利の宣言をするのである。

「検察庁には目玉が二つある。第一の目玉は抜いたから、次の目玉は馬場だ」

沈着果断な検察官である馬場は、大橋が次に自分に照準を合わせてくることを知っていたし、攻撃が最良の防御の方法であることも知っていた。

二重煙突事件の捜査が深部に入り始めたのである。波紋はまず国会に現れた。木内追放の三週間後の三月二六日、参院本会議で前之園《まえの そのき》喜一郎《いちろう》決算委員長（民主党）が「（二重煙突事件は）

大橋法務総裁（法相）を証人として呼んだが、その証言は偽証《ぎしょう》の疑いが濃い。同氏が国務相、法務総裁の地位にあり宣誓した証言が国会法を無視し国会の権威を傷つけた、とすれば許しがたい。当委員会はさらに調査を続行する」と報告したからだ。

前之園委員長が所属している民主党も保守だが、政権を握っている自由党とは対立関係にあったことも大橋には不運だった。参議院決算委員会はたたみ込むように佐藤藤佐検事総長、佐藤博東京高検検事長、馬場義続東京地検検事正の証人喚問を決定した。

佐藤、馬場ら検察側は事件が捜査中であり「捜査の秘密」「職務上の秘密」を理由に証言を拒否することは法律上も可能だったが、自分たちを叩きつぶそうとしている者に対して反撃しないわけにいかない。検察三首脳は二重煙突事件で疑惑とされている事実関係を詳細に証言した。

検察の正道から言えば証言拒否が順当であり、少し後に起きた造船疑獄では国会の執拗《しつよう》な証人喚問にも「証言拒否」を貫《つらぬ》いているが、法務総裁と検察が対決する異常事態では、形だけの正義は通用しないのだ。

本来なら大橋の人事上の部下になるはずの検事総長、東京高検検事長、東京地検検事正に証言されて大橋の権威は崩れた。木内に続き馬場も追放して特捜検察を政治が屈服させるという大橋戦略は致命的な打撃を受けた。さらに実力検事群を指揮して馬場は大胆に大橋陣営に踏み込んで行く。

一転して被疑者の立場に追い込まれた大橋に対し、馬場は東京地検検事正として一〇項目にわたる質問書を突きつけたのである。

「捜査の必要があるので刑事訴訟法の規定により質問する」で始まる質問書は人間的な感情を一切排除しているので、かえって不気味な迫力をもっている。答え方如何《いかん》では逮捕の恐怖が現実の問題になるからだ。

東京地検特捜部は取り調べの場所として人目につかないように品川区の「思斉寮」を指定した。この政・検戦争では、大橋が木内追放に腐心している間に馬場が「この次は、特捜検察全体を狙うに違いない」と大橋の疑惑につながる二重煙突事件の捜査を特捜部に対して命じた時点で、大橋の運命が大きく暗転した。

会社の顧問弁護士は企業の裏面に通ずる必要があるが、やはり弁護士の大橋はその過程で自らも法律違反をしてしまったのか。

東京・品川区の法務庁（当時）関係の宿舎「思斉寮」に大橋を待っていたのは特捜部長・岡《おか》崎格《ざきいたる》（のち大阪高検検事長）で、〝勝負あった〟岡崎は大橋に対して言葉づかいも丁寧《ていねい》で調べ方も紳士的だった。質問一〇項目の取り調べは大橋が弁明する形で進められ、二重煙突事件は、東京地検特捜部が足利工業社長・田中平吉らを起訴、大橋に対しては「嫌疑不充分」「時効」などの理由ですべての疑惑について不問とし、捜査を終結させた。

昭和二六年一二月二六日、吉田内閣は第三次改造を行ったが大橋は法務総裁をはずされ無任所の国務相におろされた。その半年後には吉田内閣自体からも大橋は消えた。木内を追い出した大橋は「特捜」という現場部隊を握っている馬場によって法務総裁失脚という手痛い仕返しを受け、馬場の完勝だった。二重煙突事件のことを司法記者に聞かれると馬場は「ああ、あの煙突は高かったなあ」と大笑いした。

「秋霜烈日《しゅうそうれつじつ》」とも言われる検事のバッジ——それを定めた法務総裁訓令によると「紅色の旭日の周囲に白色の菊花弁及び金色の菊葉四葉を配する」となっており、夏の太陽のもとで秋の霜が降りたような厳しさが正義を追い求める検事の姿に重なる、とも言われる。

このバッジができたのは大橋が法務総裁だった昭和二五年のことだったが、現実は厳しい。木内が去った最高検次長には岸本がなった。背後に政治家が見え隠れする岸本と、指揮下に東京地検特捜部をもつ馬場の熾烈な闘いの時代が幕を開けることになる。

# 第三章 指揮権発動

## 伝家の宝刀

「指《し》揮《き》権発動《けんはつどう》」とは恐ろしい規定だ。

昭和二九年（一九五四）早春から初夏にかけて吉田茂《よしだしげる》政権を揺さぶった「造船疑獄《ぞうせんぎごく》」の捜査が、七一人を逮捕、いよいよ大詰めに入って東京地検特捜部が自由党幹事長・佐藤栄作《さとうえいさく》と政調会長・池田勇人《いけだはやと》（いずれものち首相）を逮捕しようとした時、政権側がとっさに抜いた宝刀——それが検察庁法第一四条の「指揮権」だった。

佐藤と池田は吉田茂政権の車の両輪である。二人は不況に陥《おちい》った造船・海運業界のために働いた。「外航船舶建造融資利子補給法」をつくった謝礼として佐藤は造船工業会、船主協会から自由党宛《あ》てとしてそれぞれ一〇〇〇万円、業界の中心だった飯野海運《いいのかいうん》の俣野健輔《またのけんすけ》社長から佐藤個人として二〇〇万円、池田も日本郵船、大阪商船、飯野海運、三井船舶四社から俣野を通じて二〇〇万円をもらっていた。

　ここに造船疑獄の核心があるとみた東京地検特捜部は、まず佐藤を逮捕し、ついで池田も鉄《てっ》格子《ごうし》のなかへ押し込める手筈《てはず》を整え、佐藤の逮捕状を犬養健《いぬかいたける》法相に請訓《せいくん》したところ、四月二一日「逮捕は待て」と特捜検事たちが思いもよらない指揮権発動にあい、事件は崩壊した。すでに逮捕してあった贈賄側《ぞうわいがわ》の三菱造船社長（造船工業会会長）丹羽周夫《にわかねお》、三井船舶社長（船主協会副会長）一井保造《いちいやすぞう》をはじめ造船、海運業界の社長、副社長がゾロゾロ拘置所《こうちしょ》を出て行き、その夜、検察庁舎からは「権門上におごれども国を憂うる誠なし……」と「昭和維新の歌」が流れてきた。

「昭電疑獄《しょうでんぎごく》」から六年。この時から検事たちは「指揮権」という宿命を背負うことになった。やや図式的に言うと政権側はいつでも「指揮権」を振るいさえすれば特捜検察を押しつぶせることを知った。

「悪い政治家を許せるかと必死に頑張ってきた努力は何だったのか」と特捜検事は落ち込み、政権が法相を通じて行う指揮権発動が繰り返されれば「巨悪退治」にかける正義派の検事もバカバカしくなって消えて、やがて国に権力者の「巨悪」がはびこるようになる。

　戦前から続く「国家有用論《こっかゆうようろん》」を巧妙《こうみょう》に法律にしたてあげたのが検察庁法のようだが、指揮権発動は日本でたった一回の「造船疑獄」にとどまらず、ロッキード事件の時に田中角栄《たなかかくえい》救出のために使おうと考えた権力者がいたなど、すぐれて現代的な課題なのだ。

検察庁法の「指揮権発動」と「国家有用論」を並べてみた時、読者は何をお考えだろうか。

●検察庁法第一四条（法務大臣の指揮監督）

「法務大臣は、第四条（検察官の職務）及び第六条（犯罪の捜査）に規定する検察官の事務に関し、検察官を一般に指揮監督することができる。但し、個々の事件の取調又は処分については、検事総長のみを指揮することができる」

●国家有用論

「国家に有用な人材は汚職のような低次元のことで葬《ほうむ》ってはならぬ。国家の損失だ」

後者の方は、政治家を対象にしているだけあってストレートでわかりやすいが、検察庁法は、この条文がなぜ、政財界捜査を押しつぶしてしまうのか、法律特有の難解さを超えて極めてわかりにくい。

犬養法相が指揮権を問題にした時、「指揮権発動」を吉田茂首相に進言した〝覆面《ふくめん》の人〟以外、検察庁法第一四条を知る者はほとんどいなかった。犬養が振りかざした強権の正体を知った時、社会は衝撃を受けた。昭電疑獄で芦田均《あしだひとし》首相の逮捕が迫った時でも内閣の全員が知らなかった。指揮権の真の使い手はだれだったのか。

造船疑獄直前まで法務省刑事局長だった岡原昌男《おかはらまさお》（のち最高裁長官）が言っている。

「昭和十三、四年ごろ検察が東京地裁検事局のように裁判所に付置されている時、『検察独立論』が起き、政治と検察の関係が最大の問題になったことがある。私は東京地裁検事局検事から司法省調査第二課長として関与したが、現在の検察庁法第一四条の原型はそこでできた。『大臣の権限は検察の最高指揮官である検事総長のみを指揮することができる』という草案《そうあん》にまとめられた。それが敗戦による検察庁法の新設で〝日の目〟を見たが、議論は戦前にすんでいたから脚光を浴びることもなかった。だからほとんどの人が知らないでしょう」

政界のからむ大事件と聞いて、すぐこの条文を引き出した人はよほどの謀略家《ぼうりゃくか》だが、検察に通じた「国家有用論」の信奉者《しんぽうしゃ》に間違いない。有用でないと思われる人の時はじっとしていて、「有用」と思われる佐藤、池田の大物が逮捕の焦点になった時、ひそかに動き出した男とは一体、何者なのか。

この物語の特徴は私たちの政治と深い関係のある指揮権発動と、一時期の時代をつくった政治家、検察官、そして裏街道の紳士たち——将来検察の手に落ちる三悪とも三怪人とも呼ばれるワルたちのオールキャスト総出演につきる。その意味からも「造船」はロッキードにつぐ大事件であり、国民のうえにのしかかる指揮権発動はいつ動き出すかわからない不気味さを秘めている。

## 発見された暗号メモ

東京地検特捜部検事・河井《かわい》信太郎《のぶたろう》は古い庁舎の廊下を歩いて特捜部長室へ向かった。河井の巨体でも寒さが身にしみた。「河井です」と声をかけると「入ってくれ」と特捜部長・山本清《やまもとせい》二郎《じろう》の声がした。ドアをあけるとダルマ・ストーブの暖かさがまつわりついた。

「こんなものを発見しました」と河井は一枚のメモ用紙を出した。それには「S　二〇〇、I三〇〇……」と暗号めいた記号が三〇近くも並んでいた。

「これは政治家のイニシャルと渡した金額ではないか、と思うのです。Sは自由党の佐藤栄作幹事長、Iは池田勇人政調会長を指していると考えるべきです。三〇人はいます」と河井は言った。山本の眼鏡《めがね》ごしの目が鋭く光った。

二重煙突事件から二年が経過していた。その間に日本はアメリカなど連合国の占領を脱して昭和二七年（一九五二）四月二八日講和条約が発効して独立していた。同時に日米安全保障条約も発効して日本は米ソの対立のなかで明確にアメリカなどの「西側」に立った。独立の達成は日本社会に明るさをもたらし、その解放感には、どんなことでも実現できそうな予感さえあった。それは検察庁も例外ではなかった。

昭和二九年一月、河井らの特捜検察は多忙を極めた。さまざまな〝知能犯〟のワルたちが蠢《しゅん》動《どう》を始めたからだ。

特捜部長の山本清二郎は中央大学法学部では河井の先輩にあたり、ズバ抜けた実力をもつ馬《ば》場《ば》義続《よしつぐ》の厚い信頼があった。政財界疑惑に対しては常に前へ前へと進む突撃型の河井をカバーして、何事によらず河井に配慮する先輩だった。河井は間違いなく疑獄捜査のスターになっていた。

「権力を振るう悪い奴は絶対許さない」と巨漢、閻魔《えんま》の河井が言えば、「占領離脱」の解放感のなかにいる庶民には、何ものにも負けない正義の味方の堂々たる登場と映る。

「昭電」以後、検察権力と政治権力が真正面からぶつかった二重煙突事件は別として、政治家逮捕こそなかったが、「油糧配給公団汚職」（昭和二四年、副総裁・西川英三ら四名起訴《きそ》）、「電気通信省汚職」（同二六年、同省施設局長・林一郎ら二九名起訴）などの官僚汚職、また日本独立の三日後の昭和二七年五月一日、皇居前広場で左翼デモ隊と警官隊が激突、二六三人を騒乱罪《そうらんざい》で起訴した「血のメーデー事件」捜査にも特捜部が出動している。

河井が山本特捜部長に報告した暗号めいた「S 二〇〇」（佐藤幹事長、二〇〇万円）、「I 三〇〇」（池田政調会長、三〇〇万円）などの「極秘メモ」の発見はこれまでの単なる企業経理不正事件から一躍、政・財・官界にまたがる大事件「造船疑獄」に急進展することを意味していた。

「（そのきっかけとなる大手の）山下汽船、日本海運から（実体のない会社）日本特殊産業への多額の融資の存在を発見したのは河井信太郎である」と自著の『秋霜烈日《しゅうそうれつじつ》』に書いたのはともに「造船疑獄」を捜査した伊藤栄樹《いとうしげき》検事であった。

伊藤はのちに検事総長になって「巨悪は眠らせない」の言葉で有名になるが、「造船疑獄」捜査当時は二八歳と最も若い特捜部員だった。河井の方が八期先輩だった。河井は事件に追われていた。

この疑惑の正体が「造船疑獄」とわかるまでは、裏街道の金融王といわれる森脇将光《もりわきまさみつ》の事件と思われていた。

森脇は「金貸し」については高速度金融論という特異な考え方をもち、「私の金融は早いのが特徴だ。今日の夕方までに金が用意できないと会社が破産する場合でも銀行ならば手続きなどで不可能だ。だが、私のところなら即日即決、今夕までに用立てる。汽車でも特急券や急行券があるように私の利息は高い。会社の破産とどっちがいいのかね」と裏街道ではスゴ腕で通っている。

ずいぶん後の昭和四〇年代（一九六五―）、特捜部の黄金時代に「逮捕せねばならないA級三悪がいる」と特捜部幹部が言ったものだが、〝A級三怪人（三悪）〟とはだれか。それは右翼で暴力団にも睨《にら》みがきいた大物・児玉誉士夫《こだまよしお》、衆院決算委員長の肩書きで脅《おど》した田中彰治《たなかしょうじ》、それに闇《やみ》の金融王と言われた森脇なのだ。

森脇が江戸橋商事という高金利金融会社を経営していた前年夏、警視庁に貸金業法違反で逮捕されている間に総計一億円ほどの手形・小切手を盗まれてしまった。森脇は自分の部下と日本特殊産業社長・猪股功を詐欺《さぎ》などで東京地検に告訴していた。

担当検事が五回もかかわったが、本格的捜査がないまま暮れを迎え、河井のところに回ってきたのだが、これが大事件「造船疑獄」に結びつく

森脇将光

のだから世の中はわからない。

新たにこの事件の主任検事になった河井は、昭和二八年（一九五三）一二月一七日、森脇の部下、ついで猪股を逮捕したが、河井が不審に思ったのは、盗られた手形のなかに山下汽船振り出しの一〇〇〇万円の手形三枚が含まれていたことだ。

「こんな一流企業の手形が、なぜ街の金融業にすぎない森脇などのところにあったのか。もしかしたら正面きっては言えないような後ろめたい暗い用途に使うためではなかったか」

山下汽船の重役を呼び出して調べてみると、その確信はますます深まった。馬場に相談すると「もう暮れも押し迫ってきたから新年になってやったらどうか」と言われたが、検事正の高官ならそんな悠長なことが言えても、一線検事には暮れも正月もないほど事件が立て込んでいた。大型詐欺の「保全経済会事件」が切迫、河井はこの事件へ転進した。

「安全確実有利に利殖して月二分《ぶ》の配当金を支払うから」と新聞、ラジオで誇大虚偽《こだいきょぎ》の大宣伝をして庶民に出資金を出させる方法で、保全経済会会長・伊藤斗福《いとうますとみ》は三九〇〇人から四億七〇〇〇万円を集めていた。特捜部は庶民狙《ねら》いの経済事件にも力を入れていたので、河井は将来、造船疑獄に発展する森脇告訴事件の主任検事を伊藤栄樹に託しての転進だった。

保全経済会の伊藤斗福はのちに懲役一〇年の判決を受けるのだが、その後河井は慌《あわただ》しく森脇告訴事件の捜査主任検事に復帰している。造船疑獄が大事件の様相を濃くしてきたからだが、伊藤が主任検事を務めたのは暮れから昭和二九年正月七日の山下汽船、日本海運一斉家宅捜索まで、伊藤は「造船疑獄はひょうたんから出た駒《こま》だった。あんな大事件になるとわかっていたら特捜一年生の私に主任検事が回ってくるわけがない」と苦笑している。

捜査体制がガラリと変わったのは、山下汽船の家宅捜索で暗号めいた多くの政治家名のメモを特捜部がおさえた時からだった。押収した横田《よこた》愛三郎《あいさぶろう》社長の日記帳には金で国家政策をねじ曲げていく政治家と企業の動きが生々しく描かれていた。現職大臣をはじめ多くの政治家が登場し、「頼んだ」「話した」という記述とともに「わが社は今度、二隻《せき》割り当てがあるのか、それとも一隻か、心配だ。外からの割り込みも激しいだろうから馬力をかけてやらねば。また金がかかるだろうからな」と横田自身の本音が記されていた。

特捜検察は緊張した。馬場は正式に河井を捜査主任検事とした。東京地検は検事三十数人の大捜査陣を編成した。即日、山下汽船の吉田二郎専務、菅朝太郎監査役を逮捕し、一月一五日には社長の横田を逮捕、その翌日には船主協会などの一斉捜索を行って海運会社の政党献金帳簿を押収するという電撃ぶりだった。

伊藤栄樹

## 学歴無視の実力主義集団

最高検は佐藤藤佐《さとうとうすけ》検事総長、岸本義広《きしもとよしひろ》次長と木内騒動の後遺症を残していたが、東京高検は検事長に弁護士界から次期検事総長含みで花井忠《はないただし》を迎え、実働部隊の東京地検は馬場義続検事正—田中萬一《たなかまんいち》次席—山本清二郎特捜部長―河井信太郎主任検事と木内系がガッチリとおさえていた。田中以下の三人はいずれも私学の中央大学卒であり、エリートコースの特捜部は馬場検事正の方針で学歴無視の実力主義を貫《つらぬ》いた結果、東京大学（以下、東大）王国絶対の官僚機構のなかで時によっては私学出身者が六〇パーセントを占めるという特異な存在になった。しかも東大出身であっても伊藤栄樹のような野《の》武《ぶ》士《し》型の検事揃《ぞろ》いだった。

「ドアを蹴《け》って部屋に入って来るような野武士みたいな奴だらけでした。今はええしのボンボンが多いですなあ」と伊藤が後年に述懐《じゅっかい》した言葉である。

伊藤はなぜ検事になったのか。伊藤自身の話によると最初から検察官を志望したわけではない。東大法学部から学徒出陣した伊藤が昭和二〇年（一九四五）八月一五日、敗戦を知ったのは青森県大湊《おおみなと》で海軍主計少尉としてだった。彼の任務は東北地方や千島列島で米軍の上陸に備《そな》えた陣地構築の指揮であった。トンネルやタコツボを掘り、ひたすら働くのは仮釈放された囚《しゅう》人《じん》など荒くれ男たちだったという。

伊藤は、ヤクザ者もまじる男たちを連れて米軍の制海・制空圏に入っていたアリューシャンの海をわたり歩いた。

「囚人たちと防波堤で仁王立《におうだ》ちになって対決したこともある。しかし、彼らとは人道的正義感でやりあったから、その心情はわかってくれた。青森県の大湊で『終戦』と聞いた時、自分の人生もこの戦争で終わったと思った。学徒出陣で多くの学友が死んだなかで、はからずも生き残った者として、これからは人間をよくする事業に生涯を捧《ささ》げたい、などと考えていた」と伊藤は述懐する。伊藤の父は船乗りだが、いったん郷里の愛知県へ帰ったのち、再び上京して刑務所の一人の看守を訪ねている。昭和二二年（一九四七）、戦後初の高等文官試験があり、行政科と司法科にパスした伊藤は各省庁から誘われ、自らの人生を決めなければならないからだ。

伊藤が訪ねた看守は全国の刑務所のなかでただ一人の大学卒であった。一升瓶を持って現れた伊藤と一晩飲みあかした時、その看守は「司法科試験をパスしているなら看守として赴任するのは困難だ。しかし更生《こうせい》事業は大事な仕事だから刑務所長としていらっしゃい」と言った。

伊藤ははっきり司法界を志し司法研修所へ入った。第一期の司法修習生である。昭和二二年一〇月のことで、このまったく同じ日に、やはり軍隊経験のある田中角栄が戦後第二回の衆院選に新潟三区から出馬し初当選を果たしている。

伊藤が二年間の司法修習生生活を終えるころ、東京地検は政財官界にまたがる壮大な「昭電疑獄」「炭鉱国管汚職」を相次いで摘発《てきはつ》して、多くの逮捕政治家のなかに田中角栄の顔もあった（一審有罪、二審で無罪）。

昭和二四年（一九四九）一〇月、司法研修所を出た伊藤の志望は変わっていた。彼は検察官を選んだのだ。

「人をよくするなどという大事業は、自分のような者の任ではないことがよくわかった。それならば、いっそ男らしく悪い奴をやっつける方になってやろうと思った。捜査に強く引きつけられた」と伊藤は語る。

そして伊藤にとっては初の政界事件「造船疑獄」の本格的な幕が開くのだが、その前に戦前から尾を引いている公安（思想）検察の動きについて若干書いておかねばならない。

最高検次長の岸本義広は戦前の公安思想検察のドン、塩野《しおの》季彦《すえひこ》大派閥の有力幹部だったが、現在、岸本の占めているポストが検察首脳会議の構成メンバーであることが重要なのだ。「国家に有用な人材は汚職のような低次元のことで葬ってはならぬ」という戦前から続く「国家有用論」の実現者が公安検察と二重写しになる、と特捜検察の人々には見えるのだ。もう一人——造船疑獄捜査より前に法務省刑事局長・岡原昌男が千葉地検検事正に流されている。

岡原は戦前から司法省刑事課長などを歴任した超エリートで敗戦による公職追放になりかけた実力派でもある。戦前司法省の枢要《すうよう》ポストにいた検事のほとんどが思想検事とみられていたが、追放の関門を脱した岡原は戦後になっても経理部長、検務局長、そして昭和二七年八月法務省刑事局長とエリートコースを驀進《ばくしん》していた。

法務省刑事局長は政治家と接触の多いポストで「政治」に対して法務・検察を守るためにも東京地検特捜部が行う捜査情報が集中する側面をもっている。「法務省に捜査情報を通報すれば政府に筒抜けになり、結局は政府の事件つぶしに協力するようなもんだ」と東京地検特捜部が極度に神経をとがらせているポストでもある。公安検察の実力者、岡原を千葉地検検事正に追い払った異動について評論家・山吹司郎は指摘する。

「岡原は頭が切れるうえに思ったことははっきり言う性格だ。捜査情報が政治側に流れることを阻止する意味もあるだろうが、根本的な問題は旧思想検事系の力が強くなることを警戒したといえる。

岸本が最高検次長として検察首脳会議の一角に割り込み、岡原が法務省刑事局長、そこへ清《きよ》原邦一《はらくにかず》、井本台吉《いもとだいきち》の大物が公職追放を解除されて検察へ戻って来た。清原は人格者だが井本は思想検察のエースと言われたほどの男だ。

岸本、岡原、井本が一緒になれば、と特捜検察も恐怖を感じたに違いない。まず岡原を千葉地検へ追い払った。その後の刑事局長には井本台吉をあてたが、いくら思想検事の俊才でも追放による八年間のブランクを埋《う》められないと佐藤検事総長や馬場ら特捜検察派は思ったのだろう。だが時間を経《へ》るにしたがい、井本は実力をつけ特捜検察は立ち直れないほどの打撃を受けるのだから、旧思想検事は恐ろしい」

そのころは第六次吉田内閣の長期政権で、法務省には犬養健法相のもとに清原邦一事務次官、井本台吉刑事局長と、追放解除の旧思想検事がカムバックしており、政界疑獄捜査が成功する最も基本的な人事の面で問題を抱えていた。

## 「疑獄ドラマ」の陰の主人公

造船疑獄は、世の中が好況から不況へと変わる時、経営者と政治家は一体何を考えるか——という汚職の原点を見事に描き出していた。「昭電疑獄」と同じように戦争で壊滅した基幹産業復興の政策を利用した政官財の壮大な汚職である。

海運ニッポンは戦前六三〇万トンもあった船が一三〇万トンにまで落ち込んでいた。船舶の増加は至上命令であり、政府は「計画造船」を進めた。造船疑獄の中核は、ワイロを積んでいかに多くの船舶建造の割り当てを受けるか、という「計画造船」と、政府融資の利息をいかに安くしてもらうかという「外航船舶建造融資利子補給法」案の二本立てである。

朝鮮戦争の時は外航船は引っぱりだこで造船・海運業界は未曽有《みぞう》の好況に酔ったが、朝鮮半島の終戦とともに不況が押し寄せ、船会社の経営者たちが政治家を動員して「利子補給法」をとりあげたが、内容は年七分五厘の利子を三分五厘とする破格のものだった。利子を安くするといっても国民の負担であり、この法律で船会社が払わずにすむ利子の総額は三三億円にのぼる。

「計画造船」「利子補給法」のような金のからむ動きの陰には常に政治家のニタニタ笑いがあるものだ。

東京地検が照準を合わせた昭和二八年度の第九次計画造船は三七隻四四五億円（うち財政投融資二六六億八〇〇〇万円）にのぼった。また船会社が造船会社に船の発注をする時、支払い金の一部を戻すリベート（裏金）の実態解明も重要問題だった。

馬場を総指揮官に河井を斬《き》り込《こ》み隊長に、政財界の奥深く特捜検察は追撃を開始した。昭和二九年一月二六日運輸省官房長・壺井玄剛を収賄《しゅうわい》第一号で逮捕した。計画造船の割り当てをめぐって一一〇万円をもらっていた。

政治家逮捕一号は自由党副幹事長・有田二郎《ありたじろう》。名村造船社長から頼まれ五〇万円を壺井に渡したという〝斡旋役《あっせんやく》〟だった。よほど口惜《くちお》しかったらしく三月七日夜一一時、東京拘置所を出所する時、河井攻撃を行った。

「やあ、諸君、河井検事の待合や料亭での行状や女関係の情報をくれた人には、一〇万円の賞金を出すよ。河井は絶対に追放してやる。ボクは彼の取り調べは拒否したんだ。その代わり武内（のち高松高検検事長）、常井（のち法務省官房長）両検事の辛辣《しんらつ》にして厳重な取り調べは連日、真夜中一二時に及んだんだ。河井の私怨《しえん》だ。河井のため無実に泣く拷問《ごうもん》を受けた人も申し出てくれ。ボクは法務委員になって自分の方から河井を調べてやる。河井の非行の証拠を集めて検察庁から追い出してやる。（拘置所のある）小菅《こすげ》もひどい所だ。朝六時に起こされ便所掃除までさせられた。ここの所長も調べてやる。それから中曽根にも代議士をやめてもらう」

有田は「昭電疑獄」で逮捕された大野伴睦《おおのばんぼく》派で、〝疑惑解明〟を口にした中曽根康弘《なかそねやすひろ》（のち首相）の言葉までヤリ玉にあげる無軌道ぶりだった。

有田が小菅の東京拘置所に入っていた二月二五日朝、東京地検特捜部は全検事を総動員して、飯野海運をはじめ新日本汽船、中野汽船、東西汽船、太洋海運、日本油槽船、八馬汽船など八社の捜索を行い、飯野海運副社長・三盃一太郎《さんぱいいちたろう》らを逮捕した。すでに捜査はこれら海運会社だけではなく造船を受注する造船会社にも及んでおり、捜査開始以来二ヵ月近くで逮捕者は日立造船社長・松原与三松《まつばらよそまつ》ら社長九人、重役二二人を含む総計五〇人にのぼっていた。造船会社から海運会社に莫大なリベートが上納され、その裏金が政界に注ぎ込まれている構図ができていたのだ。

河井斬り込み隊長に率《ひき》いられた特捜検察は政治家をビシビシ東京地検に呼び出していた。政権が揺れ、経済に影響が出始めた。

裏街道の金融王・森脇将光と衆議院決算委員長・田中彰治が国会に登場した。のちになって東京地検特捜部から「A級三悪」としてマークされた森脇、田中(あとの一人は右翼の大物、児玉誉士夫)の精悍《せいかん》な顔が衆議院決算委員会に入った。

二月一九日、造船疑獄の火つけ役、森脇が衆院決算委(田中彰治委員長)で「造船融資をめぐり政・財界の要人が料亭で談合《だんごう》をした。その出席者全員のメモを田中彰治委員長に提出した」と爆弾発言をした。

その森脇メモに登場するのは、閣僚、衆・参院議員、官僚、財界人ら三十数人で、会談内容は書いていなかったが、日時、場所、出席者、芸者数がメモされていた。衆院決算委員長・田中彰治が、「公表すれば吉田内閣がつぶれる」と低い声で言ったので一挙に政治問題になった。

田中彰治は正義派らしく振る舞い、与党の自由党出身の委員長でありながら「公平に野党に有利に運営する」と公言し、吉田茂首相や緒方竹虎《おがたたけとら》副総理を窮地に追い込んだ。

この森脇メモは翌日の衆院法務委員会で右派社会党の佐竹晴記《さたけはるき》によって、森脇メモのうち赤坂の料亭・中川の分として暴露《ばくろ》された。

これは昭和二八年五月一日から山下汽船が東京地検特捜部から捜索を受けた六日後の二九年一月一三日まで及んでおり、その内容は、たとえばこんな風だった。

〔七月一四日〕「保野（飯野海運）の席」＝保野、一井、一万田、池田、保利、佐藤、伊藤、石井、星島、山県、芸者一五名

この会合をもった保野健輔は飯野海運社長として政界有力者と関係が深く、松野鶴平《まつのつるへい》（参院議長、のちの日商岩井事件の松野頼三《まつのらいぞう》元防衛庁長官の父）を動かして計画造船を一隻も獲得し、佐藤栄作自由党幹事長の力でタンカー建造に特別融資を引き出すなど、この世界では〝怪腕〟で知られた。「一井」とは三井船舶社長、「一万田」とは日本銀行総裁のことで経済側は三名、あとは政治側で名前を□で囲ってあるのは造船疑獄が最高潮に達した時、特捜部の河井らがひたすら狙った大物、佐藤栄作幹事長と池田勇人政調会長（のち二人とも首相）である。□印を書き加えたのは筆者。

〔一〇月二六日〕「照国海運の席」＝岸、佐藤、原、二村、長崎、木内、芸者一六名。

そして最後は、さり気なくこう書かれていた。

〈昭和二九年一月一三日〉「山下汽船の席」＝犬養、山下、芸者九名。

このうち犬養は法相だが、東京地検が造船疑獄で初めて強制捜査に乗り出した時に何を密談《みつだん》したのだろうか。当時、小型テープレコーダーがなかったから密談の内容は不明だが、それでも、その時々の政治・経済情勢のなかへ森脇メモを組み込んでみると、出席者のメンバーから、密談の内容も推測はできる。

森脇メモはこの「中川」分のほかに「長谷川」分もあり、この情報をとるために当時の金で二〇〇〇万円をかけたといわれている。昭和二三年（一九四八）の全国長者番付一位になった森脇でなければできない情報戦だった。

「価値ある情報には金がついてくる」というのが森脇の情報哲学であったが、これが造船疑獄捜査が始まるかなり前から恒常的に行われていたことを考えると慄然《りつぜん》とするものがある。おそらく料亭の下足番や芸者なども買収してあったに違いない。

日本の政治は料亭政治だが、それが〝闇の金融王〟につかまれていたのである。

「私のこんどの役割は国民のための正義の味方だ。徹底的に追及してください」と森脇は特捜部の河井を訪れ、森脇メモの全貌《ぜんぼう》を提出したが、追放を解除されたばかりの井本台吉法務省刑事局長も「捜査の参考にしている」と国会で答弁をして、森脇メモの価値の高さを認めた。

爆弾質問におびえる吉田政権をよそに森脇と衆議院決算委員長・田中彰治がこの疑獄ドラマの陰の主人公になった。右派社会党の佐竹は料亭「中川」分と判明した政財界人として次のような名前をあげ、政府に対する追及の手を休めない。

《政界》岸（憲法調査会長）、佐藤（自由党幹事長）、池田（同政調会長）、前尾（同副会長）、水田（同副会長）、小金（同副会長）、犬養（法相）、保利（農相）、岡崎（外相）、福永（官房長官）、石井（運輸相）、広川（元農相）、山県（前厚相）、大野（国務相）、星島（自由党総務）、迫水（自由党代議士）、菅野（官房副長官）、江口（同副長官）……。

《財界》一万田（日銀総裁）、一井（三井船舶社長）、俣野（飯野海運社長）、三盃（同副社長）、脇（同常務）、六岡（播磨造船社長）、多賀（浦賀ドック社長）、中川（照国海運社長）、児玉（日本郵船常務）、山本（同常務）、雨宮（同常務）……。

この森脇メモで造船疑獄は底なし沼の様相を見せた。東京地検特捜部の海運・造船業界追撃ぶりはまことに大胆であった。

池田勇人

昭和二九年四月、造船疑獄の壮大なドラマが〝本物の顔〟を見せ始める。まず四月一〇日、三井船舶社長・一井保造、三菱造船社長・丹羽周夫を贈賄《ぞうわい》容疑で逮捕した。「贈賄」の逮捕があるならば、それに対応する「収賄」の逮捕がなければならぬ。同時に自由党本部会計責任者・橋本明男も収賄幇助《しゅうわいほうじょ》で逮捕した。「幇助」があるならば「本犯《ほんぱん》」がいなければならない。一井は船主協会副会長、丹羽は造船工業会会長だが、三井、三菱の財閥系のトップが逮捕されたことは稀有《けう》な疑獄がフィナーレに近づいたことを物語る。

特捜部の狙いは、幹事長・佐藤栄作と政調会長・池田勇人にあった。二人とも吉田学校の優等生だが、容疑は佐藤について、①利子補給法成立にからんで造船工業会、船主協会から自由党宛てとして、それぞれ一〇〇〇万円、飯野海運の俣野社長から佐藤個人として二〇〇万円、②池田も日本郵船、大阪商船、飯野海運、三井船舶四社から俣野を通じて三〇〇万円——をそれぞれ受け取ったものだ。

東京地検はさらに慎重を期して病気の船主協会会長（日本郵船社長）浅尾《あさお》新甫《しんすけ》の臨床尋問《りんしょうじんもん》を行った。そうしたうえで佐藤幹事長に河井から呼び出しをかけた。

「検事正（馬場）官舎まで御足労願いたい」

逮捕に備えた任意調べは佐藤三回、池田四回に及んだ。検事正官舎には河井が待っていた。

「私は何回も佐藤幹事長の調書をとった」と河井は次のように述懐している。

「調書をとっている間に夜が明け、太陽が出てきた時に、ようやく終わったこともあった。夜には検事正官舎で留守番していた事務官の奥さんが階下で寝ている。上で私が（佐藤を）調べていると、新聞記者が『今晩あたりここで調べているんだろう』と探《さぐ》りを入れてきた。すると奥さんが（わざと）寝ぼけ声を出して『今日はだれも来ませんよ』と言ってくれた」

当時の衆院は吉田首相が率いる自由党が一九九人と過半数までは遠く、保守の改進党（七六人）、鳩山自由党（三五人）の協力なしでは政権を維持できない状態にあった（革新は左派社会党七二人、右派社会党六六人、労農党五人）。

だから佐藤、池田の取り調べは政局に衝撃をもたらした。車の両輪が東京拘置所に閉じ込められれば、吉田政権は崩壊する。だが「検察の正道」を突っ走る特捜部は「国家有用論」などは歯牙《しが》にもかけなかった。捜査主任検事の河井が言っている。

「儲《もう》かる時は多数の配当をして、不景気になったから今度は借金の利息を半分、国民に払ってくれという虫のいいことは許されない。

それを船会社が自由党幹事長のS氏（佐藤栄作）のところへ依頼に行ったら『よろしい、それじゃ、そういう法案を自由党でまとめてやろう。その代わり、この前の総選挙をやった時、自由党に二〇〇〇万円の借金が残っているから、その二〇〇〇万円を持って来い。そうしたらこの法案を自由党でまとめて出してやる』という要求をされた。

法案を出すには、まず政府・与党の政調会とか総務会にはかって法案の下審査をし、『これでよろしい』ということにならなければ政府がいくら出そうとしても出せない。非常に難しいのだ。そういう機関に全部かけてやる、ということだったので、船主協会で協議したところ二〇〇〇万円を出しても法案ができて金利負担が軽くなれば、その方が有利だというわけで二〇〇〇万円を現金でトランクに入れ持って行った。

当時、一万円札はないから千円札で二〇〇〇万円というと大変なものである。それを持って行って、『はい、この通り』とS幹事長に差し出したところ『じゃ、よろしい。やってやろう』ということになった。船

佐藤栄作

会社の集まりである船主協会は利息を半分まけてもらうと、いくら金利の負担が軽くなるかちゃんと計算してある。

船主協会としては、これだけ助かるから二〇〇〇万円を出しても安いものではないか。あとは国家がやってくれるんだから、といった考えである。そんな勝手な話はない。私はS氏を逮捕すべきだと言った」(河井信太郎『検察読本』)

## 検察庁法第一四条のジレンマ

昭和二九年四月一九日、佐藤、池田の逮捕をめぐって検察首脳会議が検事総長室で開かれた。最高検から佐藤検事総長、岸本最高検次長、東京高検から花井検事長、長部次席、東京地検から馬場検事正、田中次席、山本特捜部長、河井主任検事、法務省からは追放解除された清原事務次官、井本刑事局長が出席した。緊張した空気だった。

馬場や河井は「まず佐藤を起訴すべきだ。証拠も完璧だ。しかるのち池田を逮捕すべきだ。これも証拠は完全である」と強く主張した。これに同調する意見が続いた。そのなかで法務省の井本の意見はやや違うものだった。

「佐藤への二〇〇〇万円は党の経理に入っており、政治献金であってワイロといえないのではないか。逮捕問題は慎重にすべきだ」

造船疑獄のころの国会には、自衛隊設置法、防衛庁設置法、警察法改正、教育法案など戦後日本の運命にかかわる重要法案が上程されていたのは事実であり、佐藤の収賄容疑と「国家有用論」を重ね合わせてみると妙に説得力をもってくる。

吉田内閣崩壊の危機に追い込まれた自由党も必死だった。心のなかには「国家有用論」がある。合い言葉は「検察ファッショ」——。

自由党総務会が開かれた。

「法務大臣のくせに検察もコントロールできないのか。吉田内閣の閣僚でありながら政権崩壊を黙ってみているのか」という声が満ち、犬養不信任を議題とするまでに事態は緊迫した。気弱な犬養はいったん辞表を出したが、この重苦しい緊迫感は検察首脳会議をも包んだ。

難局乗り切りに懸命な吉田は副総理の緒方や佐藤、池田と密議《みつぎ》を重ね何度も犬養を呼んだ。犬養は、戦前の「五・一五事件」でクーデターを起こした青年将校を「話せばわかる」と一《いっ》喝《かっ》し、凶弾《きょうだん》に倒れた豪気《ごうき》の首相・犬養毅《いぬかいつよし》の息子である。

河井の記憶によれば犬養も初めは佐藤栄作・池田勇人逮捕には反対ではなかった。

「犬養さんは初めは『よろしい』と言っていたが、そのうち緒方副総理、吉田総理に報告した結果、『ちょっと』ということになり、佐藤検事総長に『君、あれは、ちょっと待ってくれんか』という話になった。検事総長は『いつまでも待っていれば贈賄者は（拘置所から）出てしまうし、出てしまうと贈賄者と収賄者が打ち合わせができて事件の真相は明らかにならんから駄目だ』と突っぱね、そんな議論が三日ほど続いた」と河井は記している。

ある日、犬養は深夜に首相官邸を去ったが、一人の男が官邸裏口から入ったことに気づかなかった。男は吉田と緒方を前にして「佐藤、池田氏を逮捕させないことは法的に可能です」と言った。驚く二人に男は『六法全書』を出し、一ヵ所を指した。検察庁法第一四条とあった。

翌四月二〇日、最後の検察首脳会議が開かれた。検事総長の佐藤は、馬場や河井が強く主張した「佐藤幹事長、池田勇人政調会長逮捕」を検察の方針にまとめあげた。まず佐藤逮捕の請訓を法相にすることを決めた。

この首脳会議では「国家有用論」を信奉しているはずの岸本が、強力に佐藤逮捕を主張していたのが奇異《きい》に感じられた——当時の首脳メンバーの一人が語っている。

佐藤検事総長から「幹事長逮捕」の決裁を求められた犬養は同夜、清原法務事務次官と井本刑事局長を連れて緒方副総理邸を訪れ詳細な報告を行った。

そして翌四月二一日、検察の疑獄捜査をストップさせる犬養法相の有名な指揮権発動がなされた。それは早朝、吉田首相が白金《しろがね》の公邸に緒方副総理と当の佐藤幹事長、松野鶴平衆院議長、

午前一一時半、犬養は大臣室に佐藤検事総長を呼び、検察庁法第一四条に基づく指揮権であることを通告した。この瞬間、佐藤栄作の逮捕はなくなった。すぐに犬養の記者会見が始まった。緊張した表情で犬養は法務大臣談話を読みあげた。

「昨日（二〇日）付で、けさ自分の手元に検事総長から自由党幹事長・佐藤栄作氏の第三者収

賄等のいわゆる汚職事件について逮捕状許可の請訓があったが、事件の法律的性格と重要法案審議の状況にかんがみ、特殊的例外的なものとして国際的、国家的重要法案の通過の見通しを得るまで暫時《ざんじ》、逮捕請求を見合わせ任意捜査を継続するよう指示した。この指示は検察庁法第一四条の規定によりなされたものである」

政財界を巻き込んだ造船疑獄はつぶれた。「重要法案の審議」を待っていれば、すでに逮捕中の贈賄側の中心人物、俣野・飯野海運社長、一井・三井船舶社長、丹羽・三菱造船社長、自由党本部会計責任者は逮捕の理由を失い、ゾロゾロと東京拘置所を出てしまうからだ。四日後には衆院本会議で改進党の荒木万寿夫《あらきますお》の逮捕許諾請求も否決された。犬養はその日のうちに辞表を吉田首相に提出した。

検察にとって造船疑獄捜査を指揮権発動で阻《はば》まれた衝撃は深刻だった。これまで東京地検におびえていた政界の巨悪が、検察庁法第一四条の指揮権を使えば疑獄捜査を押しつぶせることをはっきり知ったからだ。

いまや政治は完全に検察より優位に立った。政権を握る権力者は少なくとも法律のうえでは〝巨悪〟を働こうと、常に安全地帯にいられることを知ったのである。

指揮権発動の日——検察庁舎は通夜のようだった。だれもが口数少なく不機嫌だった。検事総長室では検事総長の佐藤藤佐をはじめ、岸本、花井、長部、馬場、田中、山本、河井らが結論の出ない協議を繰り返した。

「こうなった以上、任意捜査で」と佐藤は気を引き立てるように言ったが、その言葉がうつろな響《ひび》きしかもち得ないことは佐藤自身がよく知っていた。検事の取り調べ内容が関係者に筒抜けになってしまうような任意捜査で政界の大物が自供するはずがない。

全精力を投入してきた疑獄捜査が最後の段階でガラガラと音を立てて崩れた。仙台高検から応援に来ていた検事は過労から肺炎を起こして倒れたし、大阪地検特捜部検事の妻は妊娠中にもかかわらず一人で引っ越しをし産褥熱《さんじょくねつ》のため若くして他界した。さらに京都地検からの応援検事も過労から倒れた。

検察首脳の顔にも疲労感と屈辱感がにじみ出ていた。この日、取り調べ検事のほとんどが小菅の東京拘置所に行っていたが、「指揮権発動」を聞いて放心状態になったと伊藤栄樹は言っている。

夜、検事正の馬場が姿を現した。涙を浮かべて「すまなかった」と三〇人ほどの検事を前に深く頭を下げた。検事は三々五々と姿を消した。昭電疑獄以来、突っ走って来た馬場―河井の特捜検察が「政治」に対して初めて味わう「敗北」だった。河井は不機嫌の時、感情がすぐ現れるが、そんななかで伊藤は、やや違った。

「特捜検事は虚脱状態でした。私は悔《くや》しさと憤《いきどお》りが七〇パーセント、ホッとしたことが三〇パーセント。捜査しながら日本の政界はどうなってしまうだろうと考えていましたから」――これはのちに伊藤が検事総長になった時、私のインタビューに答えたものだ。やや「国家有用論」に通じる感覚があるが、伊藤は「法相に指揮権を発動させないことが私の義務と思うようになった」とも言った。それは検察側に対して政治家逮捕に慎重さを求めたものと考えられた。

## 河井と伊藤の反目

結局、逮捕者七一人を数えた造船疑獄は最後に政治権力に押し切られて起訴者は三七人、そのうち政治家は四人、二二〇〇万円を受け取った佐藤栄作は形式的な政治資金規正法で起訴されたが、恩赦《おんしゃ》で消えた。

では判決はどうなっただろうか。政治と検察が総力をあげたメインの闘いは、指揮権発動の秘密兵器で検察の歴史的な敗北に終わったが、メインでない闘いでも検察は敗北している。

自由党の衆院議員・有田二郎、関谷勝利《せきやかつとし》、岡田五郎《おかだごろう》は執行猶予つき懲役刑で有罪になったが、参院議員・加藤武徳《かとうたけのり》は無罪。最も惨憺《さんたん》たるものは、河井検察が政界は別にして「計画造船の割り当て」「利子補給法」とともに〝諸悪の根源〟として三本柱にしていた裏金リベートの商法の闘いだった。裏金とは造船でいえば船会社が造船会社に建造を発注する際、支払い金の一部を戻してもらうリベートのことで、政治献金、秘密交際費、ワイロなど世間に知られたくない用途に使われるため〝諸悪の根源〟と言われていた。それを商法第四八六条「発起人・取締役等の特別背任罪」で断罪《だんざい》する——というのが河井検察の考え方だった。こんな条文になっている。

「発起人、取締役、監査役……自己若ハ第三者ヲ利シ又ハ会社ヲ害センコトヲ図リテ其ノ任務ニ背キ会社ニ財産上ノ損害ヲ加ヘタルトキハ七年以下ノ懲役又ハ三百万円以下ノ罰金ニ処ス」

裏金の使途には二通りあって、①自分のものにしてしまう、②プールしておいて人には知られたくない会社の用途に使う。ところが、①は会社の金をとるのだから横領、業務上横領の問題も出てこよう。②リベートされた金は裏の経理に入って会社にプールされる。裏金は、「個人」のものか「企業」のものになるわけだが、これを商法「特別背任罪」にあてはめると、①は問題なく成立するが、②は条文のなかの「会社ヲ害センコトヲ」にはあてはまらない。

裏金にするけれど会社のために使うのだから罪にはならない——という考え方だ。

捜査主任検事の河井ら特捜検事たちは次のように強く主張した。

「造船会社の重役は海運会社にリベートを払っているから会社に損害をかけたことになって特別背任罪が成立する。海運会社の重役は受け取ったリベートを正規の経理に入れず裏金としたから会社は損害をこうむったことになり特別背任罪が成立する」

しかし裁判では通らなかった。「無罪」が続出した。造船のリベートは船価の二〜三パーセントにものぼっていたが、〝諸悪の根源〟の裏金を撃つ特捜検察の意図は崩れた。いくら〝諸悪の根源〟で道義的には好ましくないにしても、法律では違うのだ。

無罪判決をした裁判官は「もっと実態を見るべきだ」と言った。造船疑獄の全被告数は三三人、そのうち商法（特別背任罪）だけにしぼってみると七人全員が無罪となって特別背任罪の闘いは完敗となる。

　商法違反（特別背任罪）で最も早かった判決は四年後の昭和三三年（一九五八）七月一日東京地裁で行われたが、造船事件の中心人物、俣野健輔は無罪だった。判決理由で言っている。

〈判決理由要旨〉「代表取締役、取締役がリベートされた金を正規の経理に戻さず裏金にしたとはいうもののプールしてあり、政治献金するなど計画造船の割り当てを獲得するために使っており、とうてい、『自己』『第三者』の利益をはかったものとは言えない。裏金を着服するならともかく政界工作など会社の利益のためにもなるから特別背任罪にはあたらない」

　最も若い検事として造船疑獄捜査に加わった伊藤栄樹は厳しい河井批判をした。二人にとっては一緒に行う最初にして最後の事件捜査だったが、その造船疑獄で反目することになった。

「河井検事は、たしかに不世出の捜査検事だったと思う。氏の、事件を〝カチ割って〟前進する迫力は、だれも及ばなかったし、また彼の調べを受けて自白しない被疑者はいなかった。しかし、これが唯一の欠点といってよいと思うが、氏は法律家とは言えなかった」と伊藤は、ずいぶん後になって『秋霜烈日《しゅうそうれつじつ》――検事総長の回想』に書いている。

　造船疑獄当時の捜査会議の雰囲気は「国民の負託」を言い続ける河井の独壇場だった。約三〇人ほどの会議にはいつも佐藤検事総長、馬場検事正も出席したが、河井はいつも強気だった。

捜査主任検事の河井が捜査の現況を述べ、ついで重要課題に入るが、地方からの応援検事は強い意見を吐きがちだった。

「このままの雰囲気ではどんな結論が出るかわからず緊張し続けた。強気な意見ばかりの会議のなかで消極的意見（起訴断念など）を述べる時は覚悟がいった」と伊藤は述懐する。

特捜検察が頑張らなければだれが国民の負託に応えるのか、という強い河井の意識が伊藤の指摘のように「法律を解釈するにあたって無意識のうちに捜査官に有利に曲げてしまう傾向が見られた」（『秋霜烈日』）ことにつながった。

〝諸悪の根源〟である「裏金のリベート」は特別背任罪では処罰できないことがわかって、企業はますます裏金に頼り、それは営業の一パターンになっていった。

「検事で傷つくのがいやなら勝負に出ないことだ。しかし国民の負託に応えられずホドホドのところで刀をおさめてしまって何が検事か」とは河井の口ぐせだが、特捜検事たちの魅力は危険があっても勇気をもって突入することにあるように見える。だが捜査会議で消極的意見を出しにくいなかで、あえて消極的意見を出すのも勇気であり、そのはざまで特捜検察は悩む。

最も重要な起訴会議で伊藤は、商法違反で逮捕した石川島重工業社長・土光敏夫《どこうとしお》の不起訴を主張した。伊藤は土光の担当として東京拘置所で取り調べたが、不起訴が決定して、後年、伊藤が検事総長になった時、車椅子《いす》が必要になっていた土光は伊藤の手を握り締め涙を流したという。

また起訴会議で参院議員・加藤武徳の処分が問題になった時、担当検事が「証拠が弱く起訴できない」と涙ながらに主張したが、強気の多くの検事の意見が通った。その時も伊藤は「起訴すべきではない」と主張したが、加藤は裁判の結果、無罪となった。

伊藤は造船疑獄をともに捜査してみて河井とは「捜査観」が違うことに気づいて、二人は時を重ねるごとに対立するようになる。

**謀略家は一体だれなのか**

ところで政治と検察の緊張関係を一挙に「政治優位」に切り開いた検察庁法第一四条の適用を考えた謀略家はだれなのか。

これが検察の汚職捜査を中断させ、国家有用論を実現させる鬼手であったのだ。「第一四条（指揮権発動）の真意は検察庁法の作成者か、国家有用論ばかりを考えている人でなければとうてい、わかりません」と法曹界の長老が憮然《ぶぜん》として言った。

指揮権で悩んだ犬養のような文人でないことはたしかであろう。そして、その犬養自身が六年後に「指揮権発動を書かざるの記」という一文を『文藝春秋』（昭和三五年五月号）に寄稿《きこう》し、真相を暴露した。そのなかで犬養は、ある検察幹部の一人が、吉田首相を通じて指揮権発動を入れ智恵し、法相である犬養自身や検事総長・佐藤藤佐がまったくないがしろにされていたことを明らかにした。

犬養の手記にはこんな重大箇所があるのだ。

「当時、検察庁に対して大きい勢力をもっていた某政治家が、法務大臣たる私や検事総長たる佐藤藤佐をさしおいて、検察庁内のある有力幹部を吉田首相の身内の一人に接近させた」

「一方、（某政治家は）検察庁内のその有力幹部には検察首脳会議の席上『断固、佐藤栄作を逮捕、起訴すべし』というまったく正反対の強硬論を吐かせる。その狙うところは、いうまでもなく指揮権発動の実験によって法務大臣、法務事務次官はもとよりのこと、検事総長をはじめ検察庁の主な責任者を一人残らず引責辞職させ、代わって彼の意中の検察有力幹部を検事総長に据《す》えると同時に、法務大臣の後任には首相の身内と最も親しい衆院議員をもってこようという遠大な計画である。すでに本人の内諾までとりつけていたのである」

「そのうち首相がひそかに、その検察有力幹部と面会したという噂《うわさ》が立って、野党が、ずいぶん、私に食い下がって追及した。ところが偶然にも緒方副総裁の口から私は、首相官邸の裏門に止まっていた自動車の正体をほぼ突き止めた」

生《い》け贄《にえ》にされた犬養の怒りが伝わってくるような文章だ。

この検察乗っ取りクーデターともいえる謀略の筋書《すじがき》は、法相が指揮権を発動すれば検事総長・佐藤藤佐も、おそらく辞表を叩《たた》きつけて検察を去るのではないか——という見通しに立っていたが、この「有力検察幹部」とはだれであろうか。

一人の男が名乗りをあげた。最高検次長だった岸本義広。彼は一読してこの「有力検察幹部が自分を指している」として元法相・犬養健を東京地検特捜部に名誉毀損《めいよきそん》で告訴した。

かつての法務総裁・大橋武夫《おおはしたけお》が、かなり強引な方法で木内を追い払い、広島に流されていた岸本を最高検に引き上げていたことが、大疑獄の最もドラマチックなフィナーレで、見事に輝いたのであろうか。

犬養は、失敗に終わったこのクーデター計画について、厳しい言葉で締めくくっている。

「しかし、世の中はよくしたもので信賞必罰《しんしょうひつばつ》がある。この法則はもちろん検察にも当てはまる。検察内部では今に至るまで、この計画に加担した官吏は最高幹部にはさせないという不文律が次から次へと引き継《つ》がれているのではあるまいか」

指揮権発動の発案者は果《は》たして犬養が思っているように岸本であったのか。さまざまな説があるが、犬養説は緒方副総理の証言があるだけに最も真実に近いと思われる。東京地検特捜部は名誉毀損事件で、指揮権発動の真相が突き止められると張り切ったが、犬養の死で果たせなかった。

犬養　健

しかし犬養は最後まで造船疑獄をつぶしたのは岸本だと思っていたようだ。
犬養の去った新しい法相ポストには医者の加藤鐐五郎《かとうりょうごろう》が選ばれた。
「こんな時期、法相になるのは特攻隊に行くようなもんだ」と政界ではこんな囁《ささや》きが漏《も》れ、引き受けてくれそうな人を探したら、人のいい加藤になった、というのが選考事情である。

「青天《せいてん》の霹靂《へきれき》、実に驚いた。大任も何もさっぱりわからん。総理からいきなり素人《しろうと》の方がよい、と言われただけですよ。指揮権のこと？　それはですな、すんだことはかれこれ言わぬ。ワシャ、ほんとにできんがな」

加藤の就任にあたっての第一声である。

佐藤藤佐をはじめ検察陣は姿勢を低くして政界の動きに備えた。「指揮権発動で国民が怒っている。窮地の吉田には乗り越えられまい」と言う検事がいた。その通り指揮権で捜査をつぶした吉田内閣は窮地に追い込まれた。権力をもっている人は「犯罪をしてもそれは不問」という論理を日本の庶民は許さないからだ。典型的な「国家有用論」であり、それは庶民には通用しない。

通算七年に及ぶ吉田ワンマン首相が「『造船疑獄』は流言飛語《りゅうげんひご》」と言い放ったことも庶民の怒りをかき立てた。

吉田は考えられる最高の防御策を敷いた。

法相に戦前の「日糖《にっとう》疑獄」や「シーメンス事件」を手がけた特捜検察の雄、小原直《おはらなおし》を起用した。「日糖疑獄」では明治時代に初めて政治家を逮捕して特捜検察の基礎をつくり、大正時代の「シーメンス事件」では海軍を相手に一歩も引かなかった〝特捜の論理〟を貫徹した人物として知られている。

特捜検察のリーダーと言われながら、思想公安派の塩野季彦の大派閥に封じ込められていたが、その小原に二〇年ぶりに出番が回ってきたのだ。

清廉《せいれん》な人柄に加え、シーメンス事件捜査では山本権兵衛《やまもとごんべえ》内閣が倒れた光景を目のあたりにした大物である。吉田は内閣の危機乗り切りを彼に託したとも言える。小原は、吉田が戦前の田中義一《たなかぎいち》内閣で外務次官だった時、司法次官だった。さらに「二・二六事件」後の広田弘毅《ひろたこうき》内閣では二人はともに陸軍から強硬に入閣を反対され、涙をのんだ共通体験を持つ間柄であった。

小原の法相就任は昭和二九年六月一九日。人のいい加藤はわずか二ヵ月の法相だった。小原の二〇年ぶりの司法部返り咲きを喜んだのは佐藤、馬場、山本、河井らの特捜検察グループであった。

しかし造船疑獄については、伊藤栄樹でさえ事件が指揮権発動で終わって「三〇パーセントはホッとした気持ちだった」というくらいだから、「国家有用論」の岸本系検事の間からは「それみたことか」と思わず手を打つような声があがった。特に馬場、河井を狙った攻撃が強かった。

「検察力行使の行き過ぎだ。保守政権の基盤をゆるがし左翼勢力を喜ばす捜査はすべきではない」と聞こえよがしに言う検事もいた。岸本自身が指揮権発動の舞台裏で奇怪な動きをした、という情報が根強く流れていた。佐藤藤佐―馬場義続が検察中枢を握っているにもかかわらず、政界をバックにした反主流の勢力が強く、とても「検察一体」などとは言える状況ではなかったのである。小原は政府からも検察主流派からも期待をもって迎えられたが、衰亡《すいぼう》の坂を転がり始めた吉田内閣の運命はそのくらいの鬼手では止まらなかった。

「佐藤栄作幹事長」「池田勇人政調会長」の逮捕を、権力者であるがゆえにその犯罪を見逃すという考えは、法治国家をもち出さなくとも庶民感情にはとうていなじまない。

政府・与党に対する庶民の怒りはすさまじかったが、それを背景に衆議院決算委員会のエースとして脚光を集めたのが、自由党代議士・田中彰治だった。いかにも正義の味方らしく振る舞い、その陰ではきな臭い疑惑事件に首を突っ込んで利権あさりをしていた風説はあったが、その正体はまだだれも知らない。

## 反吉田クーデター計画

田中彰治は昭和二四年一月、新潟四区から衆院選に出馬して当選、その隣の新潟三区には二年前から衆院議員をしていた田中角栄（のち首相）がいた。

ともに非大学卒の庶民政治家として行動力とバイタリティーにあふれ、皮肉にも、のちに二人とも東京地検特捜部に逮捕される運命にあるが、この時は田中彰治は輝ける決算委員長、田中角栄は自由党副幹事長だった。

田中角栄は幹事長・佐藤栄作を助ける立場をうまく生かし、宰相への道を驀進するきっかけをつかみ、彰治の方は政界裏街道の実力者としての地歩を固めたのが、この造船疑獄であったのだ。

田中彰治は、国会議員は国会内での発言では刑事責任を問われない免責特権のあることをいいことに相手のいやがることをズケズケと口にした。

脱税で差し押さえられた書類はトラックで税務署へ乗りつけて奪還《だっかん》し、文句《もんく》を言う政治家同僚には、「お前の選挙区にトラック二台分の怪文書をばらまいてやる」と黙らせる。そんな男が造船疑獄以来一〇年以上も〝正義の仮面〟をかぶっていたのだから日本の政治の裏舞台はなんとも恐ろしい。

田中彰治

田中彰治は自由党代議士として一時、河野《こうの》一郎《いちろう》派に属したこともあったが、本質的には一匹狼《おおかみ》、衆議院決算委員会を舞台にした吉田攻撃で一躍有名になった。そんな男だから、小原を評価する気持ちなどさらさらなく、〝疑獄捜査の神様〟も〝清廉な人柄〟も通じなかった。

議場で田中は小原のことを「吉田の子分」と呼んだ。「法相の許可がなければお答えできない」と口ごもる佐藤藤佐に対して、田中は委員長席から大臣席の小原を睨みながら、「これだけの国民が見てんだ。吉田の子分の法務大臣が、そばにいるからといって遠慮はいらん。答えろ。答えろ」とけしかけたりした。

田中は身長一六〇センチそこそこのタンクのような体を震わせて、証人として出席した佐藤や馬場や河井を怒鳴《どな》りつけた。昭和二九年九月六日の衆議院決算委員会は、吉田内閣の指揮権発動で終わった造船疑獄について検察幹部を呼んでの真相解明が目的だった。

だが起訴に至らなかった政治家には刑事訴訟法上の「捜査の秘密」、国家公務員法上の「職務上の秘密」のネックがある。

衆議院決算委員会に出席した河井は鋭い追及を受けた。河井は真剣に対応した。

「佐藤幹事長に対する指揮権発動は、国策上重大な支障はない、と主張して指揮を拒否することは検察官としては許されない。検察官は、この段階で引き下がるべきと思う。国策上、果たして重大な支障があったか否か、指揮権の発動が妥当であったかどうかは主権者である国民が判断することで、それが不当であるならば今後、自由党を支持しないだろう」

「証人（河井）はその場合に」と社会党議員はなおも追及した。

「指揮権の発動を無視して、佐藤栄作を逮捕し、あるいは起訴して自分は辞表を出して辞めたらいいじゃないか。そうする意気地もないのか。それほど検事の職に恋々《れんれん》としていたいのか」

河井はただちに反論した。

「検事は指揮権の発動が行われた以上、それが妥当でないといってしたがわないのは、検察ファッショになる」

衆院決算委が田中委員長名で小原法務大臣に宛てた「職務上の秘密に関する証言につき承認を求める件」の証人、佐藤藤佐の部分（昭和二九年九月七日　衆決委一九閉第一五号）には次のような記載がある。

一、飯野海運社長・俣野健輔氏又は山下汽船社長・横田愛三郎氏等より元法務大臣・犬養健君、外務大臣・岡崎勝男《おかざきかつお》君、運輸大臣・石井光次郎《いしいみつじろう》君、元国務大臣・大野伴睦君あるいは前自由党幹事長・佐藤栄作君が金銭を受け取った事実があるか、事実あるとすれば、その額及び受け取った趣旨はどうか。

一、日立造船社長・松原与三松氏から参議院議員・西郷吉之助《さいごうきちのすけ》君（のち法相）を通じて池田勇人君に五〇〇〇万円を渡した事実について調査したことはあるか。

一、船主協会からの献金のうち一〇〇〇万円は昭和二八年四月の選挙の際の自由党の借金の穴埋めに麻生鉱業株式会社に支払ったという事実があるか。

一、佐藤栄作君を逮捕できなかったことにより証拠に如何なる変化を来したか、又結局如何なる証拠が集まったか。

また証人・馬場義続に関する部分（昭和二九年九月一一日　衆決委一九閉第一六号）には次のような記載がある。

一、造船汚職事件で取り調べを受けながら不起訴になった財界人及び政界人の氏名。

一、料亭において犬養法相等と俣野、山下各氏が会合した事実の有無、これを取り調べたことがあれば、その調書、また石井運輸相を取り調べたことがあるか。

一、佐藤栄作君、池田勇人君等を含む政界人への一億円に及ぶリベートの流れた対象の人物につき不起訴になった者の氏名、金額、授受の状況。

――衆院決算委のこれらの質問条項は造船疑獄がさらに大きな疑惑のスケールをもつことをうかがわせ、もし指揮権が発動されなかったら荒木万寿夫ら一〇人の政治家が逮捕されたと言われた。佐藤、池田の逮捕を指揮権発動でやっと切り抜けた吉田にとって、造船疑獄の隠れた全容を明らかにすることは、それこそ政治的な死を意味していた。

法相の小原が衆院決算委に突きつけられた「佐藤（検事総長）、馬場（検事正）の証言許可を求める条項」は全部で一七項目に及んだが、このうち小原法相が認めたのはわずかに二件だった。佐藤検事総長に関しては「西郷吉之助関係の金銭授受」の件、馬場検事正に関しては「料亭・中川での犬養、山下の会合」だけで、造船疑獄の核心に迫る全容は小原が拒否して闇に閉ざされることになった。

その理由について、吉田内閣の内閣声明は言っている。

「法務大臣の承認した以外の件の公表は機密保持の検察運営に重大な障害をきたす。裁判にも予断を与える恐れがあり、司法権の公正な運用が期せなくなるため国家の利益に重大な影響がある」

――検察の捜査内容をすべて公表すれば、今後、捜査への協力は得られなくなるし、裁判にも影響するというわけだが、決算委員長の田中彰治がこんなことで納得するわけがない。

「小原法相は国民には何も知らせない方がよいと言っている。犯罪を起こしても権力者の佐藤幹事長や池田政調会長ならば逮捕しないというのが指揮権なんだ。それを吉田の子分の法務大臣、検事総長や検事正がグルになって権力者をかばっているんだ」

そして「内閣の一つや二つ倒れてもかまわぬ。オレは国民の代表だ」と絶叫《ぜっきょう》する田中の姿が国民には庶民派の〝正義の味方〟として小気味よく映った。田中彰治の吉田内閣攻撃が冴《さ》えれば冴えるほど、検察陣は「権力に弱い卑怯者《ひきょうもの》」としてイメージダウンしていく構造になっていた。

「職務上の秘密」を盾《たて》に口をつぐむ検事総長に苛立《いらだ》つ野党が吉田首相、石井運輸相、犬養元法相の証人喚問《かんもん》の動議を出すと、田中はさっさと採択した。自由党議員が「委員長は自由党なのに党の決定を守らない。委員長不信任だ」と叫ぶと、田中は「おもしろい。不信任してもらおうじゃないか」と開き直った。野党が一名多いことを、充分計算に入れた発言で、自由党が田中を除名処分にすると「党利党略だ。あそこの党はもう終わりだ」と決めつけた。さらに田中は「吉田が病気を理由に証人喚問を拒否したら、あのジイさん、臨床尋問してやる」と息巻《いきま》いた。

吉田　茂

指揮権発動は現代に及ぶ長い歴史のなかで、この一件しかないが、日本のような法治国家では、権力者だから犯罪を不問にする法的差別は国民感情がとうてい許さない。それを、「法律にあるのだから」と軽視すれば国民の信頼を失うことになる。

吉田にしてみれば汚職容疑の重要政治家を「国家有用論」で逮捕させ

ない方が国のためになると思ったのであろう。その後は「『造船疑獄』は流言飛語」と片づければ一件落着となる、と思ったのであろうが、造船疑獄の指揮権発動の処理を誤ったことが吉田内閣の生命《いのち》とりになった。

七年に及んだ吉田内閣はこんな風に終わる。吉田は日本にとって最も重要なのは外交問題であると欧米七ヵ国歴訪の旅に出た。その日程は昭和二九年九月二六日から一一月一七日まで五三日間に及んでいたことが吉田の自信を示している。しかし吉田のいないこの時期に保守政界内での〝反吉田〟のクーデターは進行した。

反吉田派は「アメリカ追随の吉田外交反対」をかかげて、公職追放解除の鳩山一郎《はとやまいちろう》を擁立《ようりつ》した。この動きをさらに凄みのあるものにしたのは財界が反吉田に固まったことだ。

一〇月一三日、日経連は強力な政治力結集を決議し、一〇月二〇日に経済同友会は戦後、保守党がいつも分裂していた現状を激しく批判、「保守合同」を要望する決議をした。その考え方の中核は、吉田退陣であり、そのうえで保守勢力の結集のために政治に圧力をかける、というすさまじいものであった。

財界の支援を得てクーデター計画は進み、吉田の留守を預かる自由党の緒方副総理は岸信《きしのぶ》介《すけ》、石橋湛山《いしばしたんざん》(ともにのち首相)の反党的な行動に対し、一一月八日、自由党除名で乗り切ろうとしたが、新党結成の動きは加速されるばかりだった。吉田は一一月一七日に帰国するが、その一週間後財界の支援を受けた日本民主党が鳩山一郎を総裁に結成された。幹事長は岸信介で自由党の鳩山派、岸派、さらに重光葵《しげみつまもる》らの改進党、河野一郎らの日本自由党が結集し、衆院議員一三一人、参院議員一八人の大勢力になった。

吉田の率いる自由党は一九九人から五〇人も減らして一二月六日、日本民主党が社会党（左・右に分裂）とともに吉田内閣不信任案を提出すると吉田の進退は窮《きわ》まった。

それでも吉田は衆院解散で闘おうとしたが、財界はもとより自由党内部からも反対されて総辞職した。造船疑獄の指揮権発動から七ヵ月余り。「国家有用論」を信じすぎ、国民の心を理解できず、ワンマンがゆえの崩壊だった。

# 第四章　保守合同下の暗闘

## 五五年体制の弊害

「もはや戦後ではない」と発足《ほっそく》したばかりの経済企画庁が『経済白書』に書いたのは昭和三一年（一九五六）七月のことだった。

日本が国連加盟を認められたのは一二月一八日、いわゆる神武《じんむ》景気《けいき》が日本列島をすっぽりとおおって庶民には明るさがあった。

懸案の保守合同は前年一一月一五日に行われ、巨大な自民党（衆院二九九人、参院一一八人）が現れ、鳩山一郎《はとやまいちろう》が引き継《つ》いで政権を維持していた。社会党も少し前の一〇月一三日、左・右両派の統一大会を開き憲法改正を阻止できる議会三分の一勢力（衆院一五六人、参院六九人）を確保していた。社会党委員長は鈴木《すずき》茂《も》三郎《さぶろう》だが、国民を自民・社会の二大政党の枠《わく》のなかに入れて社会を安定させる点で「五五年体制」（一九五五年体制の略）と呼ばれた。日本の憲政史上初めてのことだ。

特捜の伝統を引き継いでいる小原直《おはらなおし》は法相を去り、保守合同の一ヵ月後の検察異動では、岸《きし》本義広《もとよしひろ》が最高検次長から検察の人事権をもつ法務事務次官になって天下の形勢をうかがった。馬場義続《ばばよしつぐ》も最高検刑事部長になって現場の指揮官である東京地検検事正からはずれた。後任は岸本直系の柳川真文《やながわまふみ》で、次席も馬場直系の田中萬一《たなかまんいち》から山内繁雄にかわるなど特捜部にも岸本派の勢力がジワリジワリと浸透した。

保守合同を中核とする「五五年体制」は日本を根本から変えた。社会が安定し日本は「高度経済成長」に象徴される経済大国への道を歩み始めた。

連立政権は消え、巨大政党である自民党による一党独裁の半永久政権が始まった。このことは検察の政界捜査を構造的に変えた。それは政界が浄化されたことではなく、「昭電疑獄《しょうでんぎごく》」や「造船《ぞうせん》疑獄」のように保守党の大物が逮捕されなくなり、彼らにとっては、特捜検察の手がとどかない「聖域」ができたことを意味する。

なぜか。それはこの保守安定政権の出現が検察当局の疑獄捜査に厚い壁を築くことになるからだ。政・官・財界がからむ疑獄＝汚職というものは、政治家や高級官僚がワイロを受け取って、私利私欲に走り、財界もまたワイロという支出をはるかに上回る巨額の利得を得て、共存共栄をはかるという構図をもっている。国家権力の壁の向こう側で、庶民には知られたくない密談をして自分たちだけの栄華《えいが》と豊かさに酔いしれる——というのが典型的な光景だ。

政治家汚職を類型化すると、①政策・立法にからむもの、②許・認可をめぐるもの、③国会議員の発言——の三つに大別される。昭電・造船疑獄は、この三つの要件のうち①に該当する壮大な政策汚職だ。「保守合同」による保守の一本化は、財界—政界の資金ルートをも変えた。造船疑獄摘発《てきはつ》当時のように保守党が自由党、改進党と二分されていた状況下では、影響力の大きい有力議員にズバリ金を握らせる〝危ない工作〟も企業人には必要であっただろう。

しかし保守合同によって自民党は一本化して議会で絶対多数となり、長期安定政権を樹立したもとでは、どんな法案、政策も自民党の決定がそのまま議会を経て、国家の施策となる構造に変化した。もはや有力政治家に焦点を合わせなくとも、自民党内で決定してもらうよう工作すれば、それでいいのである。

汚職、つまり刑法上の収賄《しゅうわい》という犯罪は「公務員（国会議員を含む）が職務に関して賄賂を収受すること」（刑法第一九七条）が構成要件になっているが、自民党は国家機関ではなく、刑法上は「民間団体」にすぎない。党内の活動は「党務」であっても「公務」ではない。

もはやそこに贈収賄《ぞうしゅうわい》に触れる余地はない。つまり党の巨大化によって、かつては「汚職」であったものが、汚職としては摘発できなくなったことを意味する。それは政界が浄化されたわけでは決してなく、むしろ財界からの金のパイプは政治献金の名のもとに、ますます拡大されていくのだが、政策決定権をもつ巨大な「党」の仕事に対してなされるならば、その金はもはや法に触れない、という構造が形成されるのだ。

いつの場合でも、利益追求を至上命令としている企業がただで金を出すわけはなく、「汚職的状況」は存在するのに、それが決して刑法上の「汚職」にはならないという権力構造の聖域化が進むのである。

こうした傾向は、企業がしゃにむに「権益獲得《けんえきかくとく》」に走った「戦後」が遠ざかり、経済界が安定していくにつれ、企業の方でも政治に対応して金の流れを近代化かつ強化した。

保守合同による強大な自民党の誕生は、政策・立法をめぐる疑獄を追及する検察陣に対し、厚い防壁となって立ちはだかったのである。

政権党の疑惑について東京地検特捜部がいくら迫っても「党」を前面に出して応戦する政界大物には斬《き》りかかれなくなった。国家の決定と党の決定が二重写しになって、特捜検察は「党の決定」に阻《はば》まれ政権中枢《ちゅうすう》に入り込めず立ち往生する形になるが、その原因は保守合同、つまり保守一党が議会で絶対多数となり、「国家」と「党」の二重の壁が特捜検察の接近を拒《こば》んだからだ。

「国家に有用な人材を汚職のような低次元のことで葬《ほうむ》ってはならぬ」という「国家有用論《こっかゆうようろん》」はいらなくなった。財界から政権中枢への送金パイプが政治献金として東京地検特捜部にメスを入れられない以上、検察捜査による内閣崩壊などはあり得ない。

しかも権力者には、特捜検察がもはやかみつけないことを知ると、図々しくのさばる習癖がある。昭和五一年（一九七六）夏、東京地検特捜部はロッキード事件で捜査を政界深部に進め、ついに元首相・田中角栄《たなかかくえい》を収賄罪で逮捕するが、これは贈賄側の本犯《ほんぱん》がロッキード社の実業家であって日本の政財界構造の枠外という点で異質であり、のちに詳述する（第七章）。

ワルにはワルの論理があり、特捜検察は新たな犯罪に対処しなければならないが、悪魔が仕組んだとしか思えない恐ろしい事件が起こる。

## 検察内部の暗闘

いまだに戦後を引きずって暗闘を繰り返している岸本法務次官と馬場最高検刑事部長。『馬場義続追想録』をみると浴衣《ゆかた》がけで麻雀に興《きょう》じている二人の写真が掲載されている。顔で笑って心のなかでは敵意を燃やしていたのだろう。

その写真説明には、昭和三一年夏、東京地検の「海の家・三楽荘」にて——とある。「夏」と言えば七月か八月と思われるが、その一〜二ヵ月後の九月二日、馬場・河井派に対し、岸本がすさまじい攻撃を仕掛けているのだから検察の派閥の怨念《おんねん》はすさまじい。

この時、東京地検は英国の競走馬サラブレッドを輸入した企業の関税法違反事件を捜査していた。背後には自民党の超実力者・河野一郎《こうのいちろう》（のち農相）が介在している疑惑が浮かんでおり、輸入商社の東京支店長を詐欺《さぎ》容疑で逮捕し、担当の河井信太郎《かわいのぶたろう》検事が真相解明に乗り出そうとした時、奇怪な出来事が起きた。

河井が外出している短時間のうちに、カギを握っていた東京支店長が突如、釈放されてしまったのだ。釈放指揮書は河井に知らせることもなく他の検事が書いた。事件はあえなく河野一郎の腐臭を残したままつぶれてしまったが、外出先から帰って異常事態を知った河井は激怒した。最高検刑事部長・馬場にたしかめると、馬場にも検事総長の佐藤にも報告がなかった。

検察の指揮系統を〝何者か〟によって乱されたわけで、河井は「これで検事が務まるか。事件は絶対終わりにはしない」と憤慨したが、その河井を待っていたものは五日後の法務省法務総合研修所教官への異動だった。河井が検察現場をはずされたのは初めてのことだった。

法務事務次官・岸本の抜き打ち人事だった。岸本は巧妙に最高検に触れないように人事権をフルに使って東京地検から馬場・河井色の一掃《いっそう》を図ったのだ。政界に知己《ちき》の多い岸本は河野一郎の競走馬関税法違反事件を知ると、検察庁内の岸本派のルートを使って東京地検に事件をつぶさせたのだ。

全国の検事一一七三人、ほかに交通事件など比較的軽微な事件を捜査している副検事が九一九人（昭和四〇年）、うち特捜部はほぼ三〇人（副検事は三人程度）。検事の出世コースは東京地検特捜部と法務省に分かれるが、法務省が東京大学、京都大学卒の派閥にガッチリおさえられているのにくらべれば、特捜部の方はまだ〝刈り取り自由〟の側面があった。

特捜部検事は海千山千の〝巨悪〟に対抗して自白させ屈服させる迫力をもたねばならず、学《がく》閥《ばつ》のことなど言ってはいられないのだ。

岸本は特捜勢力と対抗するためには、公安部、刑事部、公判部、交通部、総務部など多くの一般検事を自陣営に引き込みながら、特捜部そのものにも自派検事を送り込んだ。そのことを考えると、岸本が法務事務次官になって人事権を握ったことは極めて大きな意味をもつ。

河野一郎の競走馬輸入事件をつぶした岸本たちには「国家有用論」を信じているふしがあるが、馬場・河井流の「正義」が全検察を席捲《せっけん》していないことをも競走馬事件は示している。日本最強であるはずの東京地検が腰くだけになってしまった後味《あとあじ》の悪さを残して、馬場対岸本の熾烈《しれつ》な闘いが深まっていく。

馬好きな河野一郎らしい競走馬事件は、やがてくる謀略《ぼうりゃく》のさきがけ的意味をもった。

昭和三二年（一九五七）七月、佐藤藤佐《さとうとうすけ》は七年間もいた検事総長を定年で去り、東京高検検事長・花井忠《はないただし》が昇格した。政界では病気のため、わずか二ヵ月で退陣した石橋湛山《いしばしたんざん》政権にかわって岸信介《きしのぶすけ》が首相になっていた。

新検事総長・花井忠は明治から昭和にかけ「花の弁論」として一世を風靡《ふうび》した弁護士界の巨峰・花井卓蔵《はないたくぞう》の養子である。

生涯、独身主義を通した卓蔵の門下生《もんかせい》は逸材揃《ぞろ》いだったが、そのなかで卓蔵の目にかなったのが花井忠だった。温厚で弁護士と中央大学教授を兼ね、東京裁判では広田弘毅《ひろたこうき》（元首相）、豊田《とよだ》副武《そえむ》（元海軍軍令部総長）の弁護にあたった。

「検察入りした時はまるで敵の陣営に入ったようで暗闇《くらやみ》のなかにいるみたいだった。弁護士出身の者に果《は》たしてできるだろうか、と思った。検事を含めて法律家は学識あるジェントルマン

赤煉瓦の法務・検察旧庁舎

であって欲しい」と率直な感想をもらしたりした。

東京高検検事長としてグイグイと検事を引っぱっていくタイプでないため、「無害無益な存在」とも言われた。人格者ではあったが、全国検察に大号令をかける人でなく、佐藤検事総長が自分の後任に強力に推薦したのは、そうしなければ年次的に岸本が割り込んでくる可能性があったからだ。

花井検事総長が実現すると関連人事で岸本は法務事務次官から東京高検検事長へせりあがった。検察ナンバーツーとして検事総長への最短距離をとった。岸本より五つ年下の馬場は最高検刑事部長から法務事務次官へ回った。検察の序列は、①検事総長、②東京高検検事長、③大阪高検検事長、④最高検次長、⑤法務事務次官——だから馬場もようやく岸本と同じ舞台へあがってきたことになる。

検事総長直前の東京高検検事長になるにあたって岸本は巧妙な布石を打っていた。法務省刑事局長から千葉地検検事正に流されていた岡原昌男《おかはらまさお》を三ヵ月前に自分の女房役の東京高検次席として起用していたのである。

東京高検で岡原に迎えられた岸本は破顔一笑《はがんいっしょう》して、「一つ頼むよ。君がいれば百人力だよ」と岡原の手をかたく握った。まるで検事総長目前の凱旋将軍《がいせんしょうぐん》のようであったが、岸本は、岡原が公安検事でありながら一匹狼《おおかみ》の〝正義派〟であることを知らなかった。

岸本は政界に知人が多いことを隠さなかったが、岡原は中学生時代の親友愛知揆一《あいちきいち》が法相になった時でも「誤解されるから」と神経をつかった。岸本の豪放磊落《ごうほうらいらく》ぶりを『岸本義広追想録』のなかで、ジャーナリストは「造船疑獄の捜査がピークにさしかかったころ、(岸本最高検) 次長検事の部屋に河野一郎 (のち農相) がしげしげ姿を見せ、張り込んでいる記者の話題になった。これなどもあらぬ噂《うわさ》のタネをまいたと言えるだろう。今から思えば重政誠之《しげまさせいし》(昭電疑獄で有罪、衆院議員) あたりの紹介で、情報取りの訪問であったと思うが、時期が時期であり、多少人目に気を配ってもよかったと思う。考えてみると岸本という人はこの種のエラーでずいぶん損をしたと思う」(当時、朝日新聞司法記者クラブ・野村正男) と書き、法務官僚は追想録の座談会で次のように語っている。

「岸本君という人はああいう人で、(最高検) 次長検事の部屋でよく政界人と会っていたし、とにかく、来るものは拒まずで、何も進んで交際したわけではないが、検察官としては、深く強く政界人とも接触していたのではないか。政界人の方でもなんとかしようと思って寄って来たんだと思うが、岸本君は検察で人生を終わりにするのではなく、いわゆる大志を政界に持っていたのではないかと、私は思っておりました。われわれ、役人では察知できないような大きさ、茫洋《ぼうよう》さ、大まかな包容力があったと私は思います」

これに対して岡原は親友の愛知揆一が法相になって「岡原君、君もこれからは子分を養成して栄達の基礎を固めたらどうだ」と言われた情景を記している。

「『政治の世界じゃあるまいし、検察庁内部では子分を養成して派閥をつくるなど断じていけません。必ず弊害が起こります。君は内部の事情を知らないようだからぜひ慎重に検討してください』と注文をつけた。彼からは『それでは何かと相談に乗ってくれ』と言われたが『あなた独自の判断でやってください』ときっぱり断った。愛知君とは親友であるだけに『傍目《はため》が厳しいから、もうこの部屋（大臣室）には来ないよ』と宣言して、彼の大臣在任期間中、公式の会合で言葉を交《か》わす以外には大臣室を訪れることはおろか、彼と顔を合わせることもなかった」（「文藝春秋」平成六年三月号）

また岡原は私のインタビューで「ある最高検部長が大臣室へ日参して（天皇の認証官である）検事長になった、と噂されたが、それは検察をよくするはずがない。私はそういう人間と同類ではない。私が法務省刑事局長をしている時、花村法相から『横浜地検検事正にしてやろう』と言われた。大栄転だが、私は思いとどまっていただいた。大臣のそばにいる者が、そういう人事をしていると検察はおかしなことになる（結局、岡原は千葉地検検事正として転出）。愛知君とは親友だからこそ厳しく自己規制したつもりだ」と語っている。

岸本と岡原は同じ公安検事と見られていながら、その内実には大きな落差があった。自分の派閥を絶対と思っている人は、検察全体の正義よりも派閥の正義を最優先しようとするが、結局、その人事が検察をゆがめてしまうのだ。

岸本は岡原に対し、忠実な部下として岸本検事総長実現のための作戦司令部であって欲しいという希望をもっていたが、岡原の人柄を知って作戦を変えねばならなくなった。

正義派のような悠長なことを言ってはいられないのだ。今は平時ではなく戦時であるという意識が岸本にはある。

政府が自由党の佐藤幹事長逮捕を指揮権発動で阻んだ時、岡原が千葉地検で吉田首相を痛烈に批判し、「検事総長もだらしがない。あんなものをおめおめとのむとは何ごとか」と怒ったことを岸本はシンパの情報で知ってはいたが、岡原の思想検事の経歴を岸本は重視した。しかし、その考えを放棄しなければならないようだ。岡原は岸本とは肌合いが違う保守のなかの「正義派」だった。「正義派」ほど扱いにくいものはないが、岡原に馬場派に走られるよりはいいだろうと眉《まゆ》の濃い岸本は自分で納得した。

検事総長選の決戦が近づいた。岸本はルーティンの仕事のすべてを岡原にまかせた。岸本にはもっと高度の仕事があったのだ。

岡原には東京高検次席になった時、ひそかに調べたいことがあった。それは闇《やみ》のなかに押し込まれた造船疑獄の真相である。岡原は部下に命じて佐藤幹事長、池田政調会長をはじめとする政治家の供述調書など捜査秘密書類を次席検事室へ運ばせた。「ウーム」と岡原はうなった。岡原の見方は厳しかった。それを馬場、河井らが聞けば激怒し、ただちに思想検察への攻撃へとエスカレートする要素をはらんでいた。

「あのずさんな捜査では、法相の指揮権発動も結果として言えばやむを得なかったことになる」と岡原ははっきりと言った。このことを私が知ったのは本書を執筆するため岡原を取材した「平成」になってからのことだ。

岡原の論理はこうだった。「検事がすることだから供述調書は一応、刑法のワイロ罪の構成要件にあてはまるようになっている。だが説得力がない。〝なるほどな〟と納得させるものがない。裁判には検事しかいないわけじゃない。優秀な弁護士もいる。あの調書では弁論を打ち破り、裁判官を納得させられるとはとうてい思えない。

指揮権発動で問題になったのは幹事長が大物だったからだ。もしかりに起訴していたら公判維持が困難で、無罪になって検察は顔色《がんしょく》がなかっただろう。そのずさんさを政治権力に突かれた形になる。結果論だが、あの指揮権発動は検察の立場も救ったことになる。指揮権発動を考える発想はけしからんが、あの場合はあれでよかったと思う」

岡原は、明快に言ったが、少し考えて現代検察にも触れた。

「捜査力が飛躍的に高まっている現在の検察とはくらべものにならない。今はロッキード事件のように指揮権が介入できないほど捜査力が充実している。吉永祐介《よしながゆうすけ》君（のち検事総長）のように慎重、緻密《ちみつ》な人がいるから今の検察体制は安心できる」

造船疑獄の指揮権発動から二年、岡原が東京高検次席として、このような発言をしていたら「現職検察幹部が指揮権発動に賛意」として重大問題に発展したろうが、いくらものをはっきり言う岡原にしても当時は〝完黙《かんもく》〟を貫《つらぬ》くほかはなかった。そのことを口に出せるような雰囲気ではなかった。

岸本が自陣営を固めるために岡原を千葉から引き抜いて高検次席に据《す》えたように、法務省の事務次官になった馬場も、法務総合研修所教官に流されていた河井を本省刑事課長に引きあげた。このポストは同じ馬場派の竹内寿平《たけうちじゅへい》が務める刑事局長と同じように、法務・検察の重要情報が集まるセクションである。

そしてこの異動が馬場や河井にとって深刻な打撃となる謀略事件が起きる。ことに河井は検察官としての生命の危機にさらされるが、この謀略は反馬場・河井の検事たちが仕組んだというのだから恐ろしい。

## 売春防止法をめぐる汚職事件

昭和三三年（一九五八）一〇月一二日、東京地検特捜部は売春防止法をめぐる汚職で赤線《あかせん》業者の集まりである全国性病予防自治会理事長・鈴木明、副理事長・長谷川康を逮捕、「売春汚職」は火を噴いた。馬場も河井も東京地検の検察現場を去っている時の事件で、岸本の威光が強まっていた時だ。

検察ナンバーツーの東京高検検事長にまでせりあがってきた岸本の検事総長就任が確実と信じられ始めたころの事件だった。特捜部長は天野《あまの》武一《ぶいち》、巨漢で包容力の大きな人物だったが、馬場とは肌合いが違ったのだろう。直系の馬場派というほどではなかった。主任検事は今関義雄であり、伊藤栄樹《いとうしげき》らが応援検事として捜査にあたった。

「売春汚職」というのは、昭和三三年四月一日を期して日本から「公娼《こうしょう》制度」が廃止され、「女」を売る赤線地帯を法律上認めない「売春防止法」制定をめぐる事件である。新宿カフェー協同組合理事長の使い込みが発端だが、当時、一五〇〇人の赤線業者が売春を禁止する法案を政治家を使ってつぶすため一億円を用意したといわれた。全国性病予防自治会本部事務局から押収された「マルスミ」リストには九〇人を超える政治家の名があった。

それぞれの氏名の前に(済)の印がついていたため、こう呼ばれた。その法案つぶしの金は売春処罰法が審議された昭和三〇年（一九五五）の第二二国会、売春防止法が成立した翌年の第二四国会で、内閣の売春対策審議会委員、衆議院法務委員会のメンバーに集中的にばらまかれた。

伊藤栄樹の話によると、捜査は難航したが、それというのも捜査のテンポが遅く証拠を徹底的に隠滅されたからだという。国会議員の方も最もきたない汚職といわれ、徹底的な証拠隠滅がはかられた。それでも金をもらって衆議院法務委員会で「公娼制度は三〇〇年来の伝統。一片の法律で消すことはできない」などと強硬に主張した自民党の真鍋儀十《まなべぎじゅう》ら九人の議員が捜査線上に浮かんでいた。

さすがに「国家有用論」というわけにはいかず、政界が赤線業者とまで結託していたことが衝撃的だった。

もし証拠隠滅の時間を与えない電撃的捜査であれば、㊎リスト中心に議員九人の捜査はもっと違った展開になったものと思われる。しかし、この事件では検察対立がからむ恐ろしい謀略が仕掛けられていたのである。

捜査が政治家逮捕のクライマックスに向かい、捜査のヤマ場特有の興奮が慌《あわただ》しさをつのらせた。昭和三二年一〇月一八日付の「読売新聞」は朝刊社会面トップで「U、F両代議士を売春汚職で召喚必至《しょうかんひっし》」とスクープとして報じた。

イニシャルだけの報道であったが、記事には「東京の代議士」とあったから「宇都宮徳馬《うつのみやとくま》」「福田篤泰《ふくだとくやす》」両代議士であることが容易にわかる記事であった。

宇都宮代議士は激怒して「まったく事実無根の記事で私たちの名誉を汚《けが》し選挙で落そうというのか。売春汚職という最もきたない汚職に関係していたと新聞社会面で書き立てたら、この名誉毀損《めいよきそん》の被害は甚大だ。無責任な情報を流した検察庁もけしからん」と言ってその日のうちに読売新聞記者と東京地検と最高検の〝氏名不詳の某検事〟を東京地検に告訴した。この事件は告訴対象者のいない東京高検に移されたが、ここは岸本の牙城《がじょう》である。

岸本にしてみれば、馬場・河井系検事を締めあげるには絶好のチャンスと映ったことだろう。もし情報を漏《も》らした検事を突き止めれば国家公務員法違反になるし、特捜検察の責任を追っていけば、馬場、河井にも責任がある、という構図も描ける。どんな事件でも主任検事も含め捜査指揮はナンバーツーの次席が執《と》るのが通例だが、この政治家告訴事件だけは次席の岡原を押しのけて、岸本が前面に出てきた。その異例さが馬場・河井がらみの意図をうかがわせた。

岸本が直接指揮する東京高検は告訴があって六日目の夕方、読売新聞記者・立松和博《たてまつかずひろ》を名誉毀損容疑で逮捕した。読売新聞社の家宅捜索には岡原次席が行くほど物々しかった。立松は昭電疑獄でスクープを重ねたベテラン記者である。ここ二年間は肺結核、胃潰瘍《いかいよう》などで療養していたが、ようやく体調を整え売春汚職で取材の第一線へ出てきた。そして書いた特ダネが、告訴対象になった「U、F両代議士を売春汚職で召喚必至」の記事だったのである。

本来、告訴事件は本筋《ほんすじ》の事件がヤマ場を越えた段階で着手するものだが、この事件は捜査常識に沿わなかった。立松原稿がこんなに早く誤報と断定できるのか。記者会見にも岸本自身が出ている。

「立松君があの記事のニュースソース（取材源）を明かしてくれれば事件は終わるんだ」

——この事件はマスコミの重大問題になった。新聞記者にとって生命でもあるニュースソースをベテランの立松が供述するはずがない。それを思想検事の岸本がわからないはずがない。岸本にすればニュースソースを自白させ、それを足がかりに馬場・河井を叩《たた》きつぶそうと思ったのだろうが、東京地裁が検察側の拘留（二〇日間）を却下したため岸本の作戦は失敗に終わった。

立松は優秀なスクープ記者である。祖父は裁判官として大審院《だいしんいん》判事を務め、父は裁判官から弁護士に転じ在野《ざいや》の大物といわれた人である。母は高名な声楽家。特に父は大橋法務総裁（法相）と激突して敗れた特捜検察の最高リーダー・木内曽益《きうちそえき》（元最高検次長）と親しく、その線で特捜検事が立松家へ出入りした。

だから司法記者としての立松は〝特捜検察なら絶対〟と言われた。馬場、河井への食い込みは深かったから、こんど立松の逮捕になった名誉毀損事件で、岸本が検事総長になる時の〝邪魔〟になる馬場を何とか除こうとする岸本の意図が浮かぶ。

この売春汚職も立松の名誉毀損事件も、昭和三二年末まで三ヵ月足らずの強制捜査のすべてが終わっている。売春汚職の本筋は三〇人もの国会議員が捜査線上に浮かびながら自民党の真鍋儀十、椎名隆《しいなたかし》、首藤新八《しゆとうしんぱち》の逮捕・起訴にとどまった。しかも裁判結果は首藤が無罪。真鍋は三〇万円と一〇万円のワイロ、椎名は一〇万円のワイロが二つあるという起訴だったが、判決が認めたのは一〇万円のワイロ一回だけだった。

しかも特捜部が悔《くや》しい思いをしたのは黒幕と見られていた元国務相（書記官長＝現在の官房長

官）楢橋渡《ならはしわたる》を極秘召喚しておきながら決定的な証拠が得られず立件できなかったことだ。

楢橋は終戦直後、ＧＨＱ（連合国軍総司令部）との折衝に、選び抜いた良家の子女を利用した特異な政治家であるが、赤線業者の全国組織である全国性病予防自治会副会長から楢橋に渡ったとされる一五〇万円についてワイロの証拠がないというのだから、伊藤栄樹（のち検事総長）が指摘するように〝捜査は失敗〟と言える。

そのヤマ場にさしかかる時に起きた恐ろしい立松事件――二ヵ月後、読売新聞が調査の結果、「Ｕ、Ｆ両代議士を売春汚職で召喚必至」の記事は誤報であることを認めた。そして一二月一八日付朝刊社会面トップ記事で「Ｕ、Ｆ両代議士は事件とまったく無関係」と報じたが、取り消し記事の大きさが誤報とされた立松原稿と同じ五段抜きであったことに読売新聞の衝撃の深さを思わせる。

それと同時に読売新聞は編集局長・小島文夫と社会部長・影山与志雄を監督不行届として減給処分。特に影山の場合は社会部長を解任されて編集局勤務となり、社会部員の立松和博は「重大な過失により読売新聞社の信用を傷つけた」として懲戒《ちょうかい》休職処分とした。

たしかにＵ、Ｆ（宇都宮徳馬、福田篤泰）両代議士は東京地検特捜部から召喚されなかったから完全な誤報で名誉毀損罪は成立するが、両代議士は新聞が社会面トップ記事で誤報を訂正したので告訴を取り下げた。

だが立松のニュースソースはどこだったのか。読売新聞社会部で立松の親しい後輩であるノンフィクション作家本田靖春《ほんだやすはる》には売春汚職事件を舞台にした『不当逮捕』という名著があり、ニュースソースが最大の問題とされていたが、事件後三〇年もたって伊藤栄樹は立松のニュースソースが河井信太郎（名は伏せてあるが）であったことを明かしている。

そうであってこそ、昭電疑獄以来の見事なまでの立松スクープが河井をはじめとした特捜検察に支えられていたことがわかる。背景としては立松の父祖二代にわたる裁判官、特に在野の弁護士に転じた父と木内曽益をはじめ特捜検事との交流をあげることができるが、それ以上に立松のたぐいまれな事件記者のセンス、さらに風雲児のような独特な取材方法が華やかなスクープを重ねた。「あんな司法記者は二度と現れない」と言う他社の人も多い。

その彼が大誤報をした。しかもそのニュースソースは特捜検事ナンバーワンの河井信太郎である。その時、河井は捜査情報が集まる法務省刑事課長であった。事務次官は馬場、刑事局長は馬場系列の竹内寿平である。

特に馬場―河井のラインは岸本派検事群に虎視眈々《こしたんたん》と狙《ねら》われており、立松の誤報はまたとない攻撃材料であった。売春汚職に関係のない政治家を東京地検特捜部が召喚する結果を招いた悪質な誤報は許せるものではない。

立松を逮捕中に取り調べた高検検事は、ニュースソースの検事名を自供させようと懸命に迫ったが、立松が拒否を貫いて岸本のもくろみは失敗した。もしかりに立松が自供していれば河井は守秘義務を犯した国家公務員法違反となって失脚するだろうし、ひいては馬場にも影響が及び、岸本がすべての権限を掌握《しょうあく》できる構図が浮かぶ。

## 敏腕記者を葬った誤報

政治家について、あんなひどい誤報を立松に流した河井の意図は何だったのか。「国家有用論」どころではない。この点が「売春汚職」事件の最大の謎《なぞ》だった。しかし事件から三〇年の歳月が経って、売春汚職の捜査陣にいた伊藤栄樹が明かすのだ。昭和六一年、検事総長だった伊藤がガンであることを告知され、「死」が迫っているなかで、『秋霜烈日《しゅうそうれつじつ》』という本を書いた。

検察内部で起き、国民が少しも知らされていなかった新事実が並び、伊藤が〝生きとし生ける〟者への、〝よりよき検察〟の思いを込めたメッセージのように見える。売春汚職の最大の謎は、正確を期すために伊藤の文章から引用する。

検察がこんなことを考えたことが恐ろしい。

「売春汚職の捜査においては、初期からしばしば重要な事項が読売新聞に抜け、捜査官一同は、上司から疑われているような気がして、重苦しい空気であった。そのうち読売新聞に抜ける情報は、どれも赤煉瓦《あかれんが》（法務省）へ報告したものであることがわかってきた。だんだんしぼっていくと、抜けた情報全部にタッチした人は赤煉瓦にも一人しかいない。そこで思い切ってガセ（サワガセル＝ウソ）ネタを一件赤煉瓦へ渡してみた。たちまちそれが抜けたのが、例の記事だったのである。事の反響の大きさにあわてはしたが、犯人がわかってホッとした気分がしたのも正直なところであった。

　あれから三十年余、赤煉瓦にいた男の名前も、捜査員の中でガセネタを仕掛けた男の名前も、すっかり忘れてしまった」

　〝忘れた〟というのは伊藤一流のてらいで、もちろん仕掛けた実行犯の名はよく知っているに違いない。赤煉瓦の男とは河井のことである。前出の本田が『秋霜烈日』に寄せた談話のなかで言っている。

「T（立松）記者が名誉毀損容疑で異例の逮捕をされた背景には、戦前の思想検事の流れをくむ岸本義広東京高検検事長（当時）と、戦後、台頭《たいとう》した経済検事の代表である馬場義続法務事務次官（当時）の権力闘争があった、と見ていた。

　これを書いた時、私は問題の記事はおそらく誤報だろうと思っていたが、T記者のネタ元と見られた法務省の幹部がなぜ、ガセネタを漏らしたのか、がわからなかった。しかし、今回の『秋霜烈日』で、馬場次官の片腕をあぶり出すためにガセネタ流しが仕組まれたことを初めて知った。仕組んだ人間は、岸本派とはいえぬまでも非馬場の立場ではないか。検察内部にもあった権力闘争の恐ろしさを改めて感じた」

　私の売春汚職に対する謎も本田氏と同じように誤報をなぜ河井が立松に流したか、という点にあった。河井は超A級の捜査検事であり、立松も超A級の事件記者である。

その二人を騙《だま》す謀略家がいたことを、伊藤の『秋霜烈日』は示している。

国家公務員法第一〇〇条は「秘密を守る義務」として「職員は、職務上知ることのできた秘密を漏らしてはならない。その職を退《しりぞ》いた後といえども同様とする」と定めていて、違反をした場合は罰則として同法第一〇九条で「一年以下の懲役又は三万円以下の罰金に処する」ことになっている。

東京高検は、捜査秘密を漏らした〝犯人〟が河井であることを知りながら立松を逮捕した。言葉をかえて言えば、立松のニュースソースが河井であることがわかっていながら、裁判官を騙して逮捕状を出させたのだ。

岸本は立松逮捕の時の記者会見で「逮捕理由は証拠隠滅の恐れがあるからだ。ニュースソースが何という検事なのかを言えば、ただちに釈放です」と言ったが、東京高検がニュースソースを知っていれば、それだけで逮捕は崩壊する。

それだけの危《あやう》い構造をこの事件はもっていた。東京高検は「君のデタラメ記事で二人の政治家の名誉を傷つけたのだ」と責めて立松に「あの記事のニュースソースは河井検事です」という供述をどうしてもさせたかったのだ。

もしかりに立松がその供述をしたらそれが証拠になって河井は国家公務員法違反に問われて失脚し、その衝撃は馬場にも及んで岸本検事総長が確定的となる。だが、しかし立松はニュースソースについては一切の

立松和博

供述拒否を貫き通した。

秘密漏洩《ろうえい》の犯人は河井と突き止められても、今度はそれを証明するものとして高検が仕組んだ謀略を明らかにしなければならない。しかし、そんな犯罪を明るみに出すことはできるわけがない。河井をあぶり出すために捜査報告書のなかに虚偽《きょぎ》のもの（具体的には宇都宮、福田両代議士）をしのばせて、これが河井から立松へと渡って二代議士の名誉毀損になることは充分予想できるのに、あえて計画を決行して名誉毀損の犯罪に手を染めたことが許せるか。

その犯罪を東京地検特捜部が行ったことは恐ろしい。これは完全な囮《おとり》捜査ではないか。新聞社間の激しい取材競争を背景に立松の「虚報」を社会面トップ記事として書かせ、それを読んだ多くの読者を欺《あざむ》いたことを検察庁として明らかにすることができるだろうか。

検察庁がこれらの謀略を明るみに出す決意があるならば、河井を法務・検察庁外に追放することも可能だろう。だが、この謀略は検察庁が決して公表できないものであった。この名誉毀損事件を捜査した東京高検も、売春汚職事件を捜査した東京地検特捜部からも犠牲者を出さずに河井を追放するためには、立松のニュースソースに関する供述がなんとしても必要だったのだ。

検察は「河井検事から聞いた」という立松供述が欲しかった。だから検察ナンバーツーの岸本東京高検検事長が捜査の最前線へ出てきた。

名誉毀損事件で馬場―河井ラインを叩きつぶすことができれば、近づいてくる検事総長選で岸本は確実に勝利者になるだろうが、派閥争いの激しい検察庁であってみれば何がどうなるかわからない。

それにしても検察庁は恐ろしいところだ。自派のためには優秀な新聞記者の記者生命を奪い、多くの読者に誤報を読ませて、自分たちは姿を隠している。

捜査秘密をすっぱ抜かれれば検察当局の捜査に支障が出ることもわかる。しかし、だからといって記者を逮捕してもかまわないという論理は成り立たない。立松の場合、河井からの取材にどんな法律違反もなく、捜査情報が漏れすぎるというのは、検察内部の問題である。伊藤栄樹が明かした〝ガセネタ〟ルートによれば捜査秘密の提供者が河井であることはほぼわかっていたのだから、その時点で河井に警告を発するなど河井が二度とできないようにする手はいくらでもあった。

それなのに誤報完成へと突き進んだ。

宇都宮代議士ら二人の名誉は東京地検特捜部の検事らの手によって傷つけられた。ごく短く言えば東京地検特捜部がつくったニセ情報の捜査報告書を法務省刑事課長（河井）へ提出し、それをもとに記事を書いた記者を東京高検が逮捕した。

これは完全な権力犯罪であり、これを検察ファッショと呼ばずして何と言うべきか。

——伊藤栄樹が『秋霜烈日』でガセネタの秘密を明かしたのは事件発生から三〇年間もたっており、当時の中心人物は他界しているので事件の真実は今さら確かめようがない。

ただ売春汚職のガセネタ問題が大きく立ちはだかっているのは、岸本と馬場が鋭く対立した検事総長人事問題が黒い影を落としていたからだ。東京地検の特捜検事がつくり、それを法務省刑事課長が教え、それを書いた立松を東京高検が逮捕するという検察庁自作自演の事件——何とも恐ろしい謀略だが、何の法律違反もなかったベテラン司法記者の立松を追い込んだ検察には憤《いきどお》りを覚える。

新聞社からは懲戒休職処分にされ、その期間が過ぎて出社した立松の仕事は都内版をつくる社会部城南支局長などであったが、華やかな事件取材は二度と立松に訪れはしなかった。失意のうちに立松は体調を崩して他界した。

## 「特定の個人」を狙った捜査

昭和三四年（一九五九）五月、花井忠検事総長の定年退官が近づいた。検察ナンバーツーの岸本は法相・愛知揆一の呼び出しを心待ちしていたことだろう。しかし、いつまで待っても法相・愛知の呼び出しはなかった。岸本がジリジリしているところへ意外な情報が入った。岸本派の法務省官僚の一人だった男の低い声が電話に響いた。

「いま決まりました。次期総長は清原さんです」——岸本は自分の耳を疑ったことだろう。何だって⁉　清原邦一《きよはらくにかず》⁉　彼はまだ最高検次長ではないか。自分だって最高検次長をした後、東京高検検事長に進んだのだ——という思いが岸本にはある。検察の序列は、①検事総長、②東京高検検事長、③大阪高検検事長、④最高検次長、⑤法務事務次官であるのに、それをメチャクチャにしてまで俺を排除しようというのか、と岸本は怨恨《えんこん》の念にかられた。

それ以後、岸本派の検事からかかってくる電話は不吉《ふきつ》な情報を裏づけるものばかりだった。

「こんな馬鹿《ばか》な人事があるか」

体の奥から怒りがムラムラと沸《わ》き起こってきた。その怒りには鬼気迫《ききせま》るものがあった、と当時を知る検察OBは話している。あろうことか、新検事総長には岸本より三つも年が若く、ランクが下の清原がなったのだ。いくら馬場が人事権のある法務事務次官とはいえ、自分に対抗できる相手はいないのだから、法相・愛知が認めるはずがないと思っていたのが痛恨の誤算だったのだろうか。

法務・検察の人事は、事務次官が原案をつくり、それをもとに法相と検事総長が検討してそれで了承となれば発令という手続きに乗る。この大番狂わせはどういうことなのか。

それは、岸本の検事総長就任が目前に迫った時、〝豹《ひょう》の目〟と恐れられていた馬場がやってのけた離《はな》れ技《わざ》のクーデターと言われている。

最高検次長・清原邦一は愛知法相に呼ばれた。

「君に花井君の後の検事総長をやってもらおうと思っている」

愛知の言葉に清原は、「一瞬、まさか、と思った。青天《せいてん》の霹靂《へきれき》とはこんなことをいうのか」とのちに述懐《じゅつかい》している。最高検次長が東京高検検事長を飛び越えて検事総長になるなどということは現在に至る戦後検察史のなかで、この時以外にはない。

清原自身が耳を疑うほど驚いたのだから、全検察が受けた衝撃も大きかった。ことに岸本にとっては決定的なダメージだった。長い検察官生活のなかで山頂近くまで登り詰めながら、いきなり谷底へ突き落とされた心境であっただろう。

検事総長になると定年が二年延びて六五歳になるから、清原より年上の岸本は、ポスト清原の次期検事総長まではとても待つことはできない。検察の最高指揮官になる野望は、目前まで迫りながら完全に叩きつぶされたのである。

清原は派閥色の強いこの世界では珍しく中立で「孤高《ここう》」「清廉《せいれん》」という言葉がぴったりの人物である。造船疑獄の指揮権発動問題の時は事務次官として犬養法相と検察の板ばさみになって苦労したが、彼自身は犬養から「あの紳士的な清原君」と言われたように政治的な肌合いはなく、どちらかと言えば能吏《のうり》型。

薄汚れた派閥争いとは縁遠い彼が検事総長に選ばれたこと自体が、派閥争いの産物である。ことに検察派閥の激しさを象徴的に表している。岸本が検事総長になれば逆に馬場派が叩きつぶされるのは必至で、馬場が事務次官に人事権があることを幸いに、検事総長の花井を説き、愛知法相に強力に清原を売り込んで、大番狂わせをやってのけたのが真相のようだ。

岸内閣の時であったが、保守合同による自民党一本化で、財界からの金の流れが検察には手の届かない構造汚職的な機構に整備されて、「もはや検察陣は政権中枢まで斬《き》り込んでこられないだろう」と大物政治家に安心感があったことも馬場に有利に働いた。

それでも岸本にもチャンスがなかったわけではない。愛知法相と親友関係にある岡原を利用することだが、一匹狼の保守的正義派を説得するのは至難のことだった。

政治家とも結ぶ豪放磊落《らいらく》な岸本、言葉数少なく沈着果断《ちんちゃくかだん》な馬場——二人の性格の差が奇手のクーデターにつながった。

馬場に検察官としての息の根を止められた岸本が、その怨念を晴らす場を政界に求め、やがては法務大臣になって復讐《ふくしゅう》することを決意したとしても不思議ではない。岸本は自民党副総裁をしたこともある実力者・大野伴睦《おおのばんぼく》を頼った。大野は代議士になることを勧めた。

「当選したら俺が法務大臣にしてやる。その時は馬場だろうがだれであろうが、思い通りにしたらいい。俺も昭電疑獄では少しばかり怨《うら》みがある」と言って励ました。

翌昭和三五年（一九六〇）四月、岸本は六三歳の定年退官。翌年一一月の衆院選で立候補した。大阪五区、自民党公認。馬場は岸本の去った東京高検検事長室から岸本の行動に目をこらしていた。

清原邦一

選挙戦では指揮権発動の佐藤栄作《さとうえいさく》や首相になっていた池田勇人《いけだはやと》の夫人、大平正芳《おおひらまさよし》（のち首相）、岸信介《きしのぶすけ》元首相らが応援にかけつけた。定員三人で元文相・松田竹千代《まつだたけちよ》が立候補しているのに他陣営の応援には行かないという徹底ぶりだった。岸本は初出馬ながら激戦を勝ち抜いて最下位で当選した。

そのあおりで松田は落選し、岸本の大がかりな買収作戦に松田派が目をむいた。

岸本が当選した瞬間から、いまや完全に馬場が制した検察が大攻勢に出るのである。選挙運動中から岸本派の選挙違反の情報を集めて岸本に照準を合わせていたのである。大阪地検特捜部が岸本追及のために九ヵ月もかける、という疑獄並みの捜査体制が、岸本に対する検察の意図を表している。

岸本は当選はしたものの選挙参謀の大阪府議会議員をはじめ岸本の妻、次男、実兄を含む総計二〇四人が検挙され、法務大臣どころの話ではなくなった。正式起訴五八人、略式起訴八六人という選挙史上最大の違反事件となり、岸本自身も大阪きっての特捜検事・別所汪太郎《べっしょおうたろう》の取り調べを受け、公職選挙法の買収罪で起訴される立場に追い込まれた。

岸本の起訴事実は大阪府議を二〇〇万円で買収したのをはじめ、一八人に四三二万円をばらまいたというものだった。少し前まで岸本派と見られていた当時の大阪地検検事正・橋本乾三《はしもとけんぞう》は言っている。

「岸本さんが昨年四月検察庁を定年退官するまで、その指導を受けた後輩が起訴せねばならないことは、私情において誠にしのびない気がする。しかし検察官には法秩序を破った者の非を追及する職責がある。こんどの措置は当然の検察権を行使したものだ」と〝正論〟を発表してから、ポツリと言った。

「実際のところ、こんどの選挙違反取り締まりの重点とか、調べる方法とかは岸本さんに教えられたことをそのままやっているだけですよ。日本の刑法を決めた江藤新平《えとうしんぺい》が、その刑法に触れ、ギロチンの考案者がギロチンにかかった。まさにそれと一緒になった。いわば現代版『滝《たき》の白糸《しらいと》』だな、何とも、しようがないね」

岸本は昭和三八年（一九六三）暮れの求刑公判で検察側から「選挙史上まれにみる悪質な事件である。候補者自身が裏金の責任者を決めて買収した計画的犯行であり、法廷でも嘘《うそ》の供述を重ねたりして反省の色はまったくない。禁錮《きんこ》二年六月を求刑する」と追い打ちをかけられて、次の衆院選挙では選挙民からも見放されて落選した。

「特定の個人」を狙った時の検察庁の怖さを象徴する事件だった。

翌昭和三九年（一九六四）は、経済の高度成長下で東京オリンピックが華やかに開かれる戦後日本の一つのピークだった。この年は馬場と岸本の人生にとって重要な年になった。しかし、何という酷《むご》い「明」「暗」であろうか。その一月八日に、馬場は検事総長になった。法務・検察部内に彼に対抗できる検事はいなくなった。

三月九日、岸本は大阪地裁堺支部で禁錮一年三月執行猶予三年、公民権停止三年の有罪判決を受け、社会的にも葬り去られた。明治の昔から二つの大戦をはさんで連綿《れんめん》と続いてきた塩野―小原の対決は、代理戦争のかたちで岸本―馬場の対立によって継承され、その時々の政界、検察界に津波を起こしながら、ついに馬場の完勝に終わった。岸本は、この後昭和四〇年（一九六五）九月一〇日、復讐の野望をズタズタにされたまま山梨県北巨摩郡須玉町の増富ラジウム鉱泉津金楼で静養中、急性心不全で他界した。六八歳だった。この勝者と敗者の天地ほどの落差は検察権力の強大さと、それが裏目に出た時の権力失墜の残酷さを示している。

岸本が定年退官で東京高検検事長のポストを去った二ヵ月後に姿の見えなくなった検事がいた。東京高検次席だった岡原昌男。岸本定年で空《あ》いた東京高検検事長を事務次官だった馬場義続が占めたが、岸本派と信じていた岡原が東京高検にいるのは我慢できないと京都地検検事正に飛ばしてしまったからだ。

普通、地検検事正の任期は二年弱、長くても三年を超えないのが検察常識だが、岡原の場合は京都に五年も封じ込められた。さすがに腹に据えかねた岡原は、検察首脳が顔を並べる全検事正出席の会議で、「京洛《けいらく》の巷《ちまた》にさまようこと三年……」と痛烈な発言をしたが、それでも反応がなかった。

岡原はこの京都赴任で自分が出世コースを完全にはずれたことを知った。頭の回転が早く人一倍の努力家だから若いころから〝検事総長間違いなし〟と言われてきたが、人生が順調だったのは、造船疑獄直前にはずされた法務省刑事局長までのことで、東京高検次席では岸本派と見られ、京都では長すぎる任期を強いられた。〝エリートの悲劇〟と言われるようになってのちに、岡原は述懐している。

「〝偉くなれ〟と人に言われ、自分でもそう思ってよく勉強したが、検察庁時代には正直言って冷《ひ》や飯《めし》を食わされたと感じた時もあったですよ。だが人間、不遇時代にバタバタしてもだめですな。人間万事塞翁《さいおう》が馬《うま》。自然の雲の如《ごと》く身を処さないと。京都時代に諸行無常《しょぎょうむじょう》の『平家物語』を暗唱して、私の人生観は初めて確立しました」

ここから先は、はるかのちの岡原の人生だが、検事としては終始女神はほほえまなかった。ワンランク上がって札幌高検検事長、その次は福岡高検検事長、そして大阪高検検事長。高検検事長は「天皇の認証官」だから一応出世だが、一つも「東京」がない。日本の政治が激しく動いている時は、首都にいて政治と対抗している人と、そうでない人とでは決定的な差ができる。

岡原にも大阪で定年を待つだけの人生がやってきた。会社でいえば常務クラスにはなれたが、社長にはなれなかった。

しかしそんな岡原をジイーッと見ている人がいた。最高裁きっての大物といわれた石田和外《いしだかずと》長官。終戦直後、岡原が司法省人事課長、石田が最高裁人事課長をしていて旧知の間柄だった。その石田のかけてきた電話が岡原の人生を変えた。

「最高裁の草鹿浅之介《くさかあさのすけ》裁判官（大阪高検検事長—最高裁判事）が定年なんだ。その後任に君に来てもらいたいが、引き受けてくれるだろうね。断らないだろうね」

岡原は一応、「私に務まるでしょうか」と言っているが、日記帳には「検察部内ではうだつがあがらないと思っていた矢先《やさき》であり交渉があったら引き受けようとかねて覚悟をしていた。

裁判所にきてよかったと思った」と書いている。実力のある人は人生にのしかかってきた不運の悪魔をはねのける勇気と力がある。

最高裁入りした元検察官は刑事事件には強くとも民事事件には弱いというのが通例だが、岡原は民法、商法を猛勉強。ついには保守的な体質が最高裁の風とよくマッチして昭和五二年（一九七七）八月二六日、司法界最高のポストである最高裁長官を射止めるのだから人生どう転ぶかわからない。

〝検事総長の闘い〟に敗れた岸本は〝悪魔〟につかまって奈落《ならく》の底に引きずり込まれ、岡原は悪魔を追い払って自分の人生を切り開き、検察出身で初めて最高裁長官を握った。

だがその岡原も最高裁入りする記者会見では、「私は検察の利益代表ではありません」と冷ややかに言っている。その後、最高裁長官を定年（七〇歳）になった岡原は政治と検察について痛快な批判発言をしている。これも〝人間万事塞翁が馬〟ということなのか。

## 黄金時代の幕開け

中立の清原邦一を検事総長に立て岸本との闘いに勝った東京高検検事長・馬場は全権を握り、〝特捜新時代〟の幕を開けようとしていた。〝河井検察〟と言われる特捜の黄金時代である。馬場、河井にしても事件の連続摘発で検察内の空気を一新する必要があった。

その序章が清原検事総長、馬場東京高検検事長のもとで河井特捜部長が指揮をとった「武州《ぶしゅう》鉄道事件」だった。岸本が定年で追われるように検察庁を出ていった昭和三五年春に事件は起きている。

広々とした特捜部長室で巨漢の河井は「武州鉄道事件」と書かれた捜査報告書を読んでいた。河井の細い目が光った。現職運輸相・楢橋渡。「またアイツか、こりもしないで」と河井は呟《つぶや》いた。

楢橋はやや太り気味で山羊《やぎ》ヒゲを生やしている。この男は逮捕には至らなかったが、「売春汚職」でも黒幕として登場した。楢橋は炭鉱労働者から弁護士になり、陪審制研究で一五年間フランスに滞在、昭和一五年（一九四〇）に帰国。中国の最高級ホテル「北京飯店」の経営権を買ったりして、昭和一七年（一九四二）には衆議院議員。敗戦直後、幣原《しではら》内閣に国務相として入閣、語学力を生かしてGHQとの折衝役を務めた。GHQの接待役に、選び抜かれた良家の子女を使って食い込む何とも不思議な人だった。

事件そのものは運輸大臣として武州鉄道の免許を認可するにあたって新線建設事務所代表・滝島総一郎から二四五〇万円のワイロをもらったというものだった。

国鉄（現・JR）中央線三鷹《みたか》駅と埼玉県秩父《ちちぶ》市を結ぶ全長六二・三キロメートルにおよぶ計画で五〇億三〇〇〇万円を投下して昭和三七年（一九六二）に着工、四一年（一九六六）末には全線を開通、連絡バスの路線にまで手を伸ばすことになっていたが、これを計画した滝島はスクラップ業で大儲《おおもう》けした四一歳の男だった。

東京地検の冒頭陳述によると大変ずさんな鉄道建設計画だった。

「滝島は元国鉄総裁・加賀山之雄《かがやまゆきお》に技術関係を、埼玉銀行頭取・平沼弥太郎《ひらぬまやたろう》らに資金関係を頼んで昭和三三年暮れごろ沿線一一市町村長、平沼をはじめ、高萩炭鉱社長・菊池寛実《きくちひろみ》、不二サッシ社長・佐野友二《さのともじ》、船橋ヘルスセンター社長・丹沢善利《たんざわよしとし》など二五人を発起人にして東京陸運局へ武州鉄道建設の免許を申請したが、運輸大臣の審査にあたってはとうてい、正当な手段では免許が期待できない実情であった。そこで滝島は運輸省上層部に対する働きかけの必要を感じ昭和三四年四月ごろ、平沼頭取の斡旋《あっせん》で大映社長・永田雅一《ながたまさいち》に対し武州鉄道免許のための政界工作を依頼し、二回にわたり永田に合計一五〇〇万円の運動資金を渡したが政変のため失敗に終わった」

結局、運輸省の武州鉄道建設の免許が降りたのは昭和三六年（一九六一）七月一一日だが、これが滝島が楢橋に対して行った莫大なワイロ（一審では二四五〇万円、二審では九〇〇万円に減額）の報酬《ほうしゅう》であった。裁判は楢橋も滝島も懲役三年の実刑判決。楢橋については二審で懲役二年執行猶予四年に減刑されたが、元閣僚の大物をしとめられたことで検察の意気は高かった。

しかし河井検察の強気が裏目に出て経済関係ではまたも有罪に追い込めず敗北した。しかも被告が大物揃いであったため、法務省サイドからの河井批判が絶えなかった。それが大きな声にならなかったのは馬場が東京高検検事長として目を光らせていたからだ。その大物被告とは「経済関係罰則ノ整備ニ関スル法律」違反に問われた大映社長・永田雅一、埼玉銀行頭取・平沼弥太郎、さらに商法の特別背任罪の高萩炭鉱社長・菊池寛実、船橋ヘルスセンター社長・丹沢善利たちで、たとえば永田の場合は東洋精糖の株式購入資金四億円の融資を受けた時、その謝礼として平沼に八〇〇万円、埼玉銀行立川支店長に二〇〇万円を贈った、という珍しい贈賄だったが、永田は犯意がないとして「無罪」、また丹沢らに対しては武州鉄道の用地買収会社である白雲観光の役員として会社に損害をかけようとしたとされたが、これも「犯意がない」として無罪。

事件の骨格はあるのだが、「犯意」の点で崩れていくのは〝国民の負託〟に応えようとするあまり正義漢が落ち込む陥穽《かんせい》の悲劇に似ている。この事件以後、河井検察は、ほとんど有罪を出していない。伊藤栄樹は河井の捜査を見ていて「私とは捜査観が違う」と言ったが、河井の〝国民の負託〟に応える強気な捜査が検事総長（馬場ではない）と激突して決定的なダメージを受けることになる。

河井は「閻魔《えんま》」と呼ばれるが、その突進から「傷だらけの閻魔」とも「向こう傷の閻魔」とも見え、まさしく稀有《けう》な検事だった。

結局、武州鉄道事件の起訴一三人のうち四人が無罪。伊藤は「売春汚職」の後七年もいた特捜部を離れ、特捜経験者として法務省で特捜検察の動静を観測した。

河井はその特捜検察に依拠《いきょ》して〝閻魔の河井〟として政界を睨《にら》み、伊藤は法務省で「巨悪は眠らせない」という名言を編み出して、それぞれの検察観を出して対立する。

## 〈伊藤栄樹の法務・検察歴〉

（大正14年愛知県生まれ　東京帝国大学法学部卒）

| | | |
|---|---|---|
| | 昭和19年12月 | 学徒出陣（青森県で陣地構築、海軍主計少尉） |
| | 22年4月 | 司法修習生（第1期） |
| | 24年11月 | 東京地検刑事部 |
| 造船疑獄 | 25年7月 | 横浜地検 |
| | 27年12月 | 東京地検特捜部（最初のうちは特捜部待機として刑事部） |
| 売春汚職 | 35年1月 | 法務省刑事局付検事 |
| | 36年12月 | 法務省刑事局参事官 |
| | 39年7月 | 法務省刑事課長 |
| | 41年6月 | 法務省総務課長 |
| 日通事件 | 43年6月 | 法務省人事課長 |
| | 45年2月 | 法務省会計課長 |
| ロッキード事件 | 47年9月 | 東京地検次席 |
| | 50年11月 | 最高検検事 |
| | 52年3月 | 法務省刑事局長 |
| | 54年8月 | 法務事務次官 |
| | 56年7月 | 最高検次長 |
| | 58年12月 | 東京高検検事長 |
| | 60年12月 | 検事総長 |
| | 63年3月 | ガンのため退官 |

## 〈河井信太郎の法務・検察歴〉

(大正２年愛知県生まれ　中央大学法学部卒)

| | |
|---|---|
| 昭和14年４月 | 司法官試補 |
| 14年５月 | 海軍応召（北支、アリューシャン、サイパン、ミッドウェー、ソロモンなどを艦船で転戦。海軍主計中尉) |
| 昭和17年10月 | 司法官試補（東京) |
| 19年５月 | 東京刑事地区裁検事 |
| 20年８月 | 静岡地裁沼津支部兼沼津区裁検事 |
| 22年１月 | 東京地検検事（５月以降は特捜部) |
| 29年10月 | 東京地検刑事部副部長 |
| 31年９月 | 法務省刑事課長 |
| 36年７月 | 東京地検特捜部長 |
| 40年９月 | 東京地検次席 |
| 43年９月 | 最高検検事 |
| 46年１月 | 水戸地検検事正 |
| 47年９月 | 横浜地検検事正 |
| 48年11月 | 広島高検検事長 |
| 50年11月 | 大阪高検検事長 |
| 51年10月 | 定年退官 |

昭和三五年春、東京地検へ三二歳の青年検事が転任してきた。やや小柄で眼鏡《めがね》をかけていた。若き日の吉永祐介だった。強運の風雲児、あの吉永だった。

# 第五章　特捜王国の全盛

## 最強の布陣

「おかしいじゃありませんか、国有地がどんどん払い下げられている。一体どういう方法でやったのか、どう許可されたのか、明細を出して欲しい。これを調べて池田《いけだ》（勇人《はやと》）内閣がつぶれたってかまわない。私は断じてこれを正したいと思う」

衆議院決算委員会で田中彰治《たなかしょうじ》は大演説をぶちまくっていた。自民党代議士でありながら、だれも発言をしない。昭和三九年（一九六四）二月。吉永祐介《よしながゆうすけ》が東京地検特捜部へ転任になる直前のことだった。田中彰治には彼なりの利権狙《ねら》いの魂胆《こんたん》があるのだが、彼を知らない庶民にとってはその演説内容には説得力があり、いかにも正義派らしく映った。

東京地検は田中を狙い始めていて、田中の人生は暗転するのだが、それを田中は知らない。昭和三九年という年は東京オリンピックが開かれ、高度経済成長が日本の奇跡的復興を象徴するものとして世界中の注目を集めていた。

その意味で、この年は歴史的でさえあったが、特捜検察の世界では不思議な現象が起きていた。この後、検察を動かす実力検事の人事異動が「昭和三九年」に集中して行われているからだ。

最大の実力者、馬場義続《ばばよしつぐ》が検事総長になったのは昭和三九年一月だったが、のちにロッキード事件〝総理大臣の犯罪〟の捜査指揮をとる布施健《ふせたけし》が東京地検次席に就任したのは昭和三九年八月のこと。稀有《けう》な特捜検事になる吉永祐介が初めて東京地検特捜部に転任したのは同三九年三月。「巨悪は眠らせない」の伊藤栄樹《いとうしげき》が（参事官から）法務省刑事課長に昇格したのも同三九年七月。ただ一人だけ河井信太郎《かわいのぶたろう》が東京地検特捜部長を動かず鋭い目を光らせていた。

東京オリンピックに引きつけられたような「昭和三九年」の全員集合。本書はここに登場した馬場、布施、河井、伊藤、吉永の五検事を軸に展開するが、これらの検事群に最初に対抗したのが自民党の衆院議員、政界の爆弾男と恐れられていた田中彰治だったのである。

彼との対決に入る前に「昭和三九年」の特捜部について若干書かせていただきたい。

異動の時期にはずれがあるが、それを調整するとこんな布陣となる。馬場義続検事総長のもとに東京地検は渡部善信検事正―布施健次席―河井信太郎特捜部長―吉永祐介検事。「河井さんには会社犯罪や汚職事件捜査の手法を猛烈に鍛《きた》えられました」と吉永は述懐《じゅっかい》しているが、河井には特捜部長末期の一年余りと東京地検次席三年余りの五年弱鍛えられたことになる。

「政治家捜査をする時は、ひたすら証拠を追っていけ。政治的思惑は考えるな。それを判断できるのは有権者である国民だけだ、という河井さんの言葉も忘れられない」と吉永は言っている。河井学校と言われるほど徹底したものだった。「こんな調書があるか」と閻魔《えんま》の河井がカミナリを落とすと特捜検事たちは震えあがった。「……と思われる」「……と考えられる」という推測があって「事実」が少ない時、河井は不機嫌である。

時には部下の面前で調書を破り捨てるほどの激しさをもつ。普段は巨体に柔和《にゅうわ》な目を細め、おだやかな顔をしているだけに、怒った時の迫力は底知れぬものがある。

河井に鍛えられた吉永も仕事には厳しく、調書を一〇回近くも突っ返された検事もいる。「その法律を使った意味を考えろ」と言われた特捜検事もいる。疲労困憊《ひろうこんぱい》して書きあげた調書に目を通した吉永に「これでよし。もう一度読んでみろ」と手渡された調書は、自分が書いたとは思えないほどわかりやすいものになっていたという。

特捜検事たちにとっては特捜部の調べ室は真剣勝負の戦場だ。強気な捜査で知られる〝事件をカチ割って〟進む河井がカミナリを落とした時は特捜部全体が震えた。

最高検次長から最高裁入りした井嶋一友《いじまかずとも》は吉永について述懐している。

「検察の鬼といわれた河井信太郎さんが特捜部長。吉永祐介さんが私の先輩検事でした。共和製糖事件など政界事件も手がけて、いろいろ指導を受けたが（吉永さんは）厳しい先輩でした」

特捜部の厳しさは伝統になっている。河井は部下の検事によく話した。

「汚職、脱税、選挙違反は被害者のいない犯罪だ。殺人でも詐欺《さぎ》でも交通事故でも被害者がいる。その人たちが訴える警察などの官公庁もある。だが汚職、脱税、選挙違反は被害者がいない。強いていえば国民全体が被害者だが、あまり大きすぎて被害感情が拡散される。だがこれを放置して、蔓延《まんえん》すれば何が起きるか。法無視の荒廃した風潮を招きやがて社会は自壊作用を起こし国家は衰退する。特捜検察は国家機関に巣くったガンを切除する外科医のようなものだ。特定の被害者がいない以上、検察自らが発見し切除しなければならない。それを遂行《すいこう》するのは捜査官の情熱と正義感だ」

自分の犠牲をかえりみず悪徳政治家と戦っているのは検事のほかにいるか——と河井の話を聞くたびに身震いした、と特捜OBは言っている。

のちに日通事件の主任検事になった特捜きっての敏腕検事、栗本六郎《くりもとろくろう》（のち大阪高検検事長、中央大学卒、以下中大卒）。帳簿解きの〝神様〟といわれた木村喬行《きむらたかゆき》（のち仙台高検検事長、東京大学卒、以下東大卒）。森脇事件のころ、辞任し平和相互銀行監査役となって失脚した伊坂重昭《いさかしげあき》（東大卒）、石黒久暲《いしぐろひさあき》（のち名古屋地検検事正、北海道大学卒）、早川晴雄《はやかわはるお》（のち法務総合研修所所長、東大卒）、田村秀策《たむらしゅうさく》（のち大阪高検検事長、中大卒）、のちに証券取引等監視委員会委員長になった水原敏博《みずはらとしひろ》（元名古屋高検検事長、中大卒）、のち最高裁判事の井嶋一友（元最高検次長、京都大学卒）、ロッキード事件捜査時の特捜部長・川島興《かわしまこう》（のち大阪高検検事長、中大卒）、そして吉永祐介（のち検事総長）ら実力検事が最前線で活躍していた。

五階の特捜調べ室には、呼び出しをかけられた政・財界関係者の姿が絶えることがなかった。

「明けても暮れても年中捜査をしていたように思う。忙しくて、早く家に帰れる日など年間を通じてほとんどなかった。仕事は長く神経を使い、クタクタになったが、あの生活には輝くような張りがあった」と特捜検事OBは懐かしむ。

捜査以外でも週一回は会計、簿記などのゼミが開かれ、過去の事件を徹底的に検証して実力を磨いた。法律と会計学に通じ、しかも〝落としのテクニック〟を身につけたプロでなければ、権力とエリートが頭脳を駆使する知能犯に立ち向かえない。

検事ばかりではなく特捜事務官に対しても一年間、税務大学校に通わせるシステムを確立。複式簿記でもスラスラと解読できるほど会計学、簿記学を仕込み、強力な捜査機関の土台とした。もとはと言えば、河井が母校・中央大学の経理研究所へ通ったり、下田哲三ら専門家の門を叩《たた》いたのがきっかけだったが、河井時代に一つのシステムに仕上げられた。

馬場が検事総長として登場した「昭和三九年」から定年退官直後の「昭和四三年」までの五年間が戦後検察「黄金時代」と呼ばれるが、東京地検の記録を見るとその検事たちの迫力が伝わってくるようだ。

《昭和三九年》

▽「産業スパイ事件」テレンチェフ・ジョージら七人起訴＝凸版印刷からの依頼で大日本印

刷の営業機密を入手、恐喝《きょうかつ》（二月二六日強制捜査着手、四月七日終結）

▽「熱海八丁園ホテル乗っ取り事件」（七月一日、一三人起訴）

《昭和四〇年》

▽「株式会社平岡事件」社長・平岡信正らが通産省から輸送保険金として二一二万円を詐《さ》取《しゅ》、これを知った社会党代議士・田中織之進《たなかおりのしん》が一〇〇万円を恐喝。平岡、田中ら一四人起訴（三月一五日強制捜査着手、四月二七日終結）

▽「東京都議会議長選汚職」都議会議長選をめぐって議長候補・藤森賢三《ふじもりけんぞう》らが議員を買収、自民党都議一七人起訴、七人起訴猶予（三月一五日強制捜査着手、六月一一日終結）

▽「吹原産業事件」社長・吹原弘宣《ふきはらひろのぶ》、金融業森脇将光《もりわきまさみつ》ら六人起訴（四月二三日強制捜査着手、七月一九日終結）

▽「小林章派の参院議員選の違反事件」元専売公社（現・日本たばこ産業）総務理事・小林章が参院選全国区で出馬して当選したが、専売公社ぐるみの選挙違反事件を突き止め「職務上の地位利用」「現金供与」などで同公社東京地方局長・狩谷享一、たばこ販売部長・森宗作ら一〇人起訴（東京地検刑事部が六月二三日から一〇月二一日まで捜査）

▽「大橋・吹原事件」興亜建設社長・大橋富重と森脇将光が京成電鉄《けいせいでんてつ》から「手形割引を斡《あっ》旋《せん》する」と小切手・約束手形四一通、一八億五〇〇〇万円詐取、両名起訴（一二月一四日強制捜査着手、翌年一月四日終結）

《昭和四一年》
▽「田中彰治事件」自民党代議士・田中彰治ら六人を恐喝、詐欺《さぎ》などで起訴（一月から捜査着手、八月二六日終結）
▽「共和製糖事件」（一二月八日強制捜査着手）
《昭和四二年》
共和製糖社長・菅貞人《かんさだと》、社会党参院議員・相沢重明《あいざわしげあき》ら一〇人起訴（四月七日終結）
▽「日通事件」（一〇月三〇日強制捜査）
▽「大阪タクシー汚職事件」（一一月二五日強制捜査）
（検事総長・馬場義続が一一月二日で定年退官。後任は井本台吉）
《昭和四三年》
▽大阪タクシー協会会長・多嶋太郎、自民党代議士・関谷勝利《せきやかつとし》、同元代議士・寿原正一《すはらしょういち》ら四人を起訴（一月二〇日終結）
▽「日通事件」日本通運社長・福島敏行《ふくしまとしゆき》と四人の副社長、自民党代議士・池田正之輔《いけだまさのすけ》、社会党参院議員・大倉精一《おおくらせいいち》ら八人起訴（六月二五日終結）
——以上が「馬場時代」の特捜事件簿である。特捜部はフル回転状態にあり、特捜検事たちが自らの使命に完全燃焼した時期であった。

### 「強運の星」とA級三悪

東京地検次席から検事正になった布施健は河井より三つ年上の東大卒だ。

布施も造船疑獄捜査に参加したので、指揮権発動の口惜《くちお》しさはよく知っていて、寡黙《かもく》、沈着、それでいて部下にはさり気ない思いやりがある。

布施　健

昭和二四年（一九四九）七月五日、国鉄総裁・下山定則《しもやまさだのり》が常磐線《じょうばんせん》で列車に轢《ひ》かれ怪死した「下山事件」では主任検事として他殺説をとった。それについては「あの事件には広い意味での隠しごとがあるのは事実だが……」と多くを語らない。何年かたって若い検事たちが「酔わせて真相を」とはかったが、仕掛けた検事の方が逆に酔いつぶされてしまった、というほどの酒豪。

目は細く唇をキュッと結んだ古武士的風格、布施は検事生活のほとんどを検察の現場で過ごしている。東京地検検事正の時、「法務事務次官」という出世のキメ手になる内示を受けながら、これを断り、自ら高松高検検事長へ赴任《ふにん》して行き、第一線の検察官たちから「さすがフセケン」と感激をもって迎えられたというエピソードをもっている。

それでは吉永はどんな検事なのだろうか。

吉永祐介は昭和七年（一九三二）二月一四日岡山市で生まれた。家業は衣料品販売業で、四姉弟の長男、負けず嫌いだった。中学五年のところを四年で六高へ進んでいるから抜群の秀才ということになる。

終戦直後の学制改革で六高が岡山大学になったので、そのまま法文学部を卒業した。本人は東大受験を考えたようだが、食糧難時代でもあり、大学にはこだわらなかった。

しかし、法律の勉強には懸命で、司法試験パスは在学中。昭和三〇年（一九五五）四月、東京地検検事を振り出しに、長野、札幌、東京地検八王子支部と歩いた。吉永の検事人生を考えた時、「強運の星」をもっているというほかはない。しかも、のちに詳述するが単なる運まかせではなく、どんな事件でも真剣に取り組んだことが、さらに次の「強運の星」を招き寄せ、時代の風雲児になっていく。学生時代からよく勉強をして検察で法解釈では右に出る者がいないと言われ、身長一六〇センチの小柄な体にファイトを燃やしていた。

日本の法律について国際法の権威である第三代最高裁長官・横田喜三郎《よこたきさぶろう》は言っている。

「法律をどういう風に適用したらいいのか、ピタッと合わない面が出てくるんですよ。今の法律はどれもそのまま書いてないのが多い。そうすると法律の精神からいってどうなのか、立法の趣旨からはどうなるか、法律に細かいことまでキチンと書いてあれば解釈する必要がない。そのまま適用すればいい。そうでないために裁判で争いが起こるんですよ」

吉永祐介

吉永は独創的な法律の新解釈を突き止め、大部分の人を「ウーム、そういう解釈があったか」と説得させる力をもっていた。吉永は、法廷では刑法のほかに意外な法律を駆使し、それで「無罪」などがない。のちの前首相逮捕のロッキード事件の時は、刑法の「贈収賄《ぞうしゅうわい》」罪を念頭におきながら実際の「逮捕」に使ったのは「外為法《がいためほう》（外国為替及び外国貿易管理法）」違反だった。ズバリ「贈収賄」で一網打尽《いちもうだじん》にするのならともかく、犯人側に手の内を見せたくない事情がある時、捜査官は「別件逮捕」を考えるが、吉永が編み出した法律は形だけの「別件」ではなく「本件」の別件だった。

吉永が好きなのは池波正太郎《いけなみしょうたろう》の『鬼平犯科帳《おにへいはんかちょう》』の長谷川平蔵《はせがわへいぞう》である。庶民の生命や財産を守るために闘う姿、「強くなければ生きていけない。優しくなければ生きる価値がない」という考えに魅《ひ》かれるのだろう。

検察は、「向こう傷の閻魔」（河井信太郎）や「遠山《とおやま》の金さん」（伊藤栄樹）、そして「長谷川平蔵」まで加わった、優しさを秘めた強者《つわもの》なのだ。たしかに特捜部が相手にする〝裏街道の紳士〟たちは一筋縄《ひとすじなわ》ではいかないしたたかな紳士ばかりだ。

政財界の裏舞台では、同じ人物が何度も登場して、暗黒面の一端を象徴する。「疑獄《ぎごく》」というものが、独立した「沼」ではなく、それぞれ地下水脈でつながっていることを示している。

だから一人の人物を摘発《てきはつ》することは、他の人物についての情報入手にもつながる。〝枝切り捜査〟という方法があって、木の「幹」の部分の捜査をしている時、「枝」の方にも疑惑があることを発見するが、その時は、枝を切り落とすだけにとどめる。そして「幹」の捜査に専念し、すべてが終わったあと、今度は切り落とした「枝」を「幹」として捜査するやり方で、ある事件を捜査することが、次の事件の跳躍台にもなるのだ。

東京地検が「吹原産業事件」を捜査しているうち「大橋・森脇事件」の端緒《たんしょ》をつかみ、「大橋・森脇事件」の捜査で「田中彰治事件」の疑惑をキャッチした方法で、いわば政財界捜査のダイナマイト方式なのだ。政財界疑惑がそれぞれ独立して見えながら、地下水脈という連動性があることは、その登場人物が証明する。昭和二三年（一九四八）の昭電疑獄からロッキード事件に至るまで、東京地検の冒頭陳述書に名前が出てくる政財界人は、その主なものだけでも二〇人を超える。

児玉誉士夫《こだまよしお》、田中彰治、中曽根康弘《なかそねやすひろ》、森脇将光、小佐野賢治《おさのけんじ》、田中角栄《たなかかくえい》、永田雅一《ながたまさいち》、丹沢善利《たんざわよしとし》、佐野友二《さのともじ》、笹川良一《ささがわりよういち》、河野一郎《こうのいちろう》、岸信介《きしのぶすけ》、芦田均《あしだひとし》、川島正次郎《かわしましようじろう》、佐藤栄作《さとうえいさく》、福田赳夫《ふくだたけお》、池田勇人、黒金泰美《くろがねやすみ》、大野伴睦《おおのばんぼく》、池田正之輔、松野頼三《まつのらいぞう》、稲村左近四郎《いなむらさこんしろう》、佐藤孝行《さとうこうこう》、阿部文男《あべふみお》、稲村利幸《いなむらとしゆき》、中村喜四郎《なかむらきしろう》、金丸信、藤波孝生《ふじなみたかお》……。このなかには逮捕・起訴されずに参考人にとどまった人もいるが、少なくとも疑惑の周辺にいたことだけは間違いない。

河井信太郎のもとで黄金時代を迎えつつあった東京地検特捜部が、このなかでもひそかに狙っている男が三人いた。右翼の巨頭・児玉誉士夫、自民党代議士・田中彰治、貸金業・森脇将光である。いずれも表向きは特捜検察に協力している形をとっているが、その真意が問題なのだ。

特捜検察の幹部（東京地検特捜部副部長）ははっきりと言った。

「政財界の裏で暗躍するA級三悪と呼ばれている男たちがいる。それぞれの手口、キャラクター、犯罪のパターンは異なるが、国家のために放置しておけない。少し下ってB級四悪もいるが、影響力、スケールから言って、まずA級から。しかしいずれも手強《てごわ》い相手であることに変わりはない」

特捜事件は同じ地下水脈の関係が複雑にからみ合うため、ある時は被害者の「善玉」となった者でも、別の事件では、とたんに加害者の「悪玉」に早変わりし、一般社会人の常識では想像できないドラマを描く。東京地検特捜部の長い捜査史で森脇も田中彰治も児玉も小佐野賢治(国際興業社主)もそして田中角栄までもが、初めは「善玉」の役として登場しながら、やがては「悪玉」の烙印《らくいん》を押されて転落への道へ追いやられる。

特捜捜査の難しさは「善」「悪」を明確に区分けする〝きれいごと〟ではすまされないことだ。百戦錬磨《ひゃくせんれんま》の〝裏街道の紳士〟たちと、ある時は妥協し、またある時は被害者になってもらい、混沌《こんとん》とした価値観の間隙《かんげき》を縫いながらやがては、その本人も切り捨てる、という綱渡《つなわた》り的な捜査を強いられる、その神技《かみわざ》のような摘発の冴《さ》えがものをいう。

## 総裁選の実態

昭和四〇年(一九六五)四月、自民党総裁選にからむ奇怪な事件が起きた。自民党総裁選とは日本最高の権力者である総理大臣を決める選挙の意味をもつ。前年七月一〇日、池田勇人が佐藤栄作にわずかな差で勝ち三選を果たしている。この二人は「造船疑獄《ぞうせんぎごく》」の時に吉田内閣の指揮権発動で逮捕を逃れた。「国家有用論《こっかゆうようろん》」者にとっては最もよく指揮権発動が機能したといえるのだろう。

しかし指揮権発動によって政府権力に対する国民の信頼が失われ、ついには内閣が崩壊していることとは別問題である。

四月二三日、池田内閣の官房長官・黒金泰美と一〇年も親交のあった吹原産業（貸ビル業）社長・吹原弘宣という男が逮捕された。三菱銀行の告訴によるものだが、背景は自民党総裁選。三〇億円が動いた形跡があって黒金官房長官の実印も使われた事実に東京地検は緊張した。

この時の総裁選は池田勇人、佐藤栄作、藤山愛一郎《ふじやまあいいちろう》が三つ巴《みつどもえ》になり、一〇億の金が乱れ飛んだ。議員の間では「ニッカ」（金を二俣《ふたまた》かけてもらう）、「サントリー」（三候補からもらう）という地獄絵のような光景が描かれ、池田の懐刀《ふところがたな》である黒金官房長官に照準を合わせた怪文書が流された。

法務省刑事課長の伊藤栄樹が国会で、「東京地検特捜部において捜査中」と答弁して疑獄の様相を深めた。自民党総裁選、ひいては日本の総理大臣選びのことだが、特捜検察が金がらみの〝総裁選の実態〟を解明できるチャンスは現在までに二度あった。そのうちの一回は田中角栄首相につながった「田中金脈事件」であり、もう一回が、この「吹原・森脇事件」なのだ。

東京地検特捜部は〝一国の首相〟にかかわる事件として重視、大疑獄なみの捜査体制をとった。それを東京地検がまとめた資料では次のように淡々《たんたん》と記されている。

「本件については、昭和四〇・四・三、三菱銀行からの告訴を受理し、ただちに捜査に着手、その後検察官三五名により約四ヵ月間にわたり、四一ヵ所の押収捜索を実施（押収した証拠品六九一九点）、関係者約一〇〇〇名の取り調べを行ったもの」

事件は最初から奇怪さを見せた。昭和三九年一〇月一六日、池田内閣の黒金官房長官と親交のあった吹原が三菱銀行長原支店を訪れ、応待した支店長・稲野佐一に「自民党本部の資金三〇億円を預金したい」と切り出したのが発端だ。「宇佐美頭取と黒金長官の話し合いで政治的に六〇億円の融資が決まった。公にはできない話なので宇佐美頭取の腹心がいる長原支店が使われているのだ」と言って吹原は黒金の実印が押してある印鑑証明付きの念書《ねんしょ》や保証書を見せた。そして「一九日中には三〇億円を預金するから」と吹原は額面二〇億円と一〇億円の通知預金証書を持ち去った。

銀行側が話の内容を信じたのは黒金の実印が本物（捜査でも裏付けられた）であって、黒金の名前で巨額な金が動いている実印付きの念書があったからである。

ところが、三菱銀行の稲野支店長が「いつまで待っても自民党本部の資金三〇億円は預金されなかった。そこで三菱銀行は額面三〇億円の通知預金証書が詐取された」と知って、東京地検特捜部へ吹原を告訴したのが事件のあらましである。特捜部は告訴に基づいて昭和四〇年四月二三日、吹原を逮捕し、事件は謎《なぞ》をはらんで大きく展開した。

この詐取された額面総計三〇億円の通知預金証書を吹原は何に使うのだろうか。黒金とは一体どういう関係にあるのか。特捜部が捜査を開始すると貸金業の森脇将光が捜査の協力者として現れた。そして三菱銀行が詐取された額面総計三〇億円の通知預金証書は森脇が持っていた。

森脇は額面三〇億円の通知預金証書ばかりか、実印付きの内閣官房長官・黒金泰美の念書まで持っていた。森脇は捜査に協力する〝善玉〟として東京地検特捜部へ自ら出頭した。吹原とは三年前に地下水脈のつき合いが始まったことを供述したうえで、自民党総裁選にからむ事件の全貌《ぜんぼう》についてほぼ次のように供述した。これは三〇億円通知預金証書詐取については「吹原単独犯」を中心としている。

《吹原単独犯行調書》

「私（森脇）は吹原には多額の金（三年間で五三六億円、その大部分は高利による金利）を貸したが昭和三九年一〇月五日、返済と言って大和銀行京橋《きょうばし》支店振り出しの三〇億円の預金小切手を持って来た。これまでも大和銀行の一〇億円、五億円という預金小切手を持って来て、それは落ちていた。ところが一八日になって吹原が『自民党総裁選挙のため黒金が金を欲しがっている。先日渡した大和銀行の三〇億円の小切手を三菱銀行長原支店に通知預金して欲しい。その代わり三菱銀行の通知預金証書を差しあげる。宇佐美頭取と黒金さんとの間で政治的に六〇億円の融資が決まっているから、その証書で三菱銀行から金をおろすことができる』というから吹原に大和銀行の小切手を渡した。その代わりに吹原から額面三〇億円の三菱銀行の通知預金証書を受け取った。ところが、今年（昭和四〇年）三月、この通知預金を現金化しようとしたら『それは詐取されたものでそれには預金がないからおろせない』と支店長がブルブル震え出した。黒金念書もあるし黒金官房長官の保証書もある。バックに黒金がいるから吹原に貸したんだ。大和銀行の三〇億円の小切手は何に使われたか知るもんか。いまさら預金の裏付けがないから引き出せないとは何ごとか、私は被害者ではないか」

焦点の黒金念書は昭和三九年一〇月二〇日の日付があり、和文タイプで「三菱銀行長原支店に預金した通知預金を本日引き出すとのことでしたが一二月二六日まで、延ばしていただきたい。再度、お願いすることはありません」と記され黒金の署名と実印が押されている。黒金念書の威力はすさまじく、この存在こそがすべてのことに影を落としている。

そして森脇供述とまったく反する「森脇・吹原共謀調書」が存在するのだ。これの供述者はほかならぬ逮捕者・吹原自身なのだ。吹原供述を掲載する。

《森脇・吹原共謀調書》

「私は森脇から多額の借金があります。それが今年（昭和四〇年）四月までの三年足らずの間に五三六億円になりました。その大部分が高金利による利息ですが、森脇は私に返済を迫っていました。ある日、森脇は私をそそのかした。昨年のことです。『自民党総裁選には佐藤栄作が立候補する。池田（政権）としても多額の金がいるだろう。その資金として黒金官房長官に貸すという名目で何回か金を出し入れする。銀行が信用したところで、一挙に多額の金を引き出して、それを私への債務の弁済にせよ』と……。私はやむなく黒金から預かっていた実印を使って念書などを偽造、詐欺を実行した」

これが事実とすれば、森脇は〝被害者〟の捜査協力者から〝加害者〟へと暗転して、自民党総裁選にことよせた森脇・吹原の大芝居《おおしばい》ということになる。森脇の容疑は、黒金念書や保証書を吹原と共謀して偽造。三菱銀行から三〇億円を脅《おど》しとろうとした――となって罪名も有印私文書偽造・同行使、恐喝未遂罪、そのほかにこの種の事件では脱税でも起訴するから重刑となる。「吹原単独犯行調書」とまったく対立する「森脇・吹原共謀調書」――読者の皆さんはどちらを信じますか。

ただ一つ明確なことは、森脇・吹原共謀による大芝居説ならば、政界との関係は、この一点でプツンと切れ、自民党総裁選はまったく関係がなく安泰《あんたい》――の構図になることだ。

もし吹原単独犯行説ならば黒金の影は依然として影響力をもち、吹原が三菱銀行通知預金証書と引き換えに森脇から渡された三〇億円の大和銀行小切手はどうしたのか。果《は》たして黒金に渡され自民党総裁選に使われたのか。巨額な金が乱れ飛んだ日本の首相選び――それとも吹原は昭和の天一坊《てんいちぼう》といわれる大詐欺師にすぎないのか。

それを特捜検察は解明しなければならない立場にあるのだが、東京地検特捜部はそれをとらなかった。「森脇・吹原共謀調書」の方をとったのだ。おどろおどろしい地下水脈のなかで森脇、吹原という二人のワルが仕組んだ大詐欺事件の方に東京地検特捜部は踏み切った。

森脇が逮捕された瞬間、法相・高橋等《たかはしひとし》はまだ捜査が終わらないのに「森脇逮捕で黒金念書は偽造《ぎぞう》であることがはっきりした。この事件は政界と何の関係もないことがわかった」と記者会見まで行った。昭和四〇年五月三一日、捜査終結に向けて東京地検検事正・渡部善信が発表した検事正談話でも「自民党の総裁選挙の資金とは一切関係がない。黒金念書は偽造である」と断定した。

しかし不思議なことに政治権力が「自民党と無関係」と強調すればするほどどこかに抜け道があるような疑いを強めてしまうのだ。「私は三〇億円の大和銀行小切手を盗られた被害者なのに」と唇をかむ森脇。それに、森脇と仕組んだ大詐欺であって、自民党はまったく無関係という証拠は吹原供述だけしかないのだ。

森脇は興亜建設社長・大橋富重と共謀した詐欺事件まで引き出された。京成電鉄振り出しの小切手・約束手形（四一通・額面一八億五〇〇〇万円）を森脇が騙《だま》しとったと起訴され、公判には森脇を有罪にするため右翼の巨頭、児玉誉士夫までが検察側証人として現れた。森脇を社会的に抹殺《まっさつ》する意図が検察側、証人・児玉側に強烈なのだ。

森脇供述では三菱銀行三〇億円通知預金証書問題を解決するためのフィクサーとして児玉が登場、森脇から一〇〇〇万円をもらったことになっており、検察側証人として児玉は法廷に立った。検察官の尋問《じんもん》に答えるうち児玉は突然、爆弾証言をするのだ。

「私は脅された。森脇が住吉《すみよし》一家の大幹部・青田富太郎と前田重松をよこして『証言を変えろ』と脅してきた。こんなことでは真実は述べられない」

昭和四三年（一九六八）七月一〇日のことで、日本のドンといわれている児玉誉士夫が脅されたなどとは信じがたいことだが、児玉はさらに続けた。

「森脇と田中彰治（この時期は起訴され裁判中）が相談して、もし私が証言を変えない場合はこの事件も田中彰治が『東京地検の河井信太郎と児玉が組んでデッチあげた事件だ』という虚偽《きょぎ》事実をマスコミに流すことをしめし合わす一方、河井を尾行して料亭に入る写真をとってスキャンダルに仕立てようとした事実があった」と三時間にわたって証言をした。

森脇と田中彰治が共同戦線を張ったように見えるが、児玉はあくまでも「善玉」の役なのだ。かりに児玉が脅され「証人威迫」が成立すれば森脇の保釈は取り消され、三億三〇〇〇万円の保釈金も没収される危機になるわけで、森脇は身動き一つできなくなる。

児玉を脅した、という住吉一家大幹部・青田と前田はたまたま法廷に来ていて検察側はただちに証人申請。二人の暴力団大幹部は「児玉さんを脅したのは事実です。すいません」と頭を下げた。

すべての事が森脇封殺《ふうさつ》へと動いていく。森脇は悔《くや》しそうな表情を見せたが、この時から保釈取り消しの恐怖のなかに立つことになった。

昭和四六年（一九七一）一二月二〇日、検察はもとより児玉からもガンジガラメにされた森脇は、東京地裁で懲役一二年、罰金四億円、法人としての森脇文庫に罰金五億円の判決を言い渡された。吹原は森脇より軽い懲役一〇年だった。かつては森脇メモで知られるように重要な情報源だった森脇を切り捨てて逮捕したことは、東京地検が〃河井特捜部〃になってから、独自の政・財界裏情報に自信をもってきたことを意味している。

ところが、二審の東京高裁が検察側の組み立てた「森脇・吹原共謀説」を退《しりぞ》けたことが波紋を広げた。判決主文は懲役一二年が一挙に同五年に。自民党総裁選との関連では黒金官房長官が背後にいて、吹原が森脇から入手した三〇億円をどこにやったのかという疑惑がまた復活したのである。しかしこの二審判決は昭和五一年（一九七六）一〇月二二日のことで、池田三選の自民党総裁選は一二年三ヵ月も前のことだから真相は時間の彼方《かなた》に消えたとして捨ててしまってよいのか。東京高裁は判決で次のように認定した。

「森脇は徐々に通知預金証書が、預金の裏付けのないものではないかと思い始めていた。そこで森脇は児玉誉士夫に『自民党池田派に選挙資金を貸し、その返済金が通知預金になっている。もし池田派が使ったならば当然、自民党が払ってくれるべきだ。そこで党と話し合って欲しい』と頼み、現金一〇〇〇万円を渡した。その一方で森脇は三菱銀行に行き三〇億円の通知預金の支払いを請求したが、その通知預金は詐取された、という理由で支払いを拒否され、預金はないものであることを確定的に知った。

そこで森脇は同銀行に対し、『入金がないのになぜ証書を発行したか。これでは預金者は保護されない。黒金の依頼もあって預金したのに支払いに応じないなら民事、刑事両面で訴える。三菱銀行の非を天下に訴え社会的に糾弾する。黒金の念書もある。もし払わないなら政・財を巻き込む戦後最大の事件になる』と脅迫し、額面（三〇億円）相当の金を詐取しようとしたが、拒絶され目的を遂《と》げなかった」

それでも真相はわからない。黒金念書については一審が森脇・吹原共謀偽造、二審は吹原単独偽造と認定した。焦点の黒金官房長官は一審の法廷で次のように証言した。

「吹原は一〇年来の知己《ちき》だが、詐欺の前歴があるとは知らなかった。あの自民党総裁選挙は大勝と思っていたから金はそんなに使っていない。借金は銀行でするが、寄付が集まってから返す方法をとった」

総裁選が大勝などという生《なま》やさしいものでなかったことは何よりもわずかな票差が物語る。日本の最高権力者を決める自民党総裁選挙をめぐる事件でありながら、不透明な部分があまりに多く、この事件だけは実像が定まらない。

その意味では政界の不気味さを垣間《かいま》見せているが、この二審判決が出されたのは、ロッキード事件で田中角栄元首相が、〝総理大臣の汚職〟として逮捕された三ヵ月後のことだった。

「私も憎まれまして、いろいろなところからお調べを受けたことがある。その検事の名前を言ってもいい。警視庁の人の名を言ってもいい」と田中彰治が衆議院決算委員会で開き直った。

昭和四〇年八月一一日、森脇が東京地検特捜部に逮捕されて三ヵ月目のことだ。田中もまた自分の運命が大きく暗転し始めたことを感じたに違いない。田中が言っている。

「しかもどうです。全部デッチあげで、一〇年前に別れた女の家まで行ったり、うちにいた家政婦のところにまで行ったり、いろいろやって、最後に田中彰治をくくる罪は何もないから私と別れた女房を呼び出して、『あんた、まことにすまぬが、ひとつ一週間くらい留置場へ入ってくれないか。そしてあんたが留置場で白状《はくじょう》したということで、よくても悪くても田中彰治を一回ひっくくってみる』。

そしたら女房が『一週間たったら必ず出すということを書け』と言うと、それは書けない。それで大げんかして別れた事実があります。私は毛布持って検事総長の部屋に座り込んで、日本中の新聞記者集まれ、検察庁はこんなことをやっているんだ、と言ってやろうと思ったが、死んだ河野（一郎）さんに、それだけは、と頼まれてやめた。だから私は検察庁のボロを出せ、と言われたら出してもいいですよ。

そんなことはお互いに人間だから、疑惑を受けるような少しくらいのことはあります」

田中は「旧虎ノ門公園跡地払い下げ」を利用した脅迫事件を起こしていた。

## 型破り議員の表と裏

東京地検は次席に昇格した河井信太郎のもとで、捜査主任検事に河井が最も信頼していた栗本六郎副部長をあてた。河井学校の塾頭的な存在。中大法学部卒で河井の後輩にあたるが、一見、外国商社員風で頭の回転が早く、事件の組み立て、見通しに冴えた切れ味を見せる。特捜検事の一気質である勝負度胸、決断を備《そな》え当代一の捜査検事といわれた。副部長になったばかりでその次のランクには、吉永祐介、石黒久暁《いしぐろひさあき》らが続いていた。

田中彰治が、はっきり東京地検に狙われていることを知ったのは半年前である。検事の動きが激しくなって田中は東京・お茶の水の順天堂《じゅんてんどう》大学付属病院に入院した。仕事の手順も病室から指揮をとった。昭和四一年（一九六六）八月三日、大熊昇検事が病院の田中に対し、「四日午前九時、法曹会館の蘭《らん》の間へおいで願いたい」と任意出頭を求めた。宣戦布告だった。

これに対して田中は、「二〇日間の安静を要す」の医師の診断書で応じた。しかし特捜部は強硬だった。五日朝、背広の捜査官たちが病院にまで来た。逮捕状を持っていた。最後の抵抗をする田中に対して法務省は医師まで派遣《はけん》した。その医師が「拘置《こうち》に耐え得る」と診断を下した時、政治家・田中彰治の人生は事実上終わった。「この俺を……」と田中は声を荒らげたが、だれも取り合わなかった。田中は寝巻き姿のまま黒い自動車で検察庁へ連行された。田中は半分、目を閉じていた。

田中は昭和二四年一月の衆院選で新潟から出馬して初当選したが、それは起訴者《きそしゃ》一〇七人という大がかりな選挙違反を引き起こしてのデビューだった。

九州の炭鉱で儲《もう》けた田中は派手に金をばらまき、自分にも買収容疑の逮捕状が出ると潜行を続け、当選すると自首して警察のなかから〝当選第一声〟というバイタリティー。法も道理も無理矢理押し切ってしまう強引さには定評があり、昭和二七年（一九五二）国税庁が脱税容疑で家宅捜索した時、「俺の家を家探《やさが》しする以上覚悟はあるんだろうな」と係官を怒鳴りつけて三人の部下が書類を奪い返し、愛人宅では金庫の封印を破棄《はき》した。選挙違反の裁判は懲役二年六月だったが東京高裁に控訴中に恩赦《おんしゃ》で消えた。

それだけなら〝型破り議員〟の名物男として東京地検特捜部に目をつけられることもなかっただろうが、国政審議の場である衆議院決算委員会を「脅し」の舞台に常用したことが検察には許せない。庶民向けの「権力を追及する正義」の顔、その裏で決算委員の肩書きをフルに使って無法な「金儲《かねもう》け」に専念する顔。

取りあげた問題は「指揮権発動問題」をはじめ、「鉄道会館問題」「日本開発銀行融資問題」「鉄道弘済会問題」「ドミニカ糖問題」「国鉄志免鉱問題」「佐久間ダム問題」などと限りがなく、それも関係者を名指しで問題にするところに恐ろしさがあった。キャッチフレーズもうまく、昭和三四年（一九五九）六月の衆議院決算委員会では、国防会議が主力戦闘機にロッキードを退けグラマンに内定したことについて「ユウレイ飛行機に国民の血税《けつぜい》を使わせるな」といきなり首相・岸信介の証人喚問を要求して凄《すご》みを見せた。

普通、特捜部の捜査は、一つの疑惑を追及していくと、次々と政治家が浮かぶ「追跡型」と、ある特定の人に焦点を合わせ余罪を発掘してがんじがらめに身動きできなくする「包囲型」に大別される。もちろん田中の場合は特異な政治家として知名度が高かったにもかかわらず、二度と檜舞台《ひのきぶたい》に戻れない田中狙いの「包囲型」捜査であった。

その捜査の延長線上には田中の再起不能の結末までが描かれていた。

特に政財界の地下水脈に何度も登場する大映社長・永田雅一をはじめ国際興業会長・小佐野賢治、日本船舶振興会会長・笹川良一、右翼の巨頭・児玉誉士夫、元蔵相・田中角栄（のち首相）らが、こぞって検察捜査側に回ったことが決定的だった。これら錚々《そうそう》たる人々を被害者にしてしまうほど田中彰治は恐ろしかった。〃正義の味方〃役に扮《ふん》して田中は決めつけた。

「あまりにも国有財産を粗末《そまつ》にしすぎる。大蔵省は精神がマヒしている。予算をもらわなきゃなんないから大蔵省に頭を下げる。俺たちは何をやってもたいていのことは通ると考えるが、とんでもないことだ。許すべきではない。やらにゃいかんでしょう。今この土地（注・虎ノ門公園跡地）を払い下げた、この会社が一ヵ月もたたんうちに、ずばっとよそに売っちゃって、そして払い下げを受けた代金だけは持って来て、その差額は七億円。脱税をしている。これは大変なことですよ。一方では税金を払えなくて夜逃げする人だっているんだ。政治はなかなか正せないが、やはり権力を正さねばならん」（昭和三九年二月六日衆院決算委議事録）

田中彰治が取りあげた「虎ノ門公園跡地事件」とは何か。「田中彰治狙い」の性格から東京地検特捜部は田中彰治を〃悪玉〃にし、田中角栄や小佐野賢治を〃善玉〃にしたてあげたが、ひいては田中角栄の金脈問題につながるミステリアスな事件である。

## 田中金脈の原型

池田内閣の蔵相・田中角栄の時に、東京都千代田区霞が関三丁目七番地という一等地にあった「旧虎ノ門公園跡地」の国有地（三七〇〇万平方メートル）を一五年間も賃借していたニューエンパイヤモーターという会社に、大蔵省（現・財務省）が一一億二四九八万四八〇〇円で払い下げの決定をしたのは昭和三八年（一九六三）一〇月一日のことだった。

五年間譲渡禁止、違反した場合はただちに契約解除の条件がついていた。問題はニューエンパイヤモーターという会社が田中角栄の刎頸《ふんけい》の友《とも》・小佐野賢治の全株所有だったことである。

情勢の推移をみると、この会社は土地を所有したまま翌年五月には朝日土地興業に吸収合併された。朝日土地興業は武州《ぶしゅう》鉄道事件で逮捕された丹沢善利（船橋ヘルスセンター社長）が代表取締役、重役は菊池寛実《きくちひろみ》（高萩炭鉱社長）ら武州鉄道事件連座組のほか、川崎千春《かわさきちはる》（京成電鉄社長）、江戸英雄《えどひでお》（三井不動産社長）らが名を連《つら》ねていた。

この朝日土地興業は丸紅から一〇億円を借りた担保として、この土地をあて、丸紅側は同年一二月一日に所有権移転仮登記をし八日後には、この土地に地上九階、地下二階のビル建築の許可申請を千代田区役所に出している。「譲渡禁止」の条件など一顧《いっこ》だにされずに、わずか一年の間にこれだけのことが行われ、小佐野は七億円の利益を上げたといわれる。

こんな離《はな》れ技《わざ》ができたのは蔵相・田中角栄の威力《いりょく》の前に「五年間譲渡禁止」の条件が踏みに

じられても、顔色をうかがうばかりで、大蔵省官僚に一人として骨のある者がいなかったことを物語る。その田中角栄と小佐野賢治の関係について東京地検特捜部は冒頭陳述書で次のように記している。

「小佐野は戦前、自動車部品販売の第一商会からスタートし、現在は資本金六億五〇〇〇万円の全株を持つ国際興業会長であるが、田中角栄とは昭和二一年（一九四六）ごろ（元広島控訴院検事長・正木亮《まさきあきら》弁護士の紹介で）親交を結び、昭和三九年に田中角栄が全株を所有の日本電建が赤字経営になると、田中に頼まれ全株を国際興業で譲り受けるほどの間柄であった」

国有財産についての蔵相・田中角栄による小佐野系企業への払い下げ、さらに五年間譲渡禁止の条件に違反していながら大蔵省が黙認《もくにん》した田中―小佐野の陰謀《いんぼう》について、最初に取りあげたのは参院公明党の二宮文造《にのみやぶんぞう》だった。

田中角栄

それをジーッと聞いていた田中彰治が「おかしいじゃありませんか」と彼一流の宣戦布告を始めるのだ。大蔵省側の答弁は苦しかった。

法務省刑事課長になっていた伊藤栄樹も「かりに丸紅側に土地の所有権が移っていても、それは譲渡ではなく担保流れと考えている」となんとか現状に合わせようとして、田中彰治に「何を言ってるんだ。法律違反している奴なんかかばうことはない」と一喝《いっかつ》され、しばしば答弁に詰まった。

だれの目にも大蔵省に理がないことは明らかで、田中角栄―小佐野に疑惑が集中して、それを追及する田中彰治は颯爽《さっそう》として見えたが、地下水脈に戻ると、およそ〝正義の味方〟とは想像できない田中彰治に変身する。東京地検特捜部の冒頭陳述書で再現すると、もう一人の田中彰治が恐ろしい顔で出没している。

東京・目白《めじろ》の田中角栄邸に田中彰治が現れた。彼の選挙区は新潟四区だが、田中角栄は隣の新潟三区。彰治が切り出した。

「この佐伯建設の手形（額面五〇〇〇万円）を割り引いてくれるところを紹介してくれんかね」

衆議院決算委員会のことがあるからすげない態度はとれない。田中角栄は大和銀行の重役に電話を入れ、紹介の労をとるが、しばらくすると、田中彰治は、こんどは額面一〇〇〇万円の手形三通を持って再び目白へやって来た。

「これも割り引いてもらえんかね」

相手の弱みを握ったら、とことん食いついて離れないのが彰治のやり方だ。田中角栄はしかたなく小佐野に手形の割引を頼むが、その時、田中角栄は「彰治はうるさい奴だから適当にやってもらいたい」と小佐野に国有財産払い下げ問題を追及されたくない意向を暗に示したので、それを汲《く》んで応じたのだった。

だが田中彰治の小佐野に対する手形割引の要請は執拗《しつよう》を極めた。田中の友人振り出しの手形や、ついには田中が自ら経営する富士土地振り出しの額面一億円の融通手形まで持ち込んで来た。しかも支払いの期日が到来しても田中彰治は一向に支払おうとせず、逆に支払い期日の半年延期を強要したりした。

小佐野は三和銀行から手形割引残高を減少させるよう強く求められており、国際興業自体の資金繰りが苦しくなってきたが、断ったりすると田中彰治は烈火のように怒鳴り立てた。昭和四〇年七月二三日、困り果てた小佐野は右翼の巨頭・児玉誉士夫に国際興業本社の応接室に来てもらった。

その隣室では田中彰治が参議院決算委員会の議事録を振りかざして小佐野を脅していた。そのころ合いを見て、児玉が現れ、その威光で解決するという計画だったが、それもできないほどの激しさだった。その議事録には二宮文造の質問が掲載されていたのだが、田中彰治の剣幕《けんまく》はすさまじかった。

小佐野賢治

「参議院では二宮議員が問題にしている。俺も衆議院の決算委員長だ。やる気ならどんなこともできる。俺の考え一つでまた問題にして国有地払い下げを取り消すこともできる。俺の言う通り、手形の支払い期日を延期するなら損はない」

それでも小佐野が「ずいぶん協力しましたから」と頑張ると田中彰治は怒って引きあげ、小佐野は「もう来ないだろう」と胸をなで下ろした。それが大変な誤算だった。

田中彰治の息子たちが現れた。「俺が言うことは親父《おやじ》が言っていると思ってよく聞いてもらいたい。もし手形書き換えに応じなければ、〝これらのこと〟を衆議院決算委員会でばらす」

そして〝これらのこと〟を知った小佐野は顔色を失った。さらに東京地検特捜部の冒頭陳述書によると――

①大阪府・光明ケ池《こうみょうがいけ》土地問題

昭和三八年四月ごろ、田中角栄が全株を持っている日本電建は大阪府光明ケ池の沼地一一八万平方メートルを日本住宅公団に売ることにしたが、田中は当時、大蔵大臣であり、直接売るのは怪《あや》しまれるとして日本電建→興亜建設（社長・大橋富重は東京地検が逮捕）→東洋綿花と転売し、最終的には公団が一四億円で買い取った。この売買では田中は転売の過程で、公団に対し売り値をつりあげて多額の利益をあげ、その裏で小佐野が動いた、という噂《うわさ》がある。

②新潟県・鳥屋野潟《とやのがた》問題

昭和三六年（一九六一）九月ごろ日本電建は新潟県鳥屋野潟地区の土地八四万八〇〇〇平方メートルを房総観光から一億一二万円で買い、これを昭和三八年一二月田中角栄が関係している新星企業に一億三〇〇〇万円で売った。

そこは埋め立て予定地で、埋め立てに関する補助金を国から支出させるよう田中角栄らが暗躍し、約一〇億円ぐらいの補助金を支出させたとの噂があって「田中角栄が大蔵大臣の地位を利用して自分の関係会社に不当に利得させたのではないか」と新潟県議会で問題になった。

③新潟県蓮潟地区問題

昭和三六年九月ごろ日本電建は新潟県蓮潟地区の土地一三万二〇〇〇平方メートルを九一二万円で買い、翌年七月ごろ新潟市に一一万五〇〇〇平方メートルを一億八七〇〇万円で売った。また新潟県にも一万六〇〇〇平方メートルを売ったが、この売買で、田中角栄らが運動して新潟市に対し四億円以上の平衡交付金を交付させた、という噂がある。

——のちに評論家の立花隆《たちばなたかし》が明るみに出した田中金脈のおぼろげな原型が顔を覗《のぞ》かせているが、田中彰治の息子からこんなことを申し渡された小佐野は、すっかり闘う気をなくした。小佐野への攻撃のように見えながら田中角栄への脅迫だった。何が相手の弱みであるかを海千山千の田中彰治は知っていたのである。

この事件で最も基礎になるのは旧虎ノ門公園跡地の払い下げを受ける際、五年間譲渡禁止の条件があったのに、それを無視した田中―小佐野の〝悪役〟ぶりである。しかしその後の田中彰治の行動はそれを越える〝悪役〟であり、これを〝善役〟の市民から見れば、「悪」と「悪」の闘いに見えるだろうが、東京地検特捜部の意図が〝田中彰治狙い〟にある以上、東京地検冒頭陳述書は、田中角栄、小佐野賢治を歯の浮くような〝善役〟にせざるを得ない。

検察の冒頭陳述書は、検察が証拠で立証する事実を書くのだから野武士《のぶし》型の多い特捜検察にとっては、さぞ面映《おもはゆ》いものがあったことだろう。

東京地検特捜部の冒頭陳述書は小佐野の気持ちを「小佐野は、やましいことはない、と考えたが、田中彰治はささいなことでも決算委員会にもち出し、関係者を喚問することを知っており、実情を知らない世間から誤解を招き、政治家として将来性のある田中角栄が傷ついたり、国際興業の信用にもかかわることを恐れた。また小佐野は旧虎ノ門公園跡地問題が、決算委員会で契約違反とされ、払い下げそのものが解除される可能性なども考えて、田中彰治の要求に屈するほかはない、と判断した」とも表現をしている。

田中彰治は、この「旧虎ノ門公園跡地事件」のほかにも、犯罪をいくつも犯しており、特捜検察にジリジリと追い詰められていく。初めて特捜部へ人事異動になった青年検事・吉永祐介の特捜人生と田中彰治の「旧虎ノ門公園跡地事件」のスタートがほぼ同じ「昭和三九年」であることが目を引く。昭和三九年は、東京オリンピックが開催され、日本が世界に対し経済大国の基礎ができたと宣言した年である。

田中彰治の逮捕容疑は「旧虎ノ門公園跡地事件」（恐喝罪）をはじめ、「深谷工業団地事件」（詐欺罪）、「二重担保事件」（詐欺・背任罪）、「岡本町事件」（詐欺未遂・偽証罪）、「丸善石油事件」（恐喝罪）、「大阪拘置所移転用地事件」（恐喝未遂・偽証罪）、「脱税」（所得税法違反）――とあり、これら政治家にはおよそ似つかわしくない罪名が彼の「業務」の内容だった。

田中彰治は逮捕後病監に収容されたが、食事を拒否してハンストを続け、「国会が解散になれば獄中から立候補する」「検察には必ず復讐《ふくしゆう》する」と息巻《いきま》いた。北は日本海、南は妙高《みようこう》高原、その間に広がる農村地帯が彼の選挙区だが、支持層は農民、出かせぎ者、商店主が多く、無学歴に対する親近感とともに、「面倒をよくみる代議士」「太っ腹な実行力に富んだ先生」だった。

だが、逮捕された翌月には急に意気をなくして衆院議員を辞職して「今後は病気の治療に専念し公判を休まないよう考えております」と心境を漏《も》らした。

あのブルドーザーのような迫力をもった田中彰治はどこへいったのか。私は田中彰治を弁護した弁護士・高橋英吉《たかはしえいきち》（衆院議員）に聞いたことがある。「あ、その謎か」と高橋は言った。

「彼は相手が強い時はもっと強くなる。あの時『田中やめろ！』の声が日本中で沸《わ》き起こった。そのくらいのことに負けるような男じゃない。問題はあのオシャモジだよ。つまりね、主婦連のおばさんたちがオシャモジを持って拘置所へ押しかける、ということは新聞の記事かなんかで知ったんだな。あのオシャモジになぜか恐怖を感じるんだなあ。人ってだれでもわからないことがあるもんだよ。あの謎はそのままにしておいていいのではないか」

追起訴のなかに「脱税」があった。田中彰治の課税所得額は四億一〇三七万二八〇〇円。これに対する脱税額は二億七七九四万六〇〇〇円、重加算税九六四八万円、田中彰治が払うべき税金総額は三億七五〇〇万円にのぼり、財産が次々差し押さえられたばかりか、一〇年以上国会議員を務めた者に支給される年金（田中の場合、月額九万一二〇〇円）まで差し押さえ処分という徹底ぶりだった。社会的地位の失墜ばかりか経済的に再起できないほど一挙に力を喪失《そうしつ》した。

検察中枢《ちゆうすう》を握った馬場―河井の造船疑獄コンビは、一〇年以上も前、指揮権発動の審議で国会の満座のなかで田中彰治から「卑怯者《ひきようもの》」と怒鳴《どな》られた屈辱を晴らしたことになる。

## 社会党のワイロ疑惑

河井の特捜検察が田中彰治に集中砲火を浴びせて殲滅《せんめつ》させたのは、昭和四一年夏の盛りのころだった。だが秋口には特捜部は、もう「共和製糖事件」の内偵《ないてい》に入っていた。

この事件は、もともと社会党主導の事件だった。東京地検特捜部が田中彰治事件を内偵中でまだ表面化していない段階の同年二月二三日参議院決算委員会で社会党の相沢重明議員が共和製糖の経理疑惑を初めて取りあげた。

「社長の菅貞人さんは実に腕のいい立派な人で日本の精糖業界のために非常に貢献した人であるが、しかし借金も上手だった。もし一銭も税金を納めておらないような会社に、国の金が貸されておったら一体どういうことになるのか。法律の盲点、金融界の盲点を巧《たく》みに利用した、ということになって……。資料はたくさんありますよ。しかし、わからないから調べてください」

相沢は国労副委員長、総評副議長の闘士のはずだが、奇妙な印象だけが残った。共和製糖社長・菅貞人を持ちあげるようでありながら、後半は非難めいたことを言って国会の論戦では首《しゆ》尾一貫《びいつかん》していないからだ。それから半年余り、秋の国会を迎えると田中彰治事件の捜査も終わって、東京地検特捜部の前に現れた共和製糖という会社は何とも奇怪に映った。その疑惑に社会党の大森創造《おおもりそうぞう》、公明党の二宮文造参院議員が火をつけた。その火は燎原《りょうげん》の火のように燃え広がった。共和製糖に内部告発者が出たためで社会党は勢いにのって一一月一日には東京地検に告発した。

共和製糖事件というのは、昭和三八年（一九六三）八月の粗糖《そとう》輸入の自由化で砂糖の価格が暴落《ぼうらく》。その衝撃を受けた国内のブドウ糖の価格が低落した。そのブドウ糖業界を育成、強化するため政府が行った政策融資につけ込んだ大詐欺事件である。

ブドウ糖業界は低価格を脱しようと「甘味資源特別法」「糖価安定法」を成立させ、政府はブドウ糖を甘味食品用に指定、工場設備拡張などを推進した。農林中央金庫、農林漁業開発公庫、日本開発銀行の政府系金融機関が政策融資の窓口となったが、業界大手の共和製糖は融資総額七三億六〇〇〇万円のうち、一三億五〇〇〇万円を詐取、ブドウ糖振興などとおよそ無関係の不動産購入にあてていた。

東京地検特捜部は昭和四一年暮れの一二月八日、東京・日本橋の共和製糖本社をはじめ宮崎県の甘味コンビナートなど四〇ヵ所を一斉捜索。翌年二月八日には社長・菅貞人をはじめ共和グループの農林開発興業社長・高橋喜寿丸（自民党代議士・重政誠之《しげまさせいし》の元秘書）ら七人を逮捕した。

戦後、短時日に急成長を遂げた企業の謎の一つには、有力政治家に食い込んで権力を利用して企業規模を拡大したことがあげられるが、共和製糖はまさしくその典型であった。社長の菅は旧満州国《まんしゆうこく》の国籍だったが、昭和三四年日本に帰化《きか》し不動産業などを経《へ》て精糖業界へ入った。大企業の少ない業界では型破りで、業界の協調を無視する共和製糖はデビューの時から警戒の目で迎えられた。

その菅貞人が政府系の農林中央金庫などに食い込めたのも終戦時の農林次官（官僚）で、のち農相になる重政誠之に莫大な献金をして親交を結んだことが決定的だった。農林関係では「重政派あって反重政派なし」と言われたほどの大物で、次の辞令を見ていただきたい。

「昭和一九年二月二五日付、農商務省　▽任事務次官（総務局長）重政誠之　▽任総務局長（大臣官房秘書課長）楠見《くすみ》義男《よしお》」

これから二〇年もたって共和製糖のバックに控える衆院議員・重政誠之と農林中金理事長・楠見義男とくれば、共和製糖への融資はかなり怪しいものであったことがわかる。重政は昭電《しようでん》疑獄《ぎごく》で有罪が確定している。共和製糖など共和グループの経理はずさんで借入金を転がしてかろうじて倒産を免《まぬか》れている状態だった。東京地検の冒頭陳述書によると、融資詐欺直前の昭和三九年には借入金合計三六億二〇〇〇万円、累積赤字一四億六〇〇〇万円、担保は不動産鑑定書を偽造したという。

二人の政治家が浮かんだ。

「重政と相沢。自民党に社会党か」と捜査主任の栗本六郎特捜部副部長は呟《つぶや》いた。農林中金から共和製糖など共和グループへの巨額融資に見合う時期に、共和製糖側が行った政治献金（昭和三七年から同四一年）は一億二八二三万円。そのうち四五三八万円を重政が占めた。重政への政治献金は、普遍的に長期にわたっており、どれが「ワイロ」で、どれが「政治献金」か見極めるのが困難という難問にぶち当たった。

この事件の冒頭の光景で社会党参院議員・相沢重明が「菅さんは実に腕のいい立派な人。しかし税金を払っていない」と奇異な質問をしていることに特捜副部長栗本にはピンとくるものがあった。

あの歯切れの悪さは金を握らされたからではないか。国労副委員長にもなった鉄路の男がワイロに走らないという保証はない。あの首尾一貫しない二月下旬の国会質問そのものがブドウ糖業界の反共和製糖グループから五〇万円と資料を渡され相沢が国会に立ったものだった。社会党のワイロ疑惑は初めてのことだった。日本ぶどう糖工業会会長で贈賄罪で起訴された川本福次が悔しそうに言っている。

「共和製糖はひどい。それを支持する政治家がいるんだから……。私ら業界各社も、圧迫するような共和製糖側のやり方をなんとか防ごうと陳情などあらゆる手段を尽くしたが、共和側の政治力に圧倒されて万策《ばんさく》尽きた。世論に訴える以外ないと考え相沢議員に頼んだが完全に裏切られた」

さらに驚くべきことは、相沢は共和製糖側からもワイロを受け取る二股《ふたまた》だったのだ。奇異な相沢質問があった後の四月上旬ごろ議員会館の相沢の自室に共和製糖の菅らが訪れた。

「参議院決算委員会での共和製糖グループへの追及をおさえてもらえませんか。質問を緩和して欲しいのです。これはささいなものですが……」

菅らはそう言って一〇〇万円を差し出した。火をつけたのも消す方に回ったのも、金の力であった。二六年間、鉄路の轟音《ごうおん》とともに生き、大衆のために尽くす〝叩きあげの活動家〟と信じられてきた男が金に目がくらんで欲のおもむくままにダブル収賄の腐臭のなかに身を置くことになろうとは――。

相沢はダブル収賄で起訴されたが、重政はどうなったか。特捜部では苦労して事件を何度も政治献金をワイロとして組み立ててみたが、政治献金が恒常的に行われていた金の流れのなかでは、どの金がワイロであるかは立証できなかった。大魚は逃げたのである。社会党主導で始まった事件は皮肉にも汚職のフィナーレも社会党だった。政策・立法をめぐる壮大な疑獄は影をひそめ、政界汚職も国会発言をめぐる贈収賄に絞られるようになった。「国家有用論」も出番を完全に失った。

「大魚は逃げたと言うが、明治時代にできた刑法やザル法の政治資金規正法で、現代の汚職をやれといわれても限度がある。もっといい武器をくれれば、もっと違った展開になったはずです」と東京地検次席・河井信太郎は言った。

## 西の鬼検事

「三怪人」のうち森脇将光と田中彰治は再起不能となりかねない摘発を受けたが、日本のドン、児玉誉士夫だけはなかなかシッポをつかませなかった。

「これで日本最強の捜査機関といえるだろうか」と私が首をかしげ始めた時、西の方から荒武者にも似た特捜検察が進軍を始めていた。昭和三二年（一九五七）四月にできたばかりの大阪地検特捜部。大魚を逃がした東京のモヤモヤを吹っ飛ばすほど意気が高かった。

大阪地検特捜部は検事一五人と、東京地検特捜部の半数程度のスケールで、政治家逮捕の経験もなかったが、西の鬼検事の異名を持つ部長・別所汪太《べっしょおうた》郎《ろう》の指揮のもとで液化石油ガスのからむ大阪タクシー業界疑惑のなかに、怪しい二人の政治家の姿を照準に捕《と》らえていたからだ。

〝西の鬼検事〟とは東の鬼検事・河井信太郎と対比して言ったものだが、別所もまた厳しい取り調べには定評があった。「検事にとって取調室は武士の戦場であり、取り調べそのものは真剣勝負なのだ」というのが別所の口ぐせだったが、大正七年（一九一八）一一月一日、滋賀県生まれ。京大法学部を卒業するが、高文司法科試験に合格していたため、河井信太郎と同じように海軍主計将校となり主計大尉。司法官試補として任官したのが戦後の昭和二一年二月、翌年には京都地検検事になっている。

別所汪太郎

別所の人生航路をたどると、京都を振り出しに大阪、東京、大阪と歩いて大阪地検特捜部長、京都地検次席、広島高検次席、高知地検検事正、最高検検事、広島地検検事正、神戸地検検事正、ここから天皇の認証官である高松高検検事長、大阪高検検事長。ほとんどの任地が西日本であり、西のエースだったことがわかる。

そのなかで最高検検事や東京地検検事として首都の空気を吸っているが、もっと詳細に言えば東京地検のこの二年間は特捜部検事として政界事件に取り組んでいたのだ。そして「東」「西」の鬼検事同士が政界捜査をするものと期待されたが、別所が東京地検特捜部に在籍したのは昭和三三年（一九五八）三月から二年間であり、この時期、河井信太郎は法務省刑事課長として検察庁を離れていた。

馬場が法務事務次官、岸本が東京高検検事長にいて「売春汚職」捜査直後、両者が最後の対決を迎えようとしている時期だった。河井も法務省刑事課長となっていた。しかし第一線の特捜部は相変わらずの活気を見せていた。別所の凄さは、警視庁から送検されていた田中栄一《たなかえいいち》（前警視総監）派選挙違反事件を主任検事として再捜査、背後にいた参院議員を起訴したことだ。

大阪地検特捜部は、この一年前にできたばかりで水道汚職など活発な捜査をしていたが、別所の使命にはもう一つの決意が込められていたはずである。東京地検特捜部の政界捜査の経験を大阪でも生かして、一刻も早く一流の特捜部をつくる決意があったはずである。

田中栄一派違反事件というのは、別所が着任三ヵ月後に行なわれた衆院選（昭和三三年五月）

で自民党公認の田中が当選した選挙で起きた。

投票前に日本議会新聞という庁内紙的新聞が「田中栄一氏が東京一区で立候補」という号外一〇万部をヘリコプターでまいたことが、公職選挙法で禁じた「規格外文書」頒布《はんぷ》にあたる、と警視庁が現場社員を書類送検したことから重要事件になった。

担当になった別所が現場社員の供述調書に疑問をもったからだ。「号外をまく手配はできているんだろうな、と重役からの確認電話があった」という供述がわずか二行だがあったのである。別所は「社員は送検されているのに重役はどうしたのか」と怒って、ここから西の鬼検事の捜査が始まる。

現場社員だけではなく重役、社長と逮捕者はのびて、ついに背後の男として自民党の参院議員・安井謙（のち参院議長）を逮捕する事態になった。安井は二回にわたって五五万円を日本議会新聞側に渡しており、「公職選挙法の買収にあたる」というのが別所の見解で、社長、重役ら三人を被買収と法定外文書頒布で起訴した。

初陣《ういじん》で大物参院議員をしとめた別所の名は一躍注目を集めた。西の鬼検事の地位が確固としたように見えたが、世の中はわからない。「ヘリコプター選挙違反事件」は東京地裁の横川敏雄《よこがわとしお》裁判長の担当になったが、昭和三五年（一九六〇）一月二〇日の判決では、ヘリコプターによる法定外文書頒布の有罪は動かなかったが、大物参院議員・安井の買収は「無罪」になってしまうのだ。

リベラルな裁判で知られる横川の判決は「日本議会新聞の号外は公選法に定められている報道、評論の自由の範囲である。議員が社長らに渡した金は賛助金《さんじょきん》である」と認定したが、事実関係に変わりはなく「日本議会新聞の性格をどうみるか」の一点で、検察側とリベラル横川の対立は際立《きわだ》ってしまうのだ。検察側は一審判決を不服として控訴したが、東京高裁裁判長・下田三郎（のち最高裁判事）も同年一〇月三一日一審判決を支持して控訴を棄却、別所の初の政界事件は終わった。

裁判で敗れはしたものの、法律の解釈の違いであり、「大阪に凄腕《すごうで》の特捜検事別所オウタロウあり」という評価は揺るがなかった。

初の政界事件から一〇年、大阪地検特捜部長になっていた別所は大阪タクシー疑惑のなかに浮かんだ二人の政治家を見て一世一代の勝負と思ったであろう。

「昨日の出来事のように鮮明に頭のなかに残っています」と大阪読売新聞の「鬼検事覚書」のなかで別所は次のように言っている。

「国会審議の法案にからんで国会議員を収賄罪で逮捕したのは関谷（勝利）代議士のケースが戦後、大阪では初めてでした。一時はいろいろ困難なことがありました。新聞のキャンペーンや力強い世論に励まされながら思う存分捜査しました」

別所特捜部長のもと、捜査主任検事には東京地検特捜部の経験もあるベテラン・河田日出男がなった。第一線の捜査陣にはいずれも京大卒の堀田力《ほったつとむ》（のち法務省官房長で退官、現・さわやか福祉財団理事長)、根来泰周《ねごろやすちか》(のち東京高検検事長で退官、現・公正取引委員会委員長)、土肥孝治《どひたかはる》(のち検事総長)らユニークな検事が揃《そろ》っていた。

堀田はのちに東京地検特捜部副部長になって、ロッキード事件の田中角栄元首相を法廷で有罪に追い込んだ緻密《ちみつ》な立証を展開したし、根来と土肥は年齢が一つしか違わず親友の間柄といわれ、根来は法務省、土肥は西を中心とした検察現場に依拠《いきょ》し、自分の信ずる法務・検察像を追ってきた。

大阪のタクシー疑惑の発端は真夏の七月、タクシーの冷房料金を客からとるという大阪陸運局の認可に市民が怒ったからだ。映画館や喫茶店はサービスとして冷房を入れているのにタクシーだけは二〇パーセントの冷房料金をとることを許すというのは、業界から大阪陸運局へ金が流れているからではないのか。

内偵を開始した大阪地検特捜部がつかんだのは、液化石油ガス税疑惑であり、これが大阪タクシー汚職事件へと発展するのだ。冷房料金問題は、市民の怒りと大阪地検特捜部の動きにあって、タクシー業界がついに冷房料金申請の取り下げを決めるが、液化石油ガス税問題は撤退できる限度をはるかに超えていた。

これまでは無税だった液化石油ガスについて大蔵省は昭和四〇年度から一トン当たり二万六〇〇〇円の税金をかけることを骨子とした液化石油ガス税法案を国会に提出。大阪タクシー協会が猛烈な反対運動を展開するなど重要な政治問題になった。結論から言うと課税額は大幅に減額され、一トン当たり一万七五〇〇円の課税。昭和四一年一月実施——で決着するが、液化石油ガス税問題で大阪タクシー業界が使った額は一億円を超える、といわれた。

もしかりに課税額が当初の大蔵省方針通りならば一〇〇億円の増収になり、汚職の経済学から言えばタクシー業界は一億円で一〇〇億円の価値あるものを入手したということができる。激しい運動の過程で、やはり政治家が黒い霧のなかで浮かびあがってきた。

愛媛県を選挙区とする衆院議員・関谷勝利と、前回の選挙で落選中の元衆院議員・寿原正一——いずれも自民党の政治家だが、特に関谷は造船疑獄でも逮捕され懲役一年執行猶予二年、追徴金二五万円の最高裁の確定判決を昭和三八年一〇月二九日に受けている。

この日から二年先の昭和四〇年一〇月二八日までは「執行猶予」期間中だが、こんどの液化石油ガス法汚職に関谷が手を染めたのは昭和四〇年八月のことだから「執行猶予」中でもまったく反省していないことになる。

別所特捜部長に率《ひき》いられた特捜軍団は八月二二日、大阪タクシー協会会長・多嶋太郎に対し強制捜査に踏み切り、同協会本部と自宅などの一斉捜索を行った。一六日には京都相互タクシー社長・多田清《ただきよし》の自宅や同本社を捜索。続いて翌日には神戸相互タクシー重役の自宅などジワリジワリと捜索箇所を増やしていった。特捜部は業界きっての実力者・多嶋太郎宅で押収した膨大《ぼうだい》な証拠を重視していたが、そのなかに事件の全容を記した「多嶋日記」(全三〇冊)があって特捜部は緊張を高めた。

関谷、寿原のほかに大阪タクシー協会は自民、社会、民社の国会議員一〇人に政治献金を続け昭和四〇年六月の参院選でこれら三党に七〇〇〇万円を献金した事実が「多嶋日記」には淡淡と記されていた。特捜部はさらに脇《わき》を固め姿勢を低くして「政治家逮捕」のターゲットに向かって進んでいった。

その渦中《かちゅう》に検事総長・馬場義続の定年退官がやってきた。昭和四二年（一九六七）一一月一日。大阪タクシー汚職事件の捜査がしぶきをあげ、東京地検特捜部も政治家登場の「日通事件」の内偵を開始していた。腐敗政治家を摘発する特捜検察のために半生をかけた馬場にとってみれば、現場特捜からのまたとない贈り物に映ったことだろう。

## 大阪地検特捜部の捜査

「東」「西」が呼応するような複数の政治家汚職事件捜査は、まさに「特捜検察の黄金時代」と言えた。そのなかでも大阪地検特捜部の登場が際立つ。「日通事件」の総指揮は東京地検次席・河井信太郎がとっているから「西の鬼検事」別所と「東の鬼検事」河井が政治の壁に総力をあげることになる。馬場の後任検事総長は東京高検検事長から昇格した井本台吉《いもとだいきち》である。ともに東大法学部卒で、任官も同じ昭和三年（一九二八）。井本は戦前、思想検察の道一筋《ひとすじ》に歩んだエリートで、戦後の追放がなければ経済検察専門の馬場より早く検事総長になるのではないか、と言われた逸材である。

「しっかり頼むよ」と馬場は言った。

「いやあ、あなたの助力がないと」と井本はやわらかく言って馬場の手をかたく握った。

「検察には限度があって、検察だけで政治や社会がよくなるものではない。結束して国民の自覚をプッシュしなければ」

馬場の言葉に井本はうなずき、傍目《はため》には、なごやかな光景だった。井本は、太平洋戦争さなかの昭和一七年（一九四二）、司法省思想課長（正式には第六課長）だったことがたたって、敗戦とともに公職追放された前歴がある。

追放解除になって弁護士になり、「昭電疑獄」で逮捕された同郷の大蔵省主計局長・福田赳夫（のち首相）の弁護に当たり「無罪」の判決を引き出しているから弁護士としても有能だった。飄々《ひょうひょう》とした人柄で、座談の名手だ。

検察には法務省刑事局長として復活、最高検公安部長を経て天皇の認証官の高検検事長に躍進し、札幌、福岡、大阪の検事長を歴任。馬場が検事総長になった時はナンバーツーの東京高検検事長にまで追いついていたのだから、指揮官としても傑出した検察官だったことは間違いない。

井本は大阪地検特捜部が総力をあげている「大阪タクシー汚職事件」に強い関心をもっていた。東京地検特捜部が内偵している「日通事件」はまだ表面化しておらず、政治家逮捕に発展しそうな事件は「大阪タクシー汚職事件」だけだったからである。もし、そういう方向で事件が進むとすれば井本検察下における初の政界事件ということになる。

井本が検事総長になって三週間ほどの昭和四二年一一月二二日、最高検は「大阪タクシー汚職事件」に関する検察首脳会議を招集した。大阪地検、高検の情勢報告に基づくものだが、最高検で開かれた首脳会議には井本検事総長をはじめ最高検から渡部善信次長、津田実刑事部長、片岡平太担当検事、大阪からは門司《もんじ》恵行《しげゆき》大阪高検次席、天野《あまの》武一《ぶいち》大阪地検検事正、別所汪太郎大阪地検特捜部長、オブザーバーとして石原一彦《いしはらかずひこ》法務省刑事局長が顔を揃えた。

当時の新聞には「一線の検察幹部があらゆる困難と戦って糾明《きゅうめい》した捜査内容を〝いつまでかかっても聞こう〟という井本検事総長らの思いやりが、そのまま天野検事正らに脈々と伝わり、別所特捜部長は冒頭、約二時間にわたって捜査経過を報告した」という表現があるので、井本が大阪地検特捜部の捜査に〝好意〟をもっていたことがわかる。焦点は、関谷勝利、寿原正一の二政治家の逮捕であったが、別所は、「二人はそれぞれ一〇〇万円を渡されたことが『多嶋日記』などの物証、また多くの参考人の供述で突き止められている」と強調、天野検事正も〝別所発言〟を肯定する論陣を張った。

その結果、関谷、寿原逮捕についての検事総長判断が出たのだ。検事総長室での首脳会議は八時間もかかったが、別所の「鬼検事覚書」には次のようなことが記されている。

「私と天野検事正はその夜の新幹線で大阪へ帰って来たのですが、東京駅で思わず検事正に『ありがとうございました』と言ったら、検事正は『別所君から初めてお礼を言ってもらったな』と苦笑しておられました。この日の感激は生涯忘れられません」

天野は「売春汚職事件」の時は東京地検特捜部長で、大阪地検検事正のあと最高検次長から最高裁判事へ転進している。大阪へ帰った別所は一日置いた二四日、大阪タクシー協会会長をはじめ京都相互タクシー社長、阪急タクシー社長、日本交通社長、国際興業大阪支店長を贈賄《ぞうわい》の申し込み罪で逮捕した。一二月五日には前衆院議員、寿原正一を収賄《しゅうわい》容疑で逮捕した。

それは「液化石油ガス税法案について業者側に有利な働きをするようにという請託を受け昭和四〇年八月九日、大阪タクシー協会会長から現金一〇〇万円を受け取った」というもので、遅れて逮捕された関谷にも同様な言葉が並んでいた。

たまたま国会開会中であり衆院議員の逮捕には衆議院の許可が必要だったため、結局、関谷の逮捕は昭和四二年一二月二五日夜七時二〇分だった。

追い詰められた関谷も東京の病院へ逃げ込んだため、嘱託医を上京させて大阪へ同行した末の逮捕だったが、関谷の第一声は「カネのにおいも嗅《か》いどらんぞなもし」だった。

毎朝、大根をおろして一升分も飲むのが健康法の関谷だったが、翌四三年一月二〇日、寿原とともに収賄罪で起訴。業界側の起訴者はしぼったため、贈賄の起訴は元大阪タクシー協会会長と元京都相互タクシー社長だけだった。

裁判は、大阪地裁の公判中に寿原が他界したが、関谷ら三人は同地裁、大阪高裁と有罪で推移し、関谷は懲役一年執行猶予二年、追徴金一〇〇万円、元大阪タクシー協会会長は懲役一年執行猶予二年、元京都相互タクシー社長には懲役八月執行猶予一年の判決が出ている。

昭和六三年（一九八八）四月、最高裁は国会議員について刑法（贈収賄）に触れる「職務権限」の概念を広く認める画期的《かっきてき》な新解釈を打ち出した。

ワイロと認められるのは公務員（本件の場合は国会議員）の「職務権限」に対してであったが、最高裁は「国会議員の職務と密接に関連する行為」にまで広げた。大阪タクシー汚職について最高裁は「業界に不利な液化石油ガス税法案の廃棄、修正を狙ったタクシー業界団体関係者が、この法案を審議する委員会に所属していない国会議員に対し、同僚議員への説得などを頼んで現金を贈ったことについて収賄罪は成立する」と言い切っている。国会議員に対する警告でもあった。

「わがこと成れり」――大阪地検特捜部が初めて政治家を逮捕、起訴した感慨を、別所はそんな風に言い、検事総長の井本は、「大阪地検特捜部の捜査は見事だった」と言った。

政界事件は幕を降ろすたびに苦渋《くじゅう》が残るものが多いが、「大阪タクシー汚職事件」だけは抜けるように明るい。しかし特捜検察が王国に近づこうとした時、不吉《ふきつ》な悪魔がとりついていた。

# 第六章　眠れる獅子

## 大型次官構想

この事件には恐ろしい伏線が多すぎる――。

検事総長が馬場《ばば》義続《よしつぐ》から井本台吉《いもとだいきち》へと交代する儀式があったのは昭和四二年（一九六七）一一月二日のことだった。その二日前の一〇月三一日付の東京の毎日新聞に小さな記事が載った。

社会面の片隅《かたすみ》で、関係者以外はほとんど目を引かないような地味な扱いだった。一〇月三一日という日は、馬場の定年退官の前々日にあたり、東京地検特捜部による馬場への謝意を込めたメッセージと見られぬこともない。記事には「大和造林を脱税で捜索」という短い見出しがあるだけで、こんな風に書かれていた。

「東京国税局は三〇日、東京地検特捜部と協力して東京都港区芝西久保巴町四二、造園業・大和造林(長谷川博和社長)の本社など三五ヵ所を法人税法違反の疑いで捜索、関係帳簿などを押収した。調べによると、同社は昭和三九年四月から、今年三月までの間に二億円の所得があり、一億円の税を支払わなければならないのに初年度の所得を三八万円と申告、一二万六〇〇〇円の税金を納めただけで、後の二年間は赤字だった、と嘘《うそ》の申告をした疑い」(毎日新聞朝刊、昭和四二年一〇月三一日付、傍点筆者)

よく見かける企業脱税の雑報だが、この記事のなかに「東京地検特捜部と協力して」という記述があることが重い意味をもつ。単なる脱税事件ならば国税局が独自に査察して、極めて悪質な脱税と判断された場合、初めて東京地検特捜部へ告発すればいいのだが、「協力」の形とはいえ、東京地検特捜部が最初から顔を出していることが何としても奇妙だった。

なにかとてつもないことが隠されていることがうかがわれるが、この脱税を仕組んだのはだれか。実は日本を黄色い動脈で結ぶ大企業、日本通運であり、これはやがて始まる「日通事件」の伏線なのである。

もう一つ、大きな伏線があった。こんどの検事総長人事はナンバーツーの東京高検検事長・井本台吉が昇格してまったく順当な人事のように見えるが、その裏には曲折に富んだドラマがあった。

馬場の定年退官を三週間のちに控えた昭和四二年一〇月九日、産経新聞朝刊は、政界ロビーというコラムでさり気なく検事総長人事に触れた。

「こんどの検察首脳人事にあたって田中伊三次《たなかいさじ》法相は、あらかじめ事務当局（法務省）に対し、順番人事の弊害をなくすため一挙に思い切った若返りをやりたい、という意向を示した。その中軸は、今の事務次官・竹内寿平《たけうちじゆへい》氏の検事総長昇格、そして私学出身者のホープである東京地検次席・河井信太郎《かわいのぶたろう》氏の東京地検検事正昇格にあった、と言われる」

たとえば東京地検次席の河井の前任者である布施健《ふせたけし》（ロッキード事件当時の検事総長）が赴任《ふにん》したのが検事八人の甲府地検検事正であったことを考えると、いきなり河井を検事二〇〇人の東京地検検事正にするという人事構想がいかに破天荒《はてんこう》なものであるのかがわかる。

これが同年八月七日配信の時事通信になると、もっと大胆である。

「このところ法務省、検察庁内部で十月ごろ退官する馬場義続検事総長の後任人事が、いろいろ取りざたされている」という書き出しに始まり、核心部分になると「検察畑の事情通に言わせると、馬場検事総長は退官しても法務省特別顧問の座に居座り、同省内の馬場系人脈図の完成を企図《きと》していると言われる。その手始めに人事ルールを無視して自分の後任に一の子分の竹内寿平（昭和七年組）を抜擢《ばってき》、昭和三年組の井本台吉東京高検検事長を棚あげしようとしているのだそうだ。この噂《うわさ》に対して検察畑の多くは批判的で『とんでもない、そんな横紙破《よこがみやぶ》りの人事などできるものか。馬場検事総長の後任は井本東京高検検事長に決まってる。竹内次官を井本さんの後任に持ってくることさえ異論が多いのに検事総長に抜擢するなんて暴挙《ぼうきょ》だ』と手厳しい。『そんなストレートな抜擢が実現したら先輩組の斎藤三郎《さいとうさぶろう》広島高検検事長、岡原昌男《おかはらまさお》福岡高検検事長は辞表を叩《たた》きつけるだろう』と言われているほどだ」

この記事は「馬場総長がこうした人事構想を描いているかどうか知る由《よし》もないが」と断っているが、馬場の後任検事総長問題ではたしかに重大な局面があった。

それは検察自体というよりは政治家側の動きに連動して起きた。法相・田中伊三次は弁護士でもあるが、法務・検察の順送りの年功序列人事を打破し、それとともに、私立大学出身でも（田中も私学の立命館大学卒）優秀な検事なら検事総長にも道が開ける構想を企図したことは事実である。

直接的には「大型次官構想」と呼ばれるものだった。それによると、馬場が去るとナンバーワンになる井本を法務事務次官として法務・検察の要《かなめ》とし、検事総長には竹内寿平を次官から回し、首都をおさえる東京地検検事正には三階級特進で次席の河井を抜擢するという構想だった。

官僚の世界では事務次官が最高のポストだが、法務・検察では天皇の認証官である検事総長、高検検事長の風下に立つ位置にあるため（認証官の大使と同じような関係の外務省を除く）、一挙に格あげを狙《ねら》った構想だった。

だが、これに強力に反対したのは検事総長に擬《ぎ》せられている事務次官・竹内自身だった。

竹内は正真《しょうしん》正銘《しょうめい》の馬場派だが、その荒療治《あらりょうじ》が、検察の人事秩序全体を破壊し、かえって回復不能の軋轢《あつれき》を起こす危険をあげて田中を懸命に説得した。竹内は腰の低い、人当たりのソフトな人だが、法務省経理部長、刑事局長、事務次官と法務行政畑の本流を歩んだキャリアであり、法務・検察の論理を曲げられない。

先輩を抜くことの危険さが生命《いのち》とりに発展しかねないことも竹内は知っていた。河井が占めている東京地検次席のポストも、普通は地方の検事正を務めた者が就任する要職で、当時、やっと河井より一期上の一五年組から地方遠隔地の検事正が出始めた時期で、河井がいきなり最右翼の東京地検検事正になると検察内で不穏な空気が出てくることは必至の情勢だった。

私は新聞記者として昭和四一年（一九六六）春の「田中彰治《たなかしようじ》事件」から司法記者クラブへ転任となり、同五一（一九七六）年の田中角栄《たなかかくえい》前首相逮捕の「ロッキード事件」まで在任したが、一人の検事総長の交代が、これほど検察内部の空気を変えてしまうことに愕然《がくぜん》としたものだ。

私は司法記者クラブへ転勤になったことの挨拶《あいさつ》に法務省広報連絡室長を訪ねた時、検事の室長は初対面であるにもかかわらず言ったものだ。

「河井さんをどう思いますか。彼のように自分だけが正しいという思いあがりは許せませんね。無罪も多いじゃありませんか」

法務省広報の責任者が無警戒に言うのを聞いて、私は法務・検察が〝一枚岩《いちまいいわ》〟でないどころか、反河井の感情が根強いことを知った。馬場の定年退官まで二年近くもあったので、さすがに反馬場の感情を出す人はいなかったが、政治家逮捕をめぐっての攻撃はすべて河井に向けられていた。

　だが、巨漢の河井の方も負けてはいなかった。彼は決して個人名をあげることはしなかったが、朝夕の東京地検次席記者会見で、捜査をしないで批判だけするような法務・検察幹部には厳しかった。

「馬鹿《ばか》言っちゃいけねえ」というのが河井の口ぐせだった。

「保身《ほしん》ばかりに気をつかう人が多すぎる。だから、責任をとろうとしない。部下の検事に、責任は俺がとるから、力いっぱい捜査しろ、という検事が何人いますか」

「彼らは自分の地位を守るのに、汲々《きゅうきゅう》としている。そんなことで国民の負託に応えられますか。国民の税で給料をもらっていいのですか。そういう男を小役人というんだ」

　この会見で出たことが数日のうちに法務省に入ったが、それでも河井は気にしなかった。「田中彰治事件」「共和製糖事件」と事件が続いて「日通事件」も内偵《ないてい》に入ってみると、〝特捜検察〟生みの親・馬場義続の定年退官がまたたくうちに近づいた。馬場が検察内部で権力を保持している時と、正式に権力を失った場合では影響力には格段の差があった。

　そこらあたりを「河井は読み違えた」と外部の私には見える。法務省を軸として、〝反河井〟の気運は強かったが、それでいて河井を面罵《めんば》した人が皆無《かいむ》で、不穏な空気を知らせなかったところに河井の悲劇はある。河井批判の代表と見られていた伊藤栄樹《いとうしげき》でさえ「河井さんが来るのなら私は遠慮します」というほどなのだ。伊藤に言わせると「法律家でない」（伊藤著『秋霜烈日《しゅうそうれつじつ》』）と思っている人と話し合ってもしかたがないということなのか。事件を〝カチ割って〟

突進する河井はすさまじく、一〇〇人以上の政治家を取り調べ、そのことごとくの政治家を自供させた迫力を検事たちは嫌うのだ。

法務省のエリートコースを歩んでいる検事でさえも、政治家と血みどろになって死力を尽くしている特捜検察には気後《きおく》れするものだ。

そんな時、「自分の保身だけを考え、自分の地位を守るために、汲々としている」と河井に決めつけられては、法務省の検事たちの足は遠のく。馬場が定年で去ることは本質的には河井系検事が不利になることである。

検事総長人事にからみ、法相・田中伊三次の「大型次官構想」を見て、「法務・検察の危機」として精力的に動いた自民党の政治家がいた。元国務大臣（科学技術庁長官）で自民党副幹事長でもあった池田正之輔《いけだまさのすけ》（山形二区選出）。福田派に属し、〝政界の御意見番〟を任じていた。池田は〝田中構想〟で竹内が井本を飛び越えて検事総長になることに我慢できなかった。さらに問題は、この〝田中構想〟の発案者が馬場義続であると断定していたことだ。

のちに池田は「日通事件」で逮捕されそうになるが、その時、政界・検察界に介在した「伏線」にはこれだけのことがあった。

池田は日本大学を出て満州《まんしゆう》鉄道勤務ののち昭和五年（一九三〇）、読売新聞社に入り、報知新聞論説委員、同総務局長を経て、戦前の司法界の大主流を形成した塩野季彦《しおのすえひこ》元司法大臣の私設秘書になった。これを足がかりに昭和一七年（一九四二）衆院選に初当選した。

塩野をバックに力をつけ、戦後は自民党副幹事長、国務大臣を歴任して自民党日中貿易特別委員長、中国訪問通商使節団首席代表も務め、日中国交回復前の中国通の一人でもあった。政界では「イケショウ」のニックネームで通り、毒舌家としても有名だった。

池田の秘書の鷲見一雄が反馬場の岸本義広《きしもとよしひろ》（元東京高検検事長）が政界入りした時の秘書となれば、その位置はわかるだろう。その後、鷲見は司法評論家となり、司法界に詳しい論理は注目を集めている。

戦前の塩野の薫陶《くんとう》を受けた池田は、この「田中構想」を馬場の〝露骨《ろこつ》な派閥人事〟と受け止め、ただちに自民党幹事長・福田赳夫《ふくだたけお》（のち首相）に会った。

「こんな田中構想に動かされるなら検察の危機状況だ。人事は下駄《げた》をはいてみるまでわからない。地方の検事長や検事正は爆発寸前にある。根本的に粛清《しゆくせい》すべきだ」

福田は言った。

「検察は大事だ。それほどの大問題ならば司法界に明るい君から直接、佐藤総理に話したらどうか」

検事総長人事の渦中《かちゆう》にある井本は福田の古い友人である。二人とも、〝からっ風〟の群馬を故郷にもち、ともに明治三八年（一九〇五）の生まれ、旧制一高―東大以来の友人だ。福田が大蔵省主計局長として昭電疑獄《しようでんぎごく》で逮捕・起訴された時、公職追放中の井本が弁護士として「無罪」にしてくれた恩義もある。福田にしても井本の人事は無関心であるはずがなかった。

「検察内部の事情にそれほど明るくない佐藤総理は、すぐに池田の進言を入れて田中伊三次（法相）に検事総長人事案件のやり直しを命じた結果、竹内検事総長―河井東京地検検事正の馬場ラインが消え、井本検事総長が実現した」というのが、池田がのちになって明かした検察人事の舞台裏である。

しかし検察首脳の人事は、何年も前から布石が打ってある〝判例・学説〟があり、竹内自身が田中法相に反対したように、イケショウの土壇場《どたんば》の活躍がなくても井本検事総長に落ち着いただろうと観測する検察高官もいるが、人事だけは最後の最後までわからない。

検察の歴史のなかには〝判例・学説〟を無視した馬場・岸本のような暗闘もある。この人事問題が東京地検特捜部の日通事件捜査全体に暗い影を落とす〝伏線〟となる。

## 政府と検察上層部を敵に回した事件

検察上層部の思惑《おもわく》がどうであれ、特捜第一線はたて続けに政財界事件をあげ意気はあがっていた。

河井がもち込んだ「帳簿に真実を語らせる」帳簿捜査方式も定着して、特捜検事の人材も揃《そろ》って〝河井学校〟の最盛期であった。今から表面化する本格的な日通事件捜査は井本検事総長のもとで次のような布陣だった。

最高検次長は高橋一郎《たかはしいちろう》、最高検刑事部長・山本清二郎《やまもとせいじろう》、東京高検検事長・竹内寿平、東京地

検検事正・武内孝之《たけのうちたかゆき》、同次席・河井信太郎、特捜部長・木村喬行《きむらたかゆき》、同副部長（主任検事）・栗本《くりもと》六郎《ろくろう》、同・早川晴雄《はやかわはるお》という顔ぶれ。河井の指揮する特捜は引き締まった顔で包容力があり帳簿解きの達人の木村、背が高く頭の回転の早い外国商社マン風の栗本、経済事件のエース・早川、侍《さむらい》大将は八年後には副部長になってロッキード事件の田中角栄と対決する吉永祐介《よしながゆうすけ》と石黒《いしぐろ》久晫《ひさあき》。このうち河井と栗本が中央大学、木村と早川が東京大学、吉永が岡山大学、石黒が北海道大学――のちに検察出身（元大阪高検検事長）の元最高裁長官・岡原昌男が〝検察の学閥《がくばつ》〟について「同じ大学出身ばかりが枢要《すうよう》な地位を独占すれば組織がゆがみ弊害を生ず」と強烈に批判しているが、その岡原にしても、これだけ出身大学が散らばっていれば、その面での批判はしないだろう。

優秀な検察官の条件として次の三点があげられる。①法律に強いこと、②取り調べで真実（供述）を引き出す能力に優《すぐ》れていること、③証拠に基づく大胆さ。たとえば捜査主任検事・栗本のもとで侍大将を務める吉永は三つの条件をすべて備《そな》えている。「緻密《ちみつ》で大胆」というのが栗本の吉永評だが、それをもっと具体的にいえば、帳簿の分析、法理論の形成に優れ、一度、照準に入れたら執拗《しつよう》にどこまでも追い、それが政治家であっても証拠がある以上許さない。ロッキード事件は、田中角栄らの行為が「時効」になりかかっていて捜査検事を苦しめたことに特徴があるが、共犯を起訴すれば時効は停止されるという刑法・刑事訴訟法理論をフルに使ったのが吉永だった。

部下の検事は舌を巻いたが、「犯人（被疑者《ひぎしゃ》）だけが知っている秘密の暴露《ばくろ》」という「自白の鉄則」を厳しく守った。たとえばワイロの額は犯人しか知らない秘密だが、その額をあくまで犯人側に言わせることに徹し、検事から「おい、一〇〇万円だったのだろう」と助け舟は出さない。ワイロの額を検事が言えば、迎合的《げいごうてき》になっている被疑者は「ええ、そうでした」と認めるが、裁判になった時、被疑者は法廷で自白をひるがえし、その検事は窮地に追い込まれる原因となる。

戦前の「帝人《ていじん》事件」は政財官界一六人を起訴した大事件だったが、「君、額はこれじゃないのか、そうだろう」という誘導尋問《ゆうどうじんもん》があげくの果《は》てに拷問《ごうもん》にまで行き、ついには「検察ファッショ」と非難され、全員無罪となっている。

しかし特捜検察が捜査の鉄則を守っても、「日通事件」で東京地検特捜部が壊滅的《かいめつてき》な打撃を受けているのだから、政治と検察上層部を敵に回した時の事件は恐ろしい。

その波乱含みの「日通事件」はどうなったか。

東京国税局が〝東京地検特捜部と協力して〟大和造林という社員三人の小さい会社を捜索したのは、馬場の退官三日前、昭和四二年一〇月三〇日だったが、それからしばらくして経済界に妙なことが起きた。資本金四三四億円のビッグビジネスの日本通運――その社長・福島敏行《ふくしまとしゆき》、四人の副社長、西村猛男、小幡靖、池田幸人、入江甫男が突如辞任してしまったのである。福島によって新社長に指名された序列一二番目の沢村貴義専務自身が驚いた。

「社長の後任が四人の副社長から選ばれなかったのはなぜだろうか」

昭和四三年（一九六八）一月一一日、決算期でもなかった。営業収入一八九二億円、利益一〇五億円を計上し赤字でもなかった。従業員七万七〇〇〇人、国鉄の営業キロ数にほぼ匹敵《ひってき》する二万余キロの免許路線をもち、一万一〇〇〇台のトラックを走らせている王国にもアキレス腱《けん》はあった。昭和一五年（一九四〇）以来独占輸送をしている米麦などの政府食糧について、国鉄をバックにした全国通運（資本金八億円、加賀山之雄《かがやまゆきお》社長）が新規参入の割り込みを策して猛運動を展開していた。

しかし、それなら社長、副社長の五役が結束を固めて闘うべきで、それが突然の辞任とは、地下水脈のなかでしか明らかにできない理由があったのだ。それを東京地検特捜部はつかんでいた。大和造林という小企業が日通の裏金づくりのトンネル会社であったところに、東京国税局の捜索に東京地検特捜部が一枚かんだ理由があり、このことが政界、ひいては検察界を叩く先鋒《せんぽう》となるのである。

福島敏行

日通（日本通運）は巨大なだけに政界への金がかかった。

ある日、福島社長は経理担当の西村副社長を呼んだ。

「政界への金をつくるシステムをつくって欲しい」。西村は管理課長に裏金づくりを命じた。そこでできたのが、大和造林という造園業者を利用して架空工事で裏金をつくる方法だった。

昭和四三年二月二三日朝、管理課長が業務上横領で逮捕された。

架空請求でひねり出した裏金の総額は三億円。そこから福島と四人の副社長が金《きん》の延べ板を買って山分け（約六〇〇万円）していたこともわかった。

このことは日通事件全体から見れば小さなことにすぎないが、山賊《さんぞく》まがいの山分けはいかにもイメージが悪かった。彼らは一切の役職を辞退せざるを得なかった。そうさせておいて四月八日朝、東京地検特捜部は前社長・福島と経理担当副社長・西村を業務上横領で逮捕した。

捜査主任検事の栗本は、侍大将の吉永を福島の取り調べにあて、石黒を西村の担当にした。吉永は福島が狭心症、高血圧を訴えたので東京拘置所《こうちしょ》の病舎に収容するようとりはからった。この二人の検事は八年後のロッキード事件では吉永が捜査主任検事、石黒が田中角栄取り調べ検事になるが、日通事件では吉永が裏経理から政治家に渡った昭和四二年の金について初めて福島の供述を引き出した。

吉永の取り調べは福島が容疑を否定しても深追いせず、〝ある心境〟に達するのを待ってから一気に核心に迫っている。逮捕後一週間までに吉永は勝負に出て、一週間目に福島は否認の態度を変え、業務上横領を認め、裏経理による政治家への金の授受も認めた。

吉永は、裏経理に群がった政治家を何とか思い出そうとしている福島に東京拘置所の取調室で言った。

「政治家の名前、金額、時期を表にしたらどうだろうか」

「そうですね。鉛筆を貸してください」

昭和四二年中に日通の簿外資金（裏経理）から金をもらった人物は二〇人にも達していた。そのなかにやがて起訴される元国務大臣・池田正之輔の三〇〇万円の記載があった。ところが参考人調べをされていた福島の二男・秀行（資金課長）が二月一八日夜、検察庁ビルから飛び降り自殺したため、捜査は一時停滞するが、もう一人の侍大将・石黒が経理担当副社長だった西村からズバリ贈収賄《ぞうしゅうわい》に直結する自白をとった。

「献金した議員の名が思い出せないので『国会便覧《びんらん》』を見せてください」

政治家の写真と履歴《りれき》がわかるこの小冊子は政界を捜査する検事の必携書《ひっけいしょ》になっていた。西村は自分の手帳の日記欄のメモもすべて消し、特捜検察に抵抗する意気を示していたが、それが落ち着いた表情に変わったのは石黒の飾らない人柄によるものだろう。

『国会便覧』の「柴田」と「柴谷」を見て考え込む西村に石黒は言った。

「柴田議員と何か関係があったの？」

「いや柴谷要《しばやかなめ》さんでした。柴谷議員が国会で質問した後、日通労組の大倉精一《おおくらせいいち》さんが五役会（社長と四副社長の会）にやって来て、柴谷さんの質問をやめさせるというものですから、二〇〇万円を大倉さんに渡したのです」

静かな口調だったが、「会社事件」が政界へ飛び火する決定的瞬間だった。大倉とは日通労組出身（元委員長）の社会党参院議員。西村はその翌日には「池田正之輔さんにも三〇〇万円渡しました」と自供した。

日本通運というマンモス企業に対し、昭和四二年四月の衆議院予算委員会で社会党の猪俣浩三《いのまたこうぞう》、民社党の竹本孫一《たけもとまごいち》が「米麦輸送をなぜ日通だけに請け負わせるのか」と、日通攻撃が激しくなり、福島らの経営陣が「権益防衛」に必死になったことが背景にはある。

そして激しい国会攻勢を切り崩すため選ばれたのが社会党の大倉精一であり、自民党の池田正之輔であった。

いずれも日通攻撃の議会発言をしないよう働きかける作戦で、造船《ぞうせん》疑獄や昭電疑獄のような大がかりな政策汚職、立法汚職が消え、保守永久政権のもとでの議会汚職の典型だった。巨大な自民党の出現で、政策・立法を政治献金で買う時、国家は表に出ることもなく、〝民間団体〟自民党が取り仕切るのであれば、もはや国家の運命を変える政策・立法汚職は起こらない。

## 「逮捕は待て！」

捜査線上で照準を合わせた池田正之輔と大倉精一に対し、東京地検特捜部は攻撃を開始した。池田が極秘裡《ごくひり》に四回、大倉も三回にわたって任意で取り調べを受けた。強制捜査へ向けての距離をジリジリとつめていった。最初に逮捕されたのは昭和四三年六月四日、社会党の大倉精一だった。元日通労組委員長でもあり大倉の証拠は豊富だった。大倉が日通経営陣の福島社長と四副社長の五役会の席上、「社会党の柴谷要さんが日通の政府食糧輸送の資料を提出するように迫っているが、柴谷さんは全国通運から金を握らされてやっていると思いますよ。彼は国労出身だから、日通に協力するよう言いますよ」と工作の打ち合わせをしている。

その時、政界担当の副社長・池田幸人から〝権益擁護《けんえきようご》〟のワイロ二〇〇万円が大倉に渡されている。特捜部は昭和三三年（一九五八）に新設された「あっせん収賄罪」を初めて適用して起訴に踏み切った。

しかし、池田正之輔の場合は事情が違った。〝政界の御意見番〟の池田にとっては福島は初対面の企業家である。新橋の料亭「花蝶」で二人が会うことになったのには仕掛人が存在した。

このあたりの特捜検事・吉永の調べは詳細を極めた。社会党内では硬骨漢《こうこつかん》で知られる猪俣浩三（衆院議員）が日通問題について国会質問の準備を進めており、福島は前から高額な購読料を払っている政財界情報誌の社長・Kから「イケショウは顔が広く、社会党議員もよく知っているから手を打つなら早い方がいい」と進言を受けていた。

池田正之輔

Kの口利きで福島は昭和四二年九月四日夜初めて池田と会った。福島は必死になって「社会党議員が日通を攻撃しないようによろしく」と何度も頼み込み、池田はハッキリ「よくわかった」と答えている。そして猪俣の国会質問が迫った一一月二一日夜、福島と池田はまた会った。宴席で福島は「社会党議員が食糧輸送問題でありもしないことを言っている。よろしく頼みますよ」と言い、池田は「まかせておけ」と鷹揚《おうよう》に答えた。そして猪俣議員の国会質問が迫った一一月三〇日、Kは福島から三〇〇万円の入った風呂敷《ふろしき》包みを預かって池田に届けた——これは吉永が福島から引き出した供述だが、これだけで衆院議員・池田を逮捕できるだろうか。

主任検事の栗本は「二対一にならなければ逮捕しない」と断言しているし、緻密な吉永が逮捕するわけがない。三〇〇万円について贈収賄の「ワイロ」を認めているのは福島だけで、すでに任意調べを受けていた池田は「あれは内外事情研究所開設の祝い金」と「ワイロ」を強く否定していたから捜査はまだ一対一でしかない。栗本に言わせると「贈収賄は火鉢にある五徳《ごとく》のようなものだ。三本の足があってその二つを特捜でとらねばならない。一本だけなら火鉢で大やけどを負ってしまい、とても逮捕はできない」。

この二対一の論理は贈収賄捜査の鉄則であるが、特捜部としては福島のほかに立ち合い人の形で、金の授受に関与した政財界情報誌社長・Kに何とか特捜側に立ってもらわねばならない。それで、やっと二対一となり、元国務大臣・池田正之輔を逮捕できる。だが、そのKは企業一九社から六四〇〇万円を恐喝《きょうかつ》した別件で懲役二年の実刑が確定し、東京・八王子の医療刑務所へ収容されたばかりであった。

当然、検察を恨《うら》んでいると思われ、彼を検察側にすることは不可能のように見えた。池田議員は刑務所にいるKに対し、「㊖のことは適当にやっている」という趣旨の手紙を書くほど親しかったのだから絶望的に見えても不思議ではない。吉永は上司の栗本と相談して若手検事二人を医療刑務所に派遣した。Kの拒否反応は強く「金の授受」さえ否定した。

Kは特捜部の最後の切り札だったから慎重を期してその身柄を東京拘置《こうち》所《しょ》に移した。Kは福島から池田議員への金の運搬人だったことを認めたが、三〇〇万円については池田供述に沿って、池田が設立した内外事情研究所への祝い金だと主張した。

東京地検次席の河井は取り調べのための心構えについて語ったことがある。

「捜査官の正義感と、相手の腹中に〝誠〟を求める人間的な真摯《しんし》な態度だけしかない」

二検事の懸命な説得は一ヵ月に及んだ。その後、両検事が法廷で述べた証言があるので、それを掲載する。

〈A検事の証言〉

「夕食後、人生論などをやった。本人が鹿児島出身とわかっていたので西郷南洲《さいごうなんしゅう》（隆盛《たかもり》）の話をした。君（K）も人間らしく生きるためには、政治家や財界人にくっついて、極端に言えばゴキブリのような暮らしをしていてはしかたがない。まじめに生きろと言った。本人もしんみりとしてきて、人生の目が開かれたような気がした、本当のことを申しあげる、と言った」

〈B検事の証言〉

「Kが『検事は、お坊ちゃん育ちで人の苦労がわかるものか』と言ったので、私は『あなたほど苦労していないかもしれないが私の生い立ちを話しましょう』と言った。中学や高校もろくに行かず炭焼き、畑仕事、朝早く起きてちり紙売りなどをして苦労して大学へ行った話をした。Kは両手で握手を求めて来て腰に抱きつくようにして『何でも話します』と言い、スムーズに供述するようになった」

日通事件の最重要局面であり、政治家汚職の決定的瞬間だった。ついに比率が二対一となって池田正之輔の逮捕が現実の問題になった。内外事情研究所の祝い金がワイロへと大転回した。

まさに強運と言うほかはない。その運があまりにも強すぎて好運の限度を飛び越え、またマイナス面に突入するという運命独特の光を見る思いがする。

ワイロの比率が二対一の論理を達成した六月一九日、東京地検特捜部は自民党代議士・池田正之輔の逮捕方針を決めた。すぐ河井が武内検事正に報告して、「池田逮捕」の上申書が東京高検を通じ、最高検にあがった。上から降りてきた指示は、河井、栗本、吉永ら特捜検察にとってはまったく意外なものであった。

「池田の逮捕は待て」という指示だった。

昭和四三年六月二二日、深夜の検事総長公邸で開かれた検察首脳会議は重苦しいものだった。池田逮捕という重大事態を迎え、北海道出張中の井本台吉が急遽《きゅうきょ》、東京へ戻って緊急招集したものだ。最高検の井本検事総長、高橋次長、山本刑事部長、東京高検から竹内検事長、東京地検から武内検事正、河井次席、木村特捜部長、法務省から川井刑事局長（のち公安調査庁長官)、辻官房長(のち検事総長)らが出席し激論となった。検察庁舎五階の特捜部はいつまでも光が灯《とも》り、全特捜検事が待機していた。

翌未明になっても結論が出ず、検察首脳会議は二四日に再び開かれた。捜査の第一線である東京地検は強く逮捕を主張した。

「証拠のうえからも池田の容疑は明白であり逮捕して取り調べるのが捜査の常道だ」

河井が力説した。最高検次長の高橋一郎も東京高検検事長の竹内寿平も地検方針に反対せず支持した。しかし井本は首を縦に振らなかった。福島と池田の仲立ちをした「K供述」などを問題にした。時間がたてばたつほど井本と河井の対立が鮮明になった。

河井は反駁《はんばく》し、井本の態度も強硬だった。河井は口を閉じると、そのまま横を向いて井本の方を見もしなかった。法務省の意見は井本に沿うような形の「逮捕反対」だったが、七月七日に迫っている参院選を理由とした。「有権者の判断に予断を与える。逮捕はするにしても選挙後にすべきだ」

与党議員逮捕をかけた重苦しい対立は解けず、ついに妥協案が出された。最高検刑事部長・山本清二郎が「意見があります」と言って提案したと言われる。山本といえば造船疑獄の時の特捜部長で、中央大学出身の河井の先輩にあたり、馬場が定年で検察庁を去って以降、何くれとなく河井の立場に配慮した。

「池田は逮捕しないが逮捕中の大倉と同時に起訴ではどうでしょうか」

池田、大倉は即日、起訴となり、池田逮捕を阻《はば》まれた東京地検特捜部は池田関係の議員会館など深夜の捜索を行ったが、特捜検事の怒りは大きかった。「社会党の大倉は逮捕したのに自民党の池田は逮捕しないで起訴とは、こんな不公平が国民に通るか」と特捜検事は言った。記者会見をした河井も不機嫌で、言葉数も少なく、ことさら無表情だった。

そのころ、東京・霞が関の最高裁にある司法記者クラブに現れた池田は「三〇〇万円なんてチッポケなものさ。今から東京地検を相手に世紀の大げんかをしてやる。一番悪い奴は河井なんだ」と息巻《いきま》いていた。

その夜、検察庁舎では恐ろしいことが起こりかけていた。

## 検事総長に疑惑あり

「池田不逮捕」が決まった昭和四三年六月二四日夜、東京地検特捜部は池田正之輔や秘書・鷲見一雄（故岸本義広代議士の元秘書）の自宅、議員会館などを捜索したことはすでに述べた。

押収した証拠書類は膨大《ぼうだい》な数にのぼるが、日記、メモ類のなかに新橋の料亭「花蝶」の領収書が含まれていた。このことは、ただちに主任検事・栗本に報告された。領収書番号「A—八—六五四九」、日付は昭和四三年四月一九日、「飲食代金四万九一〇円」と記されていたが、だれが集まり、何が話し合われたかはわからない。

だが、料亭「花蝶」ならば日通社長と池田がKの引き合わせで〝密談〟したところである。

栗本は一線検事に捜査を命じたが、その報告には驚くべき事実があったのだ。

参会者は池田正之輔のほかに自民党幹事長・福田赳夫、検事総長・井本台吉だったのである。このことはただちに栗本から木村喬行特捜部長、河井信太郎に通報された。河井は、池田逮捕に強硬に反対した井本の真意を知った、と思った。

領収書にある四月一九日とは吉永が日通の裏経理に群がっていた政治家二〇人を福島の口から引き出した直後のことである。そのなかにはワイロ政治家がいると見られ、捜査的にも微妙な時期にあたる。もちろん捜査線上にあがった政治家二〇人のなかに池田はいた。

池田にすればたとえ捜査線上にあがっても、検事総長の井本をおさえておけば逮捕されることはあるまい、と思ったのだろうか。それを保証するように自民党幹事長・福田赳夫が同席しているではないか。

また「国家有用論《こっかゆうようろん》」が頭をもたげてきた。昭電疑獄で、福田赳夫（当時は大蔵省主計局長）は逮捕・起訴《きそ》され、その時公職追放されていた井本は弁護士として無罪にしたが、その後の福田は蔵相・外相などを歴任、この時政権党の自民党幹事長、立派に「国家有用」になっている。

元国務大臣（科学技術庁長官）で、勲一等瑞宝章《ずいほうしょう》の池田も「国家有用」と言えるのか。福田、井本などの一流メンバーと席を同じくするような政治家を逮捕できるものか、と池田は思ったのだろうか。

たしかに東京地検特捜部の捜査で「池田逮捕」の問題が起きた時、井本は強く反対したが、井本は本気で「国家有用」と思っているのだろうか。

だが河井らの考えはまったく違った。汚職―法律違反があれば、総理大臣だろうと大臣だろうと逮捕、投獄するのが特捜検察の使命なのだ。その意味で国家の功労者と一般国民との間に差はない。国家への功労については敬意を払うが、それと犯罪成否とは関係がない。ブーゲンビリアの花が香る南太平洋で戦死したサイパン航空隊隊長と副官は「オレたちは敵機をひたすら撃ち落とせばいい、この後どうなるかと考えるのは国民全体だ」と単純明快に言って河井を感動させたことがある。

その考えは特捜検事にも通じる。政治的影響を考えて逮捕の要否を判断すれば、法律違反の刑事事件はゆがみ、憲法第一四条が定めている「法の下の平等」はいつか崩壊する。

「検事はひたすら悪と闘えばいい。法律違反はどこまでも追うのだ」というのが河井の変わらぬ信条だった。その〝正義ぶり〟をうとましく思う検事もかなりいたが、河井は「自分の地位を守るのに汲々としている検事に用はない」と言ってはばからない。馬場が去った検察庁で、河井イズムを押し通そうとすれば、軋轢《あつれき》が起こる。

河井ら東京地検特捜部は激怒した。その決定的な証拠が料亭「花蝶」の四万九一〇円の領収書（昭和四三年四月一九日付）だった。

領収書とは単なる数字を書いた記号にすぎないが、これに人の動きを加えると、たちまち数字は生き返りすさまじいドラマを描くものだ。この事件では料亭の女将《おかみ》、さらに宴会担当だった五人の芸者の供述があった。

すでに日通事件は燃え盛っており、捜査が疑惑政治家に伸びようとする重要な時期だった。

もしかりに検事総長が、閣僚を務めた親しい政治家であることを理由に逮捕を阻止し政治家を救済する意図《いと》があるならば、日本の特捜検察は検事総長によって重大な挑戦を受けたことになる。それに社会党の大倉精一を逮捕する時、検察首脳会議は何のクレームもつけていないのに、自民党の元国務大臣・池田正之輔となると検事総長がにわかにクレームをつけ、逮捕は断じて認めないという強硬な態度は、料亭「花蝶」の会合と無関係ではあり得ない。

「これを認めれば特捜部が崩壊する。一歩も退《ひ》けない」「井本検事総長の行為は〝検察の正道〟にもとる重大事件だ。国民に何と説明するのか」――特捜検事たちはひそかに井本退陣を求める署名運動をして結束を固めた。

夏が過ぎて秋がやってきて九月二日、検察庁を激動に叩き込む事件が表面化した。共産党機関紙「赤旗」九月二日付と同日発売の経済雑誌「財界展望」が料亭「花蝶」事件を掲載したのだ。両紙・誌とも記述は詳細を極め、同席した五人の芸者名や「A―八―六五四九」という領収書番号まで記されていた。

井本台吉

当然のことながら司法記者クラブ加盟の新聞社、通信社、テレビ局も知っていて、掲載日をうかがっているうちに「赤旗」「財界展望」がスクープしたものだった。後追い報道ながら全新聞社、通信社が報道に踏み切ったので、大事件になった。東京地検特捜部としては反撃の一弾だったが、漏《も》れるはずがない「花蝶会食」が暴露されて井本は怒った。

「〝花蝶会食〟と日通事件はまったく関係がない。これは私が検事総長に就任した時、池田代議士が祝いの宴を開いてくれたので、そのお返しとして一席設けただけだ。代金の四万九一〇円も、もちろん、私のポケットマネーで払った。福田幹事長は私の友人として出席しただけだ。池田代議士が日通事件に関係していることを私が知ったのは、五月の連休の後であり、日通事件のことを頼まれたなどとは、とんでもない言いがかりだ」

と井本は記者会見で語り、夜回りで記者が行った時、「花蝶情報を漏らした検事は国家公務員法違反だ。必ず突き止めて検察庁から叩き出してやる」と言った。

井本の頭には河井ら東京地検特捜部の検事たちの顔が浮かんだに違いない。井本の周囲の最高検検事たちと東京地検特捜部が、お互いに〝捜査〟し合うような険悪な雰囲気になった。その両者から取材しなければならない私が、八階の検事総長室で井本に会ったその足で五階の特捜部へ行くと、井本と私が何を話したか、会話の内容まで正確に知っていた。「だれか通報した者がいる」とひらめいた瞬間、私の脳裏《のうり》には、かつて特捜事務官をしていて、今は検事総長秘書官を務めている男の顔が思い浮かんだ。

河井は「花蝶問題」を新聞が報道して一週間後、突如、東京地検次席をはずされた。特捜部という実力部隊を動かし得ない最高検検事への棚あげ人事だった。この時の法務省人事課長は伊藤栄樹だったが、この人事は法務・検察の最高指揮官の井本の意向に沿う人事であった。

河井は東京地検次席として最後の記者会見に吉永を連れて来た。「非常に優秀な検事だから今後の事件では中心になるでしょう。よろしく頼みますよ」と河井は吉永を紹介、吉永はすぐ中座《ちゆうざ》したが、河井なりの東京地検との別れだったのだろう。

さらに井本は、河井とともに特捜の中核的存在だった特捜部副部長の栗本を公判部長にして特捜から除いた。この二人は次の異動でもう二度と東京へ戻ることがない地方へ転出した。特捜部には木村喬行部長が、その後一年余り頑張っていた。しかし木村自身が「クリさん、クリさん」と呼んで、その捜査力に百パーセントの信頼を寄せていた栗本を失ったことはあまりに大きく、河井と栗本が除かれた瞬間から栄光の特捜部は急速に色あせ、〝キバを抜かれた怒らぬ獅子《しし》〟に変わり果てた。

やはり人事権を持っている者は強い。河井が東京地検をはずされ、実力検事が一人また一人と追われてみると「日本最強の捜査機関」を誇った特捜部は崩壊していくのである。

## 河井検察の敗北

「夜回りは遠慮してくれ。物言えば唇寒しだよ」と検事たちは一様に寡黙《かもく》になった。戦前の思想検察経験のある筋金《すじがね》入りの検事総長は強力だった。人事の権限をフルに使った。人当たりのソフトさとはまったく異質な顔に変わって一切の妥協をしなかった。かつての思想検察がそうであったように、バックには政府がいるという構図——特に井本の場合は自民党幹事長・福田赳夫が親友という特別な関係が重かった。

もちろん、井本は検察内部のトラブルを解決するために政府・与党の助力を頼むような卑怯《ひきょう》なことはしなかったが、検事総長が人事権をフルに使った時の恐ろしさを見せつけた。馬場が検事総長ポストを井本に譲るにあたって、もはや特捜検察は揺るがないほど強力になったという自負が馬場にはあっただろうが、たった一人の強力な検事総長のために馬場の構想はズタズタにされたという事実だけが残った。そして馬場の法務省特別顧問も実現しなかった。

そんな検察に政治側が逆襲にかかった。収賄罪《しゅうわいざい》で起訴された池田正之輔が「特捜部の日通事件捜査は河井の私怨《しえん》によるものだ」とキャンペーンを始めたのだ。これまで〝河井検察〟に逮捕され、復讐《ふくしゅう》を口にした政治家は多いが、彼は自民党幹事長や検事総長と通じた点で、その威力《いりょく》には決定的な差があった。

「国家を毒する悪検事を斬《き》る」と副題がついた「我が闘争」というパンフレットを池田は大量にばらまいたが、全編、河井に関する攻撃的記事で埋《う》まっている。池田はそのなかで、日通事件捜査をこんな風に罵倒《ばとう》している。

「私（池田）の起訴は、馬場義続の露骨人事で、河井が東京地検次席から検事正に昇格しようとした時、これに反対し阻止した私怨によるものだ。河井は日通から金をもらった政治家は四七人と公表しているが、他の議員関係の捜査を中止し、当面の敵である私（池田）を逮捕し、起訴に持ち込んで政治生命を断とうとした陰謀《いんぼう》が、このデッチあげ事件である」

だが河井も負けていなかった。

雑誌「現代」一一月号に「わが生命をかけた東京地検生活」という一文を寄せ、池田に反駁した。

「日通事件の被告の一人である池田正之輔代議士は井本検事総長や福田自民党幹事長と会談した新橋『花蝶』の領収書を私が公表したかのように話しているそうである。もしそうであるならば、はなはだしい侮辱であり許し難いデッチあげである。卑怯未練なやり方である」

怒りのにじんだ文章だが、現職検事が政治家を相手にこれほどはっきりした批判をするのは初めてのことだった。河井は昭電疑獄で大物政治家・大野《おおの》伴睦《ばんぼく》に対し、「あの時、あなたはのどをゴボゴボいわせて泣き、ああ、オレの政治生命は終わりだ、と言ったではないか」と反駁文を書いたことがあるが、それよりもっと激しいものだった。

「第一そんな領収書など、今、公開しなくとも二〜三ヵ月たてば公判廷に証拠として提出され、それを中心に彼の刑事責任を問わなければならない時がくるのである」

「(会食の)四月一九日と言えば池田被告は当時、三〇〇万円もらっており、そのことが捜査当局に知られているかどうかハラハラしている時期であったはずだ。そんな時に検事総長と会食すれば、何とかして捜査の状況を聞き出そうという意図が池田被告の腹のなかにあった、と思われてもしかたがないではないか。痛くもない腹をさぐられるのがいやなら遠慮すべきであろう」

「派閥などによって自分の職務を左右されるような検察官は一人もいないと確信している。池田被告のように派閥のなかで生きてきた人間は、すべて派閥に見え、すべてを派閥に結びつけないと承知できないのかもしれない」

「大体、池田被告は故塩野司法相の私設秘書であったというが、一体、検察庁とはどんな関係があるのか。基本的なことをまったく知らないで、知ったかぶりをして吹聴《ふいちょう》しているようである」

河井が相手にしているのは自分の上司である検事総長と与党の代議士である。池田も烈火のように怒った。

「あんなものを雑誌に発表して因縁をつけやがった。生意気《なまいき》に。河井なんて下っ端《したっぱ》じゃないか。俺はいやしくも立法府に列する国会議員だ。その俺を捕まえて、しかも、いちいち、俺の名前の下に被告と書いていやがる。侮辱もはなはだしい。しかも、いずれあの伝票は法廷に証拠として出して俺の刑事責任を問うなんてシャアシャアと言っているが、俺が日通から受けた寄付とは関係ありゃせんよ。とにかく河井は昭電疑獄、造船疑獄など大きな事件を手がけて内閣をつぶしたことがあるので思いあがっているんだ。俺は負けん。けんかには絶対に負けんよ」

池田の攻撃は執拗を極めた。講演や文書などで「河井は正義の味方か、暗黒街のボスか」など攻撃するだけでなく、実際に河井を検察から追い出す手を打ったのである。一一月四日には河井を名誉毀損《めいよきそん》で、井本検事総長がいる最高検に告訴するとともに、民事でも慰謝料二〇〇〇万円と朝日、毎日、読売三紙に謝罪広告掲載を求める訴訟を東京地裁に起こした。一二月五日には、検察官適格審査会（小野清一郎会長）に河井の懲戒免職を求める申し立てを行った。

名誉毀損の捜査は東京高検が担当したが、検察内部は重苦しい沈黙が支配した。最高指揮官の検事総長が関係していることが重圧となって、腫《は》れ物に触わるようなヒソヒソ話になった。「だれも応援してくれず孤立無援であった」とのちに河井自身が書いている。そんななかで岸本系を嫌っていた元検事総長・佐藤藤佐《さとうとうすけ》や花井忠《はないただし》が「検察庁にまで励ましに来てくれたことに感動した」とも河井は書いている。ではなぜ、河井に率《ひき》いられた特捜検察が敗《やぶ》れてしまったのか。それは与党の政治家と自分たちの上司である検事総長とを同時に敵に回してしまったからである。

池田は佐藤政権の福田派に所属していた。必ずしも派閥全員一致で池田を支持していたわけではないが、戦後、一貫して政権をつけ狙ってきた特捜検察を心よく思っていない大物もいて、池田を励ます政治家が少なからずいた。特捜検察が政界と対決する時は寡兵《かへい》の検察軍団は「検察一体の原則」で裏打ちされていなければならない。

人事権という巨大な権力をもつ検事総長に、特捜検察が反旗をひるがえしている状態ではとても「検察一体の原則」どころではない。

たしかに日通事件捜査は最後の池田問題を含めても証拠は万全である。そのなかには福島社長と池田議員をつないだ政財界情報誌社長のKに、正義の目を開かせた特捜検事の感動の真情も含まれていて〝特捜の黄金時代〟にふさわしいものも含まれている。これまでも大がかりな政界事件の時は、どこかに「無罪」があるものだが、日通事件は起訴された被告が政治家二人、社長、副社長ら日通側は六人もいたが、その後の判決では「無罪」がなかった。

それどころか元国務大臣・池田正之輔は昭和五二年（一九七七）一〇月一四日の最高裁判決で懲役一年六月、追徴金三〇〇万円と政治家として初めて実刑が確定した。池田が起こした「刑事告訴」「民事訴訟」「検察官適格審査会への申し立て」はことごとく池田の敗北に終わっている。

河井は、なぜ特捜検察が「政治側」の復讐の危険を冒《おか》してまで政治家逮捕の疑獄捜査を行うのか――という特捜の論理についてはっきり言った。

「汚職は特定の被害者がないから捜査しなくてもだれも文句《もんく》を言う人はいない。しかしそれを放置すれば法無視の荒廃した風潮を招き、やがて国家は衰亡する。特定の被害者がいない以上、検察自らが発見し、切除しなければならない。それを遂行するのは捜査官の情熱と正義感だけだ」

たしかに法律では河井は勝った。しかし荒涼《こうりょう》とした特捜部を見る時、正義感をもち、その実力をもった特捜検事たちが人事異動で一人また一人と抜かれ、政界事件を二度と捜査できないような現状を見る時とても勝ったとは言えない。河井検察は敗れたのだ。

河井は法相から「訓告処分」という懲罰を受けた。雑誌「現代」での池田に対する反論をめぐって、中央大学先輩の水島そごう社長に「池田とのトラブルを解決することを委任します」との委任状を書いたことが池田によって逆用され攻撃の的《まと》とされたが、それらが処分理由だった。

検事総長は竹内寿平に変わっており、河井は「私には訓告処分を受ける理由がありません。こんなことをしていたら、後に続く検事はもう仕事をしませんよ」と反抗したが、竹内はとりあわなかった。私は初めて河井の涙を見た。

懸命に捜査した日通事件。ことに池田を逮捕、起訴するために福島との間にいたKを一ヵ月も時間をかけて必死に説得したのは何だったのか。被害者がいないのだから、だれも文句を言う人はいない。そうならば、無理をしてまで捜査をすることもなかった。正義感とか、捜査官の情熱はどこか別のところで発揮すればいいのだ――と検事たちは思ったのだろう。

河井が言った「荒廃した風潮」と「国家の衰亡」が間違いなく始まった。そして河井を待ち受けていたのは、地方転出の異動だった。昭和四六年（一九七一）一月、河井は水戸地検検事正の辞令が出て東京を離れた。一時は東京地検検事正にも擬せられたことからみれば左遷《させん》である。

その後、河井は横浜地検検事正から広島高検検事長、大阪高検検事長と検察ナンバースリーまで昇り、行く先々の任地で「検察の正義」を説き、若い検事を集めて「疑獄捜査」の研究会を開いたりしたが、一度も中央政界のある東京に戻れぬまま昭和五一年一〇月、定年で検察庁を去る。

ただ一つはっきりしていることは、河井が去ってから日本最強の捜査機関とうたわれた東京地検特捜部が政治家逮捕ゼロのはるかなる眠りに落ちたことである。河井のいたころは特捜部に五年、七年と特捜キャリアの長い検事がいて、常に政財界の疑惑をボーリングしていたのだが、そういう古強者《ふるつわもの》の検事は転勤させられて特捜検事の回転が早くなった。特捜部に二年か三年ほどいて、捜査技術を身につけては、また転勤で去っていく。

特捜部からは気概も熱気もなくなった。この無気力な眠りは、その後なんと八年も続いた。国会審議ではインドネシア賠償汚職など、いくつかの疑惑が浮かんではいたが、検察はついに動こうとしなかった。「今の検察は〝眠れる獅子〟ではなくて、ツメも研《と》がない猫だ」という声がしたが、検察は何も知らぬげだった。ロッキード事件の児玉誉士夫《こだまよしお》や田中角栄らの暗躍もこの時期だが、検察は努めてそれらの方を見ないようにしているらしかった。

## 「構造汚職」の完成

「悪い奴ほどよく眠る」「もう大物は捕まらない」という神話が定着した。検察が政界事件を捜査しなくなっていた昭和四五年（一九七〇）六月二四日、最高裁大法廷は重大な判決を出した。

　これは「民事訴訟」だから検察庁とは直接の関係はないが、日本の政治にからむ莫大な企業政治献金をどうとらえるか――政治の腐敗に根ざす問題だから影響は極めて大きなものがあった。

「企業政治献金」が初めて法律的判断をされたものだが、裁判を起こした広島県三原市須波町、弁護士・有田勉三郎によるとこういうことになる。

「私は八幡製鉄《やはたせいてつ》（現・新日本製鉄）の株五〇〇株をもっている株主だが、金のかかる政界はけしからんと思っていた。八幡製鉄が昭和三四年（一九五九）から翌年の一年間に自民党に八〇〇万円をはじめ各派閥団体などに三七七二万円を政治献金したのは許せない。このうち自民党の三五〇〇万円は小島新一《おじまあらかず》社長、角野尚徳副社長が会社に損害をかけたのだから返せと裁判を起こしたんです」

　有田は中国で華南銀行頭取をしていた実業家だが、商法を前面に出し理論構成した。

有田勉三郎

「八幡製鉄は事業目的を定款《ていかん》で『鉄鋼の製造及び販売とこれに付帯する事業』と定めており、小島社長、角野副社長の政治献金行為は商法第二六六条五号の『法令又ハ定款ニ違反スル行為』、同第二五四条の三『取締役の忠実義務』違反にあたり、会社に被害を与えたことになるから二人は連帯して三五〇〇万円を返せ」と訴状は言っている。

「保守党五五年体制」(一九五五年の日本民主党、自由党の保守合同)と、今度の最高裁大法廷判決を合体すると、日本の保守党の性格がはっきりする。「五五年体制」は巨大な自民党をもたらし、国会の絶対多数を背景にした一党独裁。

国会議員は公務員であり、職務に関して請託し、金の授受があれば汚職になるが、政党内で決定された事項に関しては「党務」ではあっても「公務」とはならない。したがって汚職とはならない。実質的には汚職的な金であっても汚職として捜査当局が摘発《てきはつ》することがない「構造汚職」が、この時代までに完成していた。

そのなかで企業による政治献金は法律的にもいずれ直面しなければならない重大な関門だったのである。「企業政治献金は違法」と判決が決めつければ、すでに莫大な額にのぼっている政治献金問題は日本の政治そのものを根底から覆《くつが》えすことになる。政治家注視のなかで判決は出た。

東京地裁判決は「企業政治献金は違法」として社長、副社長に三五〇万円を八幡製鉄に返すよう命じたのだ。

《東京地裁判決》(昭和三八年四月五日)

「商法第五二条は『会社は営利を目的とする社団』と規定しており定款の事業目的はすべて営利性を有すべきものである。営利の目的に反する行為は、すべて事業目的の範囲外である。非取引行為は会社や株主にとって会社財産を失うだけで対価として得るものは何もないからすべての非取引行為は事業目的に反し事業目的の範囲外である。取締役には会社の資本を維持し充実させる義務があるがそれに違反する。

非取引行為でも認められるのは天災地変に際しての支援資金、育英事業への寄付、純粋な科学研究であるが、自民党という特定の政党に対する寄付は反対党の存在もあり認めることはできない」

この判決に対しては八幡製鉄の藤井丙午副社長は、「八幡製鉄一社の問題ではない。慣行を無視している」と控訴した。

それを受け入れる形で東京高裁は逆転判決をした。会社を「社会人」として認知したことが特徴だった。

《東京高裁判決》（昭和四二年一月三一日）

「会社は営利を目的としているので、一般人と異なり権利能力にも限度があるが、一個の社会人として有用な行為は定款に記載された事業目的やそのための必要有益の如何《いかん》にかかわらずそれを行う能力がある。政治献金も社会事業、祭礼などと同じようにその公的性格があり会社の目的の範囲内である。しかし会社の規模、経営実績、社会的地位などからみて『応分』と認められる限度があるべきで、それを越えれば取締役は忠実義務違反になる」

――では「応分」とはどんな限度か。原告側が主張しなかったこともあって、最も大切な部分が欠落した。

《最高裁大法廷判決》（昭和四五年六月二四日）

「会社は営利事業を目的としているから、会社の活動の重点が定款で決められていることに置かれるのは当然だが、他面、会社は一般人と同様に社会を構成する社会的な存在だから、一見、定款の目的にかかわりがないものでも社会通念上、会社に期待、要請されている限り、当然、なし得るというべきである。これは企業としての円滑な発展を図《はか》るうえでも必要であり政治献金も災害救援資金の寄付、福祉事業への資金の協力と同じように会社の権利能力の範囲内のことである。株主の利益を害する恐れはない」

これは最高裁大法廷の新判例だが、政界に何が起こったのだろうか。政治献金合法判決は石《い》田《だ》和外《かずと》ら最高裁一五裁判官一致の判決だったが、最高裁から「判決」の〝お墨《すみ》つき〟をもらったと考えた政治家たちは、ますます金権主義に走り、政界全体を金びたしにしてしまった。

平成五年（一九九三）一一月二日衆議院政治改革調査特別委員会に参考人として出席した第八代の最高裁長官だった岡原昌男は、この八幡製鉄政治献金合法判決に痛烈な批判をした。判決当時、岡原は大阪高検検事長から最高裁判事になる直前だったが、特捜検察が壊滅状態のなかでよほど腹に据《す》えかねたのだろう。岡原は証言した。

「企業政治献金は法律的に理屈が通らない。（政治家に）数千万円、何億円も入ってくるなんて悪だ。あり得べからざることだ。当時、あれほど企業政治献金が行き渡っていては最高裁は違憲違法と言えなかった。あれは『助けた判決』というんだ」

裁判長は硬骨の大物、石田和外だったが、一五裁判官全員一致の判決には恐ろしくなる。金権のピークは平成元年（一九八九）のリクルート事件で、「金がかかりすぎる政治」を〝隠れみの〟にして政界は一様に〝金太り〟になった。最高裁が新判例で企業政治献金を認知し、特捜検察も政界事件の摘発をしないというのだから日本国がよくなるはずがない。

日通事件が起きた昭和四三年中に各政党、政治団体が集めた政治献金の総額は一九四億五四〇六万円だったが、最高裁判決で政治献金が認知された昭和四五年中の政治献金の総額は三三八億四六六四万円に跳ねあがった。金権腐敗の責任の一端は最高裁にもある。

どんなに金が乱れ飛んでも特捜検察は動かなかった。冷え冷えとした空気が特捜部を押し包んだ。検察のエースと言われた伊藤栄樹が法務省会計課長から東京地検次席になったのは昭和四七年（一九七二）九月のことだ。

「政財界捜査ばかりが検察ではない。河井検察のころとは時代が違うのだ」と伊藤は言った。それでも伊藤検察はよく仕事をし、経済の大型事件を手がけている。三大証券まで加わった株価操作で何も知らない一般投資家が泣かされた協同飼料株価操作事件、中東戦争の石油危機をバックにした石油連盟と日本石油など一二社による石油ヤミカルテル事件を摘発した。だが、政界には手が出なかった。

伊藤にすれば「現代の巨悪」とは買い占めなどの経済事件ということになる。伊藤の「巨悪論」がデビューするのは一〇年後の昭和五七年

石田和外

（一九八二）二月一七日付「日本経済新聞」のコラムだが、東京地検次席のころから毎年約五〇〇人の司法修習生に「巨悪を眠らせるな」のテーマで講演をしている。そこで伊藤は警察と検察を比較して、警察官は全国で二〇万人もいるのに検察官は二〇〇〇人しかいないから「悪い奴を片っ端から捕《と》らえるわけにはいかない」と正直に言っている。

つまり「目に見える犯罪」（殺人なら死体がある）は、日本警察は大変優秀だから、たとえば強盗の検挙率は日本七八パーセント、米二六パーセント、西独五四パーセント、英三〇パーセント、仏二七パーセント、と先進国のなかでも抜群の水準にある。それだけ日本の社会が安全というわけだが、検察の使命は直接の被害者のいない悪——つまり汚職、脱税、悪質な経済事件であることを伊藤はあげている。

この〝悪〟を生かしておけば社会は内部からむしばまれ、ひいてはその崩壊の危険があると伊藤は強調している。この悪のなかに政治家がいないことだけは奇異な感じがする。日通事件の後遺症がいかに深刻であったかがわかる。

「『悪』を大きい順、つまり巨悪から捕らえていかねばならず、検事が素朴な正義感を失わない限り、何が巨悪かも知ることができる」と語りかけられた司法修習生たちは、感銘を受けながらも、なぜ政治家の巨悪をあげないのかという声も聞かれた。

検事はいつの世でも、〝遠山の金さん〟であり続けなくてはならない、と伊藤は締めくくっているが、悪の本質の理論は同じでも、巨悪の具体化では大きな差があり、伊藤が東京地検次席になった時、河井は水戸地検から横浜地検検事正になっていたが、その河井が東京地検検事正になるという情報が流れた時の拒絶反応は検察が依然《いぜん》として分裂状態であることを示した。伊藤は定例記者会見で、河井東京地検検事正説についてははっきりと言った。

「彼の指揮下で働くのはいやですな。もしその説が本当ならば、ぼくの方から退散しますよ」

豪胆《ごうたん》なエースといわれた伊藤の捜査観が河井のそれと違いすぎたことが原因であった。伊藤は七年間も特捜部にいて造船疑獄の捜査に加わったりしたが、大事件の捜査主任検事をしたことがなく、圧倒的に多い河井の政界事件の前では迫力を感じてしまうのか。河井は検事としての怖さから〝閻魔《えんま》〟の河井と呼ばれたりしたが、私は「向こう傷の閻魔」と思っている。

事件を〝ガチ割って〟進んだ彼には政治家の反攻も集中されがちで、「日通事件」でついに敵方に回った検事総長による人事で地方に出され、政界のある東京にだけはカムバックできなかった。

どの検事も努めて政界の方を見ないようにしていると思った。特捜検察にはよどんだ空気がたれ込めていた。河井が失脚状態にある以上、特捜検察の復権は容易ではないと思えた。

## 田中角栄の錬金術《れんきんじゅつ》

昭和四八年（一九七三）二月、田中角栄が政権を握った七ヵ月後、田中の刎頸《ふんけい》の友《とも》である国際興業社主、小佐野賢治《おさのけんじ》とつき合いのあった大沢一郎《おおさわいちろう》が検事総長になった。かつては馬場系と見られていたが今、それを問題にする人はいない。京都大学法学部出で、捜査官というより行政官タイプで、法務省矯正局長の時、矯正協会の仕事を通じて検察の先輩である正木亮《まさきあきら》弁護士(元広島控訴院検事長)から国際興業社主の小佐野を紹介された。その結びつきは強く、ロッキード事件で小佐野が起訴されると、定年になっていた大沢が小佐野の弁護士となり特捜検事とわたりあったりしている。

その大沢を最高指揮官に、最高検次長が長富久《ながとみひさし》、東京高検検事長は布施健《ふせたけし》、同次席・高瀬礼二《たかせれいじ》、東京地検検事正は塩野宜慶《しおのやすよし》、同次席・伊藤栄樹、同特捜部長・大堀誠一《おおほりせいいち》の布陣の時、首相・田中角栄が強い衝撃を受ける事件が起きた。

それは昭和四八年後半から翌年にかけて政界を根底から揺すぶった「田中金脈事件」。田中の大金づくりの秘訣《ひけつ》は、権力をフルに使って入手した「情報」とただ同然の安い「国有地」とを組み合わせた錬金術だった。その土地が〝ある時期〟に達すると莫大な金を生み出す一等地に変貌《へんぼう》する。その魔術のような金脈も田中角栄のような権力者にして初めて可能だったのである。

田中の金脈づくりは、田中側近ナンバーワンである山田泰司が社長を務めていた「新星企業」や「室町産業」などの〝田中ファミリー会社〟の土地売買を通じて行われたものが多い。それを田中金脈の一つだった「新潟県・鳥屋野潟《とやのがた》問題」で見ると、その錬金法に驚くばかりである。

昭和四八年、新潟県は鳥屋野潟の水上公園化を計画した。この水面下の低湿地を安い値段で買いあさっていたのが「室町産業」である。この事業が進められると、事実上田中の個人会社である「室町産業」の所有していた水面下の土地は、すべて公有化された。代替地《だいたいち》として埋め立て地が与えられるが、その埋め立て地を売るだけで四〇億〜五〇億円の利益が転がり込む。

信濃《しなの》川河川《がわかせん》敷《じき》買い占め問題では、洪水の恐れがある畑地を安い値段で買いあさり、買収が終わったのち、国の予算がふんだんに使われて頑丈な新堤防や道路が次々とでき、危険な荒地はたちまち宅地の一等地に変わる——そのどれもに共通している錬金法は、二束三文の安い土地を高価にするために権力と国家資金が使われたことだ。

このほかにも衆議院決算委員会の田中彰治が国際興業会長・小佐野賢治の脅迫《きょうはく》に使った「新潟県・蓮潟」「大阪府・光明ケ池《こうみょうがいけ》」埋め立て地などがあるが、その舞台の多くは「国有地」であり、田中金脈の核心には「国有地」と「国家権力」と「国家資金」が田中角栄のために使われなかったか、という疑惑がいつもついて回った。

疑獄的様相のなかでつくられた田中金脈の莫大な金は一体何に使われたか。その多くが指し示すのは昭和四七年七月五日。この日に何があったのか。実質的には日本の総理大臣につながる自民党総裁選挙が行われ、田中角栄が福田赳夫、大平正芳《おおひらまさよし》、三木武夫《みきたけお》を蹴散《けち》らして新総裁に選ばれている。

佐藤栄作首相が引退表明したのが六月一七日だから、三角大福《さんかくだいふく》と呼ばれた派閥領袖《りょうしゅう》たちが総裁公選のラストスパートをかけ莫大な金を使った。そのために「金権」という言葉が現実感をもったが、その意味するものは田中金脈の堂々たる力であった。

田中金脈から吐き出される金が保守政界を金びたしにした。候補のなかで一番多く金を注《つ》ぎ込んだ者が総裁＝首相になるという権力図式。しかも自民党は国家機関でなく、公職選挙法の適用外だから政治家たちの熱気にはすさまじいものがあった。

田中金脈というものは、土地に権力をからませて魔法使いのように大金を沸《わ》き出させるだけでなく、その莫大な金で総理大臣のポストをも入手した稀代《きたい》の政治家の物語とも言うことができる。

「日本の総理大臣選びに法のメスを入れられるチャンスが一度だけあった（私は森脇事件も含めて二度と思うのだが）。もしあの時、田中金脈を捜査していれば日本の政治はかなり違ったものになったであろう。そうすればああいうロッキード事件もなかっただろう」と言い切ったのは鬼検事・河井信太郎だった。昭和五一年一〇月一日、田中角栄逮捕のロッキード事件終結直後、大阪高検検事長を定年退官したが、河井は〝日本のために惜《お》しい〟とも言った。

田中金脈は、これだけの意味をもっていたが、この問題にスポットをあてたのは東京地検特捜部でも警視庁でもなかった。詳しく言うと評論家・立花隆《たちばなたかし》らで、月刊誌「文藝春秋」（昭和四九年一一月号）に立花らが執筆した「田中角栄研究――その金脈と人脈」という特別レポートだった。文筆家の一本のペンが政界に衝撃を与えた。国有地と国家権力を利用すれば莫大な金を生み出せる図式が深刻な反響を呼び、衆・参院は田中角栄首相を追及する議員たちの声で満ちた。発売翌日の自民党総務会で田中派と敵対関係にあった福田派の藤尾《ふじお》正行《まさゆき》が「こんな記事が出るようでは党全体の名誉にかかわる」と攻撃の狼煙《のろし》をあげた。

立花のレポートは田中が二五歳で土建会社社長になってから首相になるまでの資産拡大の過程を克明に追跡したもので、法人名義の個人財産の増大や、不動産転売による巨額の利益獲得などの実態を解明しながら田中角栄の金権的体質に迫っている。福田赳夫や大平正芳のような大蔵省出身の官僚政治家と違い、財界本流からの太い政治資金パイプをもたない田中角栄にとっては、一〇〇名近い自派の国会議員団を率いて天下を狙うには、この荒っぽい金儲《かねもう》けしかなかったのだろう。

田中金脈が国会で火を噴き、国税庁、警視庁が動き始めた。しかし東京地検特捜部は動かなかった。田中に最も致命的だったのは自民党内部の敵だった。田中内閣の蔵相・福田赳夫、環境庁長官・三木武夫の大物が相次いで閣外に去ると政権の支えを失った。そして二人が反主流派に回ると田中は「もはやこれまで」と自分の政権の幕を引いた。昭和四九年（一九七四）一二月九日、二年半の政権だった。

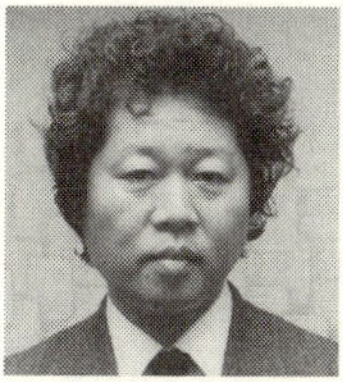
立花　隆

「ひたむきに走って来たもんなあ。何もかも早くやりすぎた。首相にもなってしまったが、まだ五七歳だもんなあ。とにかく疲れたよ」と田中は言ったが、後任首相は椎名《しいな》悦三郎《えつさぶろう》・自民党副総裁の裁定で三木武夫がなった。

田中角栄を首相の座から引きずりおろすほどすさまじかった田中金脈は、依然として疑惑の底深さをもっていたはずなのに奇妙な動きが起こった。

田中金脈に〝脱税容疑あり〟と再調査に乗り出した国税当局だったが、「脱税ではなくて申告ミスだった」として、田中側が所得の修正申告をして一件落着にしたのである。田中角栄が首相をやめて、動き出した官庁権力に田中派が目を光らせ始めると、当局のペースと意気込みが落ちた。田中金脈の疑惑は、広大な国有地がからむスケールの大きなものなのに当局はまるでやる気がなかった。

建設省の通告で捜査に乗り出した警視庁は田中ファミリーの一つである「新星企業」が都知事の免許が切れているのに不動産売買をしていた、というまったくの形式犯である宅地建物取引業法違反で書類送検しただけであった。疑惑の核心どころか入口にさえ立ち入っていなかった。

田中派の国会議員九一人(衆院四八人、参院四三人)が官庁権力に目を光らせていては、田中金脈を暴《あば》き出すようなことはとてもできない、という本音が聞こえてくる。どこの官庁でも田中金脈を追及した者は巨大な田中派の復讐を覚悟しなければならない。省庁に強い族議員はあらゆる分野に及んでいて、官僚がたとえ正義派であっても田中金脈をもち出せば孤立するばかりである。

田中と警察を見れば、元警察庁長官・後藤田正晴《ごとうだまさはる》は田中派の有力な国会議員であり、カミソリの異名がある彼に背《そむ》く警察官僚はいない。

日本の全官庁が田中派の支配下にある図式だが、こんな時、検察だけでも不偏不党で正義の道を進めば日本の行方《ゆくえ》も希望がもてるのだが、検察も田中金脈の疑惑解明にはまるで意欲がなかった。

警視庁から送検の形で捜査を引き継《つ》いだ東京地検は田中金脈が日本最高権力者の疑惑とあってか、家宅捜索一つしようとしなかった。それでも特捜部は「家宅捜索をしたい」と強制捜査を上申したが、検察上層部からの指示は「捜査は警視庁からの送検範囲内にとどめるように」という消極的なものであった。

捜査は翌年六月まで続くが、東京地検次席の伊藤栄樹は記者会見のたびに「われわれは田中金脈問題を捜査しているわけではない。新星企業の宅建業法違反を捜査しているのだ」と言いわけのような言葉を繰り返した。しかしそれを強調すればするほど、東京地検特捜部の捜査に初めから大きなたが《い》がはめられていることを浮き彫りにするばかりだった。

六月二四日、東京地検特捜部が捜査終結にあたって起訴した内容は、
①新星企業（東京都新宿区本塩町二三　田中ビル内）は法人として、また前社長・山田泰司と現社長・竹沢脩は東京都知事の営業免許が期限切れになったのに更新せず、山田社長時代の昭和四四年一二月から四七年七月まで一〇回、竹沢社長時代の同月から田中金脈問題表

面化直前の四九年九月まで七回、合計一七回、無免許状態のまま東京都内や千葉県内の宅地、建物の取引・仲介を行った（宅地建物取引業法違反）。

②山田は友人二人と所有していた東洋ゴーセー（東京都中央区銀座）の株を高くつりあげて売り、利益を得るため、四七年三月ごろ新星企業が東洋ゴーセーから買った埼玉県上尾市の宅地三七〇〇平方メートルを「錯誤《さくご》」を理由に無償で東洋ゴーセーに返し、東洋ゴーセーの資産を増やしたが、これは新星企業への特別背任罪にあたる（商法違反）。

――というものだった。

このうち①は免許さえ更新していれば何でもないことで、田中金脈に触らないように気をつけた捜査だったから田中の「タ」の字も出ず、田中角栄の疑惑は見事に隠蔽《いんぺい》されていた。しかし、たったこれだけの起訴事実でも、ほんの少し水面下に潜《もぐ》れば、ドロドロとした政界の裏舞台を覗《のぞ》けるはずなのに――。

田中ファミリー会社の新星企業の社長が山田泰司から竹沢脩へと交代した昭和四七年七月に政治の世界では何があったのか。自民党総裁公選で田中角栄が決選投票でライバルの福田赳夫を破って新総裁になった日が同年七月五日だったのだ。

そしてその直前、新星企業は、自らの資産を売りまくって莫大な現金にかえ、抜けがらになったような新星企業という会社そのものまで「ある人」に売っている。「ある人」にとっては、この買い物は、かなり高いものについたが、その「ある人」が小佐野賢治とくれば、この謎解《なぞと》きは完結する。そうまでしてつくり出した莫大な金が何に使われたかは、その時期から、おのずからわかるというものであろう。

小佐野は、かつて田中が経営していた日本電建が赤字で苦しんでいる時も、田中から巨額な金で買い取っており、「小佐野さんは実業の世界、田中さんは政治の世界で、仲良くやりなさい」と言った検察の大先輩・正木亮（国際興業顧問弁護士）の言葉が浮かびあがる。

そのうえ、注目されるのは起訴事実②で、これは警視庁の送検にはなかった新事実だったのだ。特捜検事たちが意地を見せたと言えそうだが、これも裏街道を覗いてみると日本の陰湿な最高権力者争いの実態が垣間《かいま》見える。

つまり、高くつりあげた東洋ゴーセーの株が売られ田中側近のナンバーワンの山田泰司は二億四四〇〇万円を手にするが、この金は一体何に使われたのか。株の売却は昭和四七年三月であり、あらゆることが「四七年七月」の自民党総裁公選を指しているのだ。

東京地検特捜部が捜査した田中金脈の「新星企業事件」は不動産業者としての免許の期限切れという形式的犯罪に見えながら、その奥底では日本の総理大臣選びという政治の重大事に直結していた疑いが極めて濃厚なのだ。それなのに逮捕はおろか、家宅捜索一つせずに任意捜査にとどめて、深層部の疑惑を見送った東京地検特捜部！

## 物言えば唇寒し

「あの時、せめて家宅捜索くらいできなかったか。もしかりにあの時、特捜部が疑惑の中枢《ちゅうすう》まで踏み込んでいれば、莫大な金を必要とする自民党総裁（ひいては首相）選の実態が国民の前に明らかにされ、日本の政治のあり方も少しは変わっていたのではないか」

と批判する検事や検察OBも少なからずいた。

しかし批判の声をあげたのは、すべてが終わってかなり時間がたってからのことであり、捜査が動いている時、正々堂々と名前を出して田中金脈捜査の重要さを国民に訴えた検事は皆無《かいむ》だった。

もしかりにそういう行動をとった検事がいても、組織の外にはじき出されただけだろう。警視庁などの捜査権力も、国税庁の査察権力も、その他のあらゆる官僚の権力が、田中角栄とその軍団におさえ込まれたが、このことを裏から言えば田中角栄の政治権力がいかに巨大であったかを物語る。こんな状況下でこそ特捜検察の出動が脚光を浴び国民の信頼も高まるものだが、小佐野と知己《ちき》であった大沢一郎検事総長は、〝特捜の突出〟を認めなかった。

大沢検察にはナンバーツーの東京高検検事長・布施健や、同次席・高瀬礼二のように、のちにロッキード事件の捜査指揮官として大活躍した幹部もいたが、やはり検事総長の権力が大きく、布施も高瀬も口をつぐんでいる。

当時の日本国は田中角栄の列島改造計画が行き詰まり、田中政権が揺らいでいる時なのに、田中金脈に対するあらゆる摘発機関が自己規制をして〝物言えば唇寒し〟という時代が日本をおおって定着した。

「捜査は警視庁送検の範囲にとどめるように」と大沢検事総長の東京地検への指示が特捜検察の捜査に大きなたがとなっていた。特捜部が検事総長の方針に反して反乱を起こせばどうなるかは「日通事件」の河井信太郎事件を見ればすぐわかる。

あの時〝河井学校〟最後の〝門下生《もんかせい》〟視されていた吉永祐介はどうしたろうか。吉永は「河井信太郎事件」の後も特捜部に残って元検事の「ユーザーユニオン事件」などを手がけていたが、田中角栄が首相になったばかりの昭和四七年八月、法務省刑事局参事官に移っている。国会の質疑に対応するのが役目だが、この人事は刑事局総務課長・前田宏《まえだひろし》（のち検事総長）が「吉永のような優秀な検事は法務省を経験させるべきだ」と推進したものだ。

前田は法務省の長い法務官僚のエースだが、「特捜部を経験しなくてはだめだ」と、自ら希望して特捜入りした経歴をもっており、その後はまた法務省へ戻っている。

吉永の法務省生活は二年余りで終わり、昭和五〇年（一九七五）一月、東京地検特捜部副部長として復帰した。その一ヵ月前に田中角栄が首相の座をおりており、枠《わく》をはめられた「新星企業事件」が吉永の現場復帰初の事件ということになる。この事件は「表」の形式的な宅地建物取引業法違反と、実質的な「裏」の田中金脈による総理大臣とりとの落差があまりにひどく、吉永は唇をかむ思いであっただろう。

東京地検次席・伊藤栄樹は定例記者会見などで「君らは政界、政界と言うが、もっと庶民の生活に身近な土地、株、公害など検察がやるべきことはいくらでもある。政財界ばかりが特捜の仕事ではない」と、新聞に連日掲載される田中金脈の記事を牽制《けんせい》するような発言をしたが、その顔は厳しかった。

明らかに、田中金脈の検察捜査が上層部の意向で枠をはめられて自由がきかない不機嫌さが、外部からは、政界に対しては「なるべく見ないようにしている」ような恐るべき無関心に見えた。

伊藤は田中金脈事件の後昭和五〇年一一月、東京地検次席を離れて最高検検事へ転任したが、そのしばらく後の夜、伊藤ら四検事が最高裁内にあった司法記者クラブを酒に酔って〝奇襲〟したことがあった。伊藤はかなり酔って「オレのチンポはヨカチンチン」と踊り出したが、私が「田中角栄はヨカとですか」と言うと伊藤はきっぱりと言ったものだ。

「田中角栄は許せない。こんどまた事件を起こしたら何としても逮捕してやる」

検察には、「汚職」に手を染めた政治家は、たとえ大物であっても一切、妥協せずに逮捕・起訴すべきだという立場に立つ特捜検察と、時と場合によっては大物政治家の汚職と国家利益とのバランスを考える「国家有用論」に近い考え方の二つがある。

伊藤は河井検察に批判的で、（法律的問題は別として）〝首相であろうと汚職をする人は許さない〟と法律違反だけを追う特捜検察とはやや異なり、幅が広いところがあり、それだけ政治的といえる。検察にはこんどの事件のように〝警視庁の送検範囲にとどめるように〟という理由などで捜査を政権内部に進めないよう自己規制するところがあり、戦後の昭電・造船疑獄の混乱の時代はともかく、首相までは捜査の手が及ばないという神話がつくられていた。

田中金脈も、その証拠の一つに加えられかねない役割をもっていたが、酔った伊藤の一言が「田中角栄だけは別だ」という違った感触を与えた。保守本流の歴代首相は、指揮権発動で助かった佐藤栄作を含めて、経済界をはじめ国際関係、国防関係などと随所《ずいしょ》にはりめぐらされた極秘のパイプをもっており、そのなかへ検察が飛び込むには容疑をつかんでいるとはいえ、不《ふ》退転《たいてん》の勇気を必要とする。

首相といえば検察が圧倒されるような迫力をもっているものだが、金脈問題では検察上司から止められたとはいえ、伊藤が「こんどは絶対、田中角栄を逮捕してやる」と言ったことは、歴代首相と田中は違った目で見られていたと言える。田中角栄は「国家有用論」からはずれてきた、と言うべきだろうか。

田中角栄は歴代首相のなかでも実力派首相だった。日本の国をつくり変えようという野望を抱いたのは岸信介《きしのぶすけ》、田中角栄、中曽根《なかそね》康弘《やすひろ》、そして小沢一郎《おざわいちろう》である――と毎日新聞編集局顧問・岩見《いわみ》隆夫《たかお》が書いている。四人は悪役イメージがついて回る点でも共通しているが、国民的人気を博し得たのは田中だけだった、とも書いている。岸ら三人が改憲を旗印に上からの改造をしたのに対し、田中は終始「雪国の宰相」を立脚点にしたことが、下からの改造姿勢として角栄人気を支えた、と岩見は分析し、結局田中角栄を「せっかちな独裁者」と表現している。もちろんロッキード事件のような汚職は論外としたうえでの論評である。

強い枠をはめられていた特捜検察だけが金脈疑惑を徹底追及することなど不可能な状態だった。その悔《くや》しさが、酔った伊藤の一言に凝縮されていたといえるだろう。当時、司法記者だった私は「検察も気分的には田中角栄も逮捕可能な位置にいる。かつて児玉誉士夫、田中彰治、森脇将光《もりわきまさみつ》の三怪人が逮捕されるべき〝地下水脈の男〟としてマーク、そのうち田中彰治と森脇はすでに逮捕され、あと一人の児玉は逃げ伸びたと思ったが、マークすべきリストに田中角栄も新たに追加しなければならない。田中に新しい疑惑が出てくれば、検察は逮捕に乗り出してくるだろう」と確信した。重要なことは伊藤のほかにも複数の検察高官が、前首相を逮捕できるような気分のなかにいることだ。

新星企業事件の裁判は東京地裁で開かれたが、公判は全部でわずか四回、審理の時間も総計して三時間という、呆気《あっけ》なさだった。

岡田《おかだ》光了《みつのり》裁判長はその後、ロッキード事件では「丸紅ルート」の田中角栄らを裁《さば》くめぐり合わせになるが、この時は、山田に懲役一年六月執行猶予二年、罰金三〇万円。竹沢に罰金三〇万円の判決を言い渡した。

山田、竹沢は、起訴事実を全面的に認め、ひたすら反省を示す態度で争わなかったため異例のスピード裁判となったが、これも、努めて表沙汰《おもてざた》にしたくない田中らの意向を反映したものと見られる。文字通り「政・刑分離」の「角抜き」判決だった。

東京地検特捜部が政治に踏み込んでいけない冬眠期の事件だが、「田中は不問」の収拾は、政権の座をおりたとはいえ、国会に大勢力を張る田中角栄の威力をも示す幕切《ふきっ》れでもあった。

しかし、田中金脈の騒ぎのさなかに、田中角栄や小佐野の運命について不吉な予告をした元政治家が一人いた。衆議院決算委員会を舞台に恐喝、詐欺《さぎ》を重ねたとして逮捕された元自民党代議士・田中彰治である。田中角栄が失脚して一〇日ほどのちの昭和四九年一二月一八日、自ら判決を受けるため東京地裁の冷《ひ》え冷《び》えとした法廷に現れた田中彰治は、司法記者を相手に問わず語りにポツリポツリと話した。

「田中角栄のことかい？　あんな悪い奴と一緒にされちゃ困るね。あんな問題（田中金脈）が起こり始めたのは、（昭和四一年八月）俺が逮捕された後からだよ。その前は俺がいたからおとなしくしてたんだ。今の検事総長（大沢一郎）だって、小佐野が角栄に紹介したんだ。角栄が辞めることになったから検事総長も辞めることになったんだよ（大沢検事総長は定年）。その小佐野も近く引っ張られるんじゃないの？　そうでなきゃ、国民はおさまらんよ。角栄や小佐野は大悪人で、それにくらべれば、俺は小悪人にすぎんよ。俺が一坪だって国有地をとったことがあるかい？」

〝政界の爆弾男〟の面影《おもかげ》はなく、一人の老人になった田中彰治は懲役四年の実刑判決に肩を落とした。その翌年一一月二八日、東京高裁の控訴審判決を前に、田中彰治は他界した。そのわずか三ヵ月後、田中角栄や小佐野がロッキード事件で東京地検特捜部に強制捜査され、起訴される運命にあろうとは、もちろん知るはずもなかった。時はゆっくりと動いている。国も揺れている。

西郷隆盛のころからあった国家有用論——「国家に有用な人材は汚職など低次元なもので葬《ほうむ》ってはならぬ。国家の損失だ」という考え方はまだまだ根強い。ワルい奴の方が大きな仕事はよくできる、という見方もあって、社会は混乱している。特捜検察が活動を再開した。

# 第七章　総理大臣の犯罪

## ロッキード疑獄《ぎごく》

一つの奇跡が起きた。

一〇年間も東京地検特捜部にマークされ、ついに特捜検事が「摘発《てきはつ》の時期を逸した。ヤツは聖域に逃げ込み動きを止めた」と漏《も》らしていた裏世界のドン・児玉誉士夫《こだまよしお》。果《は》たして特捜検事が言うように児玉の活動の時期は過ぎ、大企業のトラブルの渦中《かちゅう》に入り込んで法律違反の行動を起こさなくとも大物らしく黙って姿を見せただけで金になる聖域構造が完成したのだろうか。

だが新しい疑獄のキーワードをアメリカの裏世界に合わせて見ると、疑惑の炎のなかに莫大な金をつかむ現役の秘密代理人・児玉の不気味な姿が浮かびあがる。

東京地検や警視庁などの捜査機関が政治権力側の「国家有用論《こっかゆうようろん》」に阻《はば》まれて入り込めない聖

域に右翼の巨頭・児玉も入ったのではないか、という情報が流れたことはある。だがアメリカ上院外交委員会の調査が明らかにした児玉の実像は、東京地検特捜部が描いた「過去の光景」ではなく、今なお、莫大なダーティーマネーに手を染める現役の〝闇《やみ》の帝王〟だったことを示している。さらに庶民派の実力者・田中角栄《たなかかくえい》前首相も登場してくる。

論理上では金脈事件では田中角栄逮捕がふさわしいとわかっていても、田中を拘置所《こうちしょ》の鉄格《てつごう》子《し》のなかへ閉じ込めようと考えた検事は皆無《かいむ》だった。ここでも疑獄のキーワードをアメリカに合わせると、五億円という巨額なワイロを聞いて「よっしゃ、よっしゃ」と上機嫌の田中角栄の顔が迫る。田中も児玉も、それぞれの世界では実力抜群の日本の男たちだが、二人とも大金に目がくらんでアメリカからダーティマネーをもらった違法が共通している。

そのことはまさに国辱的《こくじょくてき》な光景だが、日本にはまだ「奇跡」を起こすほどの実力が残されていたことは幸運と言わねばならない。

大沢一郎《おおさわいちろう》検事総長体制のもと、田中金脈を見逃した無気力な東京地検特捜部が、日本暗黒界のドン・児玉誉士夫に対し果敢《かかん》な強制捜査に踏み切り、政界最大の派閥領袖《りょうしゅう》・田中を逮捕したことは「奇跡」でなくて何だろうか。田中角栄逮捕の仕掛人は一体だれなのだろうか。

児玉摘発は影響力の重大さから国会議員一〇人逮捕に匹敵する意味をもち、田中逮捕にいたっては国際政治に対する日本の方向さえ変えた。実力ある前宰相逮捕を追っていくと謎《なぞ》は深まるばかりで、最後は謀略《ぼうりゃく》の影にすっぽりおおい隠されてしまう。国際政治の謀略の恐ろしさが、ここでも顔を出している。

昭和五一年（一九七六）二月五日（現地時間二月四日）、アメリカの大手航空機製造会社「ロッキード」で起きた疑獄は、捜査的に見ると初めは暗黒街にも通じる右翼の巨頭・児玉の登場によって日本社会に強烈な衝撃を与えて消え去り、その後の圧倒的に長い捜査ののち政界の大物・田中角栄が事件の主役に就《つ》くという構図をもっている。

だが、捜査開始後二ヵ月が経過して、ついに田中角栄の登場という深層を知ったのは検事総長になった布施健《ふせたけし》や捜査主任検事・吉永祐介《よしながゆうすけ》らごく少数の関係検事だけで、日本人のすべて（警視庁も排除された）が「恐ろしい事件捜査が進行している」と事件特有のきな臭い雰囲気がわかるだけで、具体的に田中角栄の〝総理大臣の犯罪〟であったことを知ったのは田中逮捕の同年七月二七日早朝以降のことである。

児玉誉士夫

特捜部が初めてロッキードの疑惑に田中角栄が関係していることを知ったのは、アメリカ司法省からSEC（米国証券取引委員会）の極秘資料が東京地検特捜部に渡された四月一一日のことである。日米にわたる大疑獄でありながら、最も重要な政治家の関与が、その政治家の逮捕までマスコミ（ということは国民）に対してもまったく知られなかった稀有《けう》な事件でもあった。

それほど東京地検特捜部の秘密保持は厳重を極めたが、この捜査の成否に日本そのものの威信がかかっていた。自国がからむ国際疑獄を解明し得ないとなれば日本は汚職国家としてのイメージが定着するだろうし、国家は衰亡する。しかしこのような情勢のなかでも汚職政治家を救う「国家有用論」を日本の政治家たちは考えていた。その詳細は後述する。

昭和五一年二月五日に火を噴いたロッキード事件は一気に全世界に広がった。米国上院外交委員会多国籍企業小委員会が、日本の関係者に対する公聴会を開き、大手航空機メーカーのロッキード社の贈賄《ぞうわい》工作について追及に乗り出した。

〝衝撃の第一報〟を伝える毎日新聞夕刊一面は「ロッキード社がワイロ商法」「児玉誉士夫氏に二一億円」という大見出しが躍っていた。宇佐美特派員電はほぼ次のようなものだった。

「米国上院外交委員会多国籍企業小委員会（チャーチ委員長）は四日公聴会を開き、米国の大手航空機メーカーの一つであるロッキード航空機会社が、同社が新たに開発したエアバス（大型ジェット旅客機）『トライスター』（L1011）の外国での販売にあたって裏帳簿を利用し、日本を含む西独、イタリア、トルコ、フランスなどの各国関係者に総計一六〇〇万ドル（約四八億円）もの巨額のワイロを贈った、との国際的スキャンダルを暴露《ばくろ》した。特に日本関係では、戦前から右翼の大物として知られる児玉誉士夫氏に依頼、軍用機関係で七〇八万五〇〇〇ドル（約二一億二五〇〇万円）を贈ったことが同氏のサインのついた仮領収証などで明らかとなった。

またイトー・ヒロシという人物（丸紅専務・伊藤宏《いとうひろし》）と正体不明の広告会社へ多額の支払いが行われたことも明らかにされた。日本が、こうしたスキャンダルに登場したことは初めてであり、米国でも大きな反響を呼んでいる」

米国上院外交委員会多国籍企業小委員会はさらに児玉がロッキード社の秘密代理人として一八年前から暗躍していることも明らかにし、「児玉誉士夫」のゴム印と印鑑が押された四七枚の領収証など証拠書類まで公表した。この領収証の総額は昭和四四年（一九六九）一月九日から同五〇年（一九七五）五月七日までの六年間で一七億五四三〇万円にのぼり、特に全日空がジェット旅客機「トライスター」購入を決めた昭和四七年（一九七二）には、このうちの一一億円が集中している。

チャーチ委員長の口ぶりから推測すると、この疑獄の中心は当時、開発されたばかりの大型ジェット旅客機（エアバス）の対日売り込みにあったが、軍用機が専門の児玉が民間の旅客機だけで動くとは思われない。

事実、続いて公表された秘密代理人・児玉とロッキード社の極秘契約書のなかには、軍用機P３Cオライオンを日本の防衛庁に五〇機売り込むごとにロッキード社は児玉に二五億円を支払うという破格の約定があった。

戦慄《せんりつ》する特捜検察に外電は容赦《ようしや》なく衝撃の新事実を暴露し続けた。

「ロッキード社の対日工作資金は児玉、丸紅、全日空合わせて三〇億円を超える」（二月五日、米上院多国籍企業小委）

「児玉にはロッキード社の対潜哨戒機《たいせんしようかいき》P３Cを日本の防衛庁に売り込むことでも働いてもらっ

た、とロッキード社のコーチャンは明言している」(二月一三日、米上院多国籍企業小委のチャーチ委員長が公表)

驚くほど早い事件展開に丸紅専務の伊藤宏は「ロッキード社にピーナッ一〇〇個(ピーナッ一個は一〇〇万円、一〇〇個なら一億円)を受け取ったという領収証はたしかに書いた。前のことなので、後は記憶がなくて……」と言い、全日空社長・若狭《わかさ》得治《とくじ》も「ロッキード社の対日工作資金については当社はまったく無関係であります」という虚偽《きょぎ》の答え方をした。

二人の実業家は民間のジェット旅客機導入を想定していたのだが、もしかりに児玉がP3Cオライオンという優秀な軍用機「対潜哨戒機」の防衛庁売り込みに暗躍していたとすれば、様相はさらに疑獄的なものになる。そうすれば日本の国防政策にかかわることになり、大物政治家がゾロゾロと登場してきそうな凄《すご》みをもっていたからだ。

ロッキード社の社長、A・コーチャンは世界を股《また》にかけた贈賄の本犯《ほんぱん》だが、SECの秘密証言で「児玉は日本における私の国務相だ。児玉はロッキード社が不利な情勢に陥《おちい》った時、逆転工作を話し合い、現在進行中の陰謀について、政府と話ができる人として中曽《なかそ》根《ね》康弘《やすひろ》に連絡をとってくれた。その翌日には中曽根が状況を直してくれた、という報告を受けた」とロッキード事件当時の自民党幹事長・中曽根康弘(のち首相)の名をあげて言い切っていた。もし証言内容が真実ならば重大問題となる。

児玉は昭和二〇年代(一九四五―)の混乱期、自民党の前身の自由党結成資金として旧日本軍の隠匿《いんとく》物資であるダイヤモンド、プラチナなどを河野一郎《こうのいちろう》（のち農相）を通じて提供したことから保守党への影響力につながった。鳩山一郎《はとやまいちろう》、三木武吉《みきぶきち》、大野伴睦《おおのばんぼく》、河野一郎、岸信介《きしのぶすけ》など政界の大物と関係があり、その一方では右翼の巨頭として組織暴力団にも通じていたことが児玉の存在を不気味なものにした。

## 地下水脈の大物たち

日本のドン、児玉がロッキード社の秘密代理人になったのは一八年前の昭和三三年（一九五八）四月のことだった。第一次次期主力戦闘機（FX）商戦ではグラマン社が優勢で、政府の国防会議ではF11にいったんは決められたが、児玉は田中彰治《たなかしょうじ》を味方に引き入れ、恐るべき黒幕ぶりを発揮してロッキード社のF１０４を日本政府に逆転採用させている。

衆議院決算委員会で「おかしいじゃありませんか」と野太い声で国防会議のグラマン内定を追及する田中の〝脅《おど》し〟がきいたわけだが、児玉のことをキャツと呼ぶ当時の森脇将光《もりわきまさみつ》の証言がある。

A・コーチャン

「ロッキードと言えば（昭和）三十三、四年ごろキャツがチョコチョコやって来て、次期主力戦闘機の機種をめぐって国会がゴタゴタやっているようだが、森脇さん、何かいいデータはないかと聞くんだね。結局、キャツは田中彰治と組んでグラマン追い落しに成功したんだが、田中は

『児玉というヤツはふてえ野郎だ』と言うんだな。田中彰治が言うにゃ、キャツはグラマンをロッキードに逆転させた謝礼に一億円もらったと田中に言い、協力者に八〇〇〇万円払ったので残りの二〇〇〇万円をやると言われた。後で田中が調べてみると、キャツが商社からもらったのは一億円ではなくて三億円というんだな。それがキッカケで田中彰治とキャツの関係は氷のようになったんだ」(毎日新聞社編『ロッキード取材全行動』)

政財界暗黒界での児玉の名が轟《とどろ》いた事件だが、児玉はそのほかにも昭和二八年(一九五三)の「保全経済会事件」をはじめ大事件だけを見ても「東洋精糖乗っ取り事件」(昭和三三〜三四年)、「殖産住宅事件」、三光汽船の「ジャパンライン事件」(昭和四七年)と続いており、企業トラブルを聞きつけては裏財界のフィクサーとして暗躍した。

日本の空を支配するグラマンとロッキードの黒い商戦で秘密代理人としての地歩を固めた児玉は、翌三四年(一九五九)の「東洋精糖乗っ取り事件」解決にあたって、こんな形で表面に出る。東急の大御所、五島慶太《ごとうけいた》のバックで株を買い集めていた横井英樹《よこいひでき》(のちホテルニュージャパン社長)がその株を放出する形で解決するが、その時東洋精糖が昭和三四年九月一二日「長らくご心配をかけました。当社経営に関する紛争は、児玉誉士夫氏並びに(大映社長である)永田《ながた》雅一《まさいち》氏のご斡旋《あっせん》により解決の和議が成立いたしました」という新聞広告を掲載した。

これは一つの事件の終焉《しゅうえん》を知らせるとともに企業トラブルには裏世界の巨頭・児玉が睨《にら》みをきかせていることを暗にPRする意味をもった。

この「東洋精糖乗っ取り事件」の陰では児玉に一億円の金が転がり込んだと言われている。児玉とともに新聞広告に名前が出た大映社長・永田雅一は政界の実力者・河野一郎の派閥団体「春秋会」の熱烈な会員であることを考えれば、児玉が権力につながっていたことがよくわかる。児玉の政界人脈は〝過去の大物〟だけでなく、ロッキード事件当時の自民党幹事長・中曽根康弘とは児玉の秘書が中曽根の秘書になるような関係にあった。中曽根は「春秋会」では青年将校的存在だったが、時間の経過と経験の重さが政界の大物に変えた。

政財界事件の特徴は、それぞれの事件が表面的には独立しているように見えながら、政財界深部ではつながっていて、同じ人物が何度も登場することだ。一つの事件を捜査することは、次の事件捜査への跳躍台の意味をもつが、ロッキード事件は源流を終戦直後の混濁期にもつ地下水脈の大物たちを根こそぎ引き出す魔力をもっていた。

それは右翼の巨頭・児玉誉士夫、前首相・田中角栄、政商的実業家・小佐野《おさの》賢治《けんじ》——もちろん地下水脈の怪人物はこの三人だけではないが、他の大物たちは森脇将光のようにすでに摘発されてしまったか、あるいは地下水脈での活動を停止し、かりに過去を暴《あば》かれることがあっても「時効」の彼方《かなた》へ逃げ込んでいるのである。児玉、田中、小佐野は、戦後の影を引きずった〝現役〟の大物たちであった。

そして児玉の専門がアメリカの軍用機を日本政府に売り込むことにある以上、日本の国防政策に直結する恐れが強く、東京地検特捜部がはかり知れない衝撃を受ける図式ができていた。

「このロッキード疑惑は何としてもやらなければならない。もしこの捜査に失敗すれば特捜検察が国民の信頼を回復するまでには少なくとも二〇年間はかかる」と特捜経験のある最高検検事はかたい表情で語るばかりだった。本来ならば東京地検特捜部がキャッチしなければならない疑惑なのに、アメリカの議会にこれだけ重要な指摘をされていながら解明できないことになれば何のための検察か、と検察の存在そのものが否定されかねない要素をこの事件はもっていた。「あれ（特捜部）はツメも研《と》がない猫だ」と揶揄《やゆ》されていた特捜部は、最後の死力を振りしぼって立ち上がらねばならない状況に追い込まれていた。

「無気力検察」と「正義に目覚めた検察」の分岐点は、アメリカでロッキード事件が火を噴き、東京地検特捜部に強烈なショックを与えた昭和五一年二月五日にあるのだが、「なるべく政界の方を見ないようにしている」としか思えない無気力検事群と、「巨悪は許さない」と自信にあふれた魅力ある検察陣とは、実は同一人物たちなのだ。

つまり特捜部長・川島興《かわしまこう》、特捜部副部長・吉永祐介をはじめとする二八人の検事はこの分岐点で人事異動になっていないから、同じ検事たちが「無気力検事」と「正義派検事」の二役を演じて見せたことになる。検事のなかでも特捜検事は短い期間で促成栽培するようにはいかないから、特捜部は、ひそかに実力を落さないように努力だけはしていた。

田中金脈は総理大臣を引きずりおろすほどのエネルギーをもっていたが、特捜部が上申した「家宅捜索」が検察上層部によって握りつぶされ、一度は目覚めかけながら再び無気力検察に陥《おちい》っていた状況があった。それが二度目の強震。東京地検特捜部の存在まで問い詰められ、突然、立ち上がって児玉を起訴し、田中角栄を逮捕。〝現代の奇跡〟と言われた真因はここにある。

## 東京地検特捜部の布陣

二月五日、米国上院外交委員会で疑惑の一端が暴露されたロッキード事件が東京地検特捜部を震撼《しんかん》させながら、たちまち大事件に発展したのも、幕開けと同時に浮かびあがったヴェールのなかに政財界暗黒部の超大物・児玉誉士夫の姿が現れたからだ。

国民が何も知らないところで右翼の巨頭・児玉と手を組んだ政界大物の権力者たちが国家を売るような汚職を重ねていた疑獄に国民は憤激した。そのことは身に覚えのない政治家たちも慄然《りつぜん》とした。日本にはごく少数とはいえ国家より自分の利益を上に置こうとする人々が確実にいる。

この時、首相だったのは三木武夫《みきたけお》で、田中角栄が「金脈事件」でつまずき失脚した後、自民党副総裁・椎名悦三郎《しいなえつさぶろう》の裁定で三木政権は生まれた。二年半前、自民党総裁公選で田中は一五六票を集めて政権を握ったが、この時は二位・福田赳夫《ふくだたけお》（一五〇票）、三位・大平正芳《おおひらまさよし》（一〇一票）、四位・三木武夫（六九票）と三木は最下位だったから、一番弱い政権ということができる。

副総裁指名は、金権をめぐる腐臭の漂《ただよ》う自民党政権がクリーンな三木で保守再生をはかったものと見られたが、未曾有《みぞう》のロッキード事件の発覚で政局には複雑な国際政治の謀略的要素が加わってきた。事件発生から二週間目の一九日、三木は記者会見で初めてロッキード事件について見解を表明した。

「ロッキード問題は日本の民主政治の発展のために徹底的に真相を究明しなければならない。日本の政治が傷つくことがあってもウヤムヤにすることの方が民主政治の致命傷になる。幾多の困難が予想されるが決意をもって立ち向かっていくつもりだ。指揮権発動はしない」

事件に衝撃を受けたのは三木ばかりではない。衆院議長・前尾《まえお》繁三郎《しげさぶろう》も参院議長・河野《こうの》謙三《けんぞう》も同じだった。その衝撃は、たちまちのうちにアメリカのフォード大統領に対して衆・参院が満場一致で次のような要請決議を打つ行動に出たことでもわかる。

「ロッキード問題がわが国の国民感情に与えた影響は甚大であり、その真相の解明は徹底的かつ迅速になされなければならない。ここに本院はロッキード問題のわが国に関するいわゆる政府高官名を含む一切の未公開資料を提供されるよう米国上院および米政府に特段の配慮を要請する。本院は本問題に関するすべての疑惑の解明をすることが、真の日米友好にとって有効であり、国民の要請に応える道と確信する。政府においても右の趣旨を体し特使の派遣などを含め本問題の解明のため万全の措置を講ずるべきである。右、決議する」（昭和五一年二月二三日、衆議院）

参議院も同様な決議を行っているから、日本国民はこぞって疑惑解明の決意をもっていたことになる。しかしこの決議をした政治家の脳裏《のうり》には、巨悪の政治家の存在すら知らなかった日本の屈辱的な状況があった。アメリカ政府はそれを知っていたという不条理。しかし満場一致の決議をした衆・参議院の議員のなかには薄汚い巨悪が確実にいた。彼らはアメリカ政府が真相を公表したら――という恐怖にかられていたはずである。この疑獄にはアメリカがからんでいたから、日本の無気力検察を押しつぶしたようなこれまでの手法は通用しないことも巨悪たちは知っていた。国防政策にからむ児玉ラインからは大物政治家がゾロゾロ出てきそうな予感が国民にはあったが、巨悪たちがホッとするような〝事件〟が起きていたのである。東京地検特捜部が態勢を整え、本格的捜査に乗り出そうとした時、特捜検事たちはいかんともしがたい障害に突き当たる。児玉の重病である。事件が発覚してから七日目のことである。

巨悪の割り出しを急ぐ衆議院予算委員会が米上院多国籍企業小委に名前の出た日本人関係者、児玉誉士夫らの召喚状《しょうかんじょう》の手続きをとっている時、それは明らかになった。

この時召喚されたのは児玉をはじめ、小佐野賢治(国際興業社主)、檜山広《ひやまひろ》(丸紅会長)、松尾《まつお》泰一郎《たいいちろう》(丸紅社長)、伊藤宏(丸紅専務)、大久保利春《おおくぼとしはる》(丸紅専務)、若狭得治(全日空社長)、渡辺《わたなべ》尚次《なおじ》(全日空副社長)と八人に及んでいる。

だが児玉は応じなかった。このメンバーから松尾と病気の児玉を除く六人が衆議院予算委員会で嘘《うそ》をついたとして議院証言法違反で起訴になるが、児玉についてはどうすることもできなかった。
「脳血栓《のうけつせん》による脳梗塞《のうこうそく》後遺症で国会における質疑応答には肉体的精神的に耐え難い。再発の恐れがある」——脳卒中《のうそつちゅう》における再発とは死亡の恐れが強く、こんな児玉に関する診断書が国会派遣の医師団（上田泰慈恵医大教授ら）から衆院予算委員長・荒船清十郎《あらふねせいじゅうろう》に提出された瞬間から、ロッキード捜査の意味の半分は失われた。

児玉の登場ゆえに燃えあがったロッキード事件は、病気の児玉退場によって大疑獄捜査の前途をさえぎられると、保守政治家の三木（政権）おろしの動きが激しくなるのだ。国防政策につながる児玉の疑獄は政界大物が逮捕される可能性があったが、その児玉が消えてしまえば、摘発されるのは並の疑獄であって、国家は安泰《あんたい》という構図が残るだけである。

衆・参両院決議を忘れたように「財政特例法案、国鉄・電電の値上げ問題など重要施策が山積しているのに三木政権はロッキード事件に浮かれている」と強烈な批判が出るような政治局面に変わっていく。

特に自らの裁定で三木政権をつくった自民党副総裁・椎名悦三郎ははっきりと「三木を田中後継首相にしたのは誤《あやま》りだった。三木は本気で保守政治の基盤を崩そうとしている」とまで言った。このような〝政論〟の合間から出てくるのが「国家有用論」なのだ。「国家に有用な人材を汚職のような低次元のもので葬《ほうむ》ってはならぬ」という論だった。椎名ら自民党首脳が国会での重要政策を強調するなかで、疑獄を埋没させる〝ロッキード隠し〟が横行した。少数派の三木政権は、そのたびに揺らいだ。

児玉の病気による沈黙は大疑獄の児玉ルートの解明を事実上、不可能にした。児玉という政財界の黒幕が長い期間に形づくった人脈は戦後政治裏面史の総括の意味をもっていたが、その解明も不可能になった。

それにしても政財界の裏面の児玉の力はすさまじい。

航空機売り込みのロッキード戦略は、A・コーチャン社長（当時、のち副会長）を総指揮者に軍用機の「児玉ルート」と民間機の「丸紅ルート」と二方面から展開する構成になっていたが、もし「民間機（トライスター）が重大時期にある」とアメリカ側が判断した時には、あらゆる手段を駆使して勝とうとする迫力をもった。

ここに東京地検の冒頭陳述書がある。ロッキード事件を引き起した背景に次のような事実があったことを想定しながら冒頭陳述を読んでいただきたい。

当時のロッキード社は苦境にあった。巨額な開発費をつぎ込んで製作した武装ヘリコプターを米陸軍省からキャンセルにされ、初めてつくったジェット旅客機「トライスター」の商戦は大幅に遅れており、対日売り込みには会社の死活がかかっていた。

〈東京地検の冒頭陳述書〉

「ロッキード社社長コーチャンは日本の航空会社にトライスター売り込

三木武夫

## ロッキード事件捜査開始時の全特捜検事（別表1）

昭和51年2月5日　（　）内は5年後のポスト　○印は裁判所から出向

| | | |
|---|---|---|
| 特捜部長 | 川島　　興 | （東京地検次席） |
| 副部長 | 吉永　祐介 | （最高検検事） |
| 〃 | 藤本　一孝 | （仙台高検次席）＝すぐ石黒久暐（のち東京地検公判部長）にかわる。 |
| 検　事 | 広畠　速登 | （長野地検次席） |
| | 河上　和雄 | （法務省会計課長） |
| | 村田　　恒 | （東京地検公安部長） |
| | 佐藤　勲平 | （内閣法制局参事官） |
| | 浜　　邦久 | （司法研修所教官） |
| | 山部　　力 | （東京地検公安部副部長） |
| | 小林　幹男 | （東京地検特捜部副部長） |
| | 村田　紀元 | （東京地検刑事部副部長） |
| | 近藤　太郎 | （東京地検八王子支部副支部長） |
| | 友野　　弘 | （東京地検刑事部副部長） |
| | 寺西　輝泰 | （法務省人権擁護局総務課長） |
| | 松田　　昇 | （法務省刑事局青少年課長） |
| | 水流　正彦 | （法務省人権擁護局調査課長） |
| | 清水　正男 | （法務省法務総合研究所教官） |
| | 神宮　寿雄 | （法務省法務総合研究所教官） |
| | ○荒木　久雄 | （東京地裁判事） |
| | 東条伸一郎 | （法務省刑事局参事官） |
| | ○太田　幸夫 | （鹿児島地・家裁判事） |
| | 小木曽国隆 | （公正取引委員会事務局） |
| | 宮崎　礼壹 | （法務省矯正局付検事） |
| 副検事 | 前田　　勇 | （東京区検） |
| | 宇都宮正忠 | （東京区検） |
| | 岡崎　芳高 | （東京区検） |
| | 寺島　留八 | （退職） |

## ロッキード事件捜査時の検察・法務首脳（別表2）

〈最高検〉

・検事総長　布施　健（東大）
・次長　高橋正八（東大）
・刑事部長　佐藤忠雄（中大）
・担当検事　江幡修三（東大）

〈法務省〉

・事務次官　塩野宜慶（東大）
・刑事局長　安原美穂（京大）

〈東京高検〉

・検事長　神谷尚男（東大）
・次席　滝川幹雄（東大）

（　）内は出身校、□はのち検事総長

〈東京地検〉

・検事正　高瀬礼二（東大）
・次席　豊島英次郎（京大）
・特捜部長　川島　興（中大）
・特捜部副部長　吉永祐介（岡山大）
・特捜部副部長　石黒久暐（北大）

みを成功させるためには正規の代理店である丸紅とは別に政財界に隠然たる勢力をもつ児玉の起用が必要であるとし、昭和四四年、ロッキード日本支社長J・クラッターをして児玉に対し尽力を要請したところ、児玉はコンサルタント報酬の増額を要求した。コーチャンは報酬を増額するに価する人物かどうかを確かめることにした。コーチャンは四月中旬来日、日本支社長J・クラッター及び通訳をするジャパンPR社長・福田太郎《ふくだたろう》とともに児玉邸を訪問して同人と面談するなどした結果、同人のわが国政財界における幅広い接触状況などから航空機の売り込みに援助を受ける必要があると考え、報酬の増額を承認した」

さらに軍用機の対潜哨戒機P3Cの売り込みの一端を、東京地検特捜部は昭和五二年（一九七七）一月、国会喚問で嘘を言った議院証言法違反で小佐野賢治を起訴した起訴事実のなかで明らかにしている。

そこに、「昭和四八年（一九七三）七月ごろ小佐野は児玉同席でコーチャンから対潜哨戒機P3Cについて日本政府への売り込みの援助を要請され児玉と協議した」という一項目があるが、P3C商戦に詳しい児玉が病気による沈黙に転じたので全容はわからない。

ロッキード捜査が始まった時に児玉が重病に倒れ、巨悪がいると思われる児玉ルートを捨てねばならない苦しい捜査のスタートだったが、検察が最も警戒しなければならないのは「政治」であった。三木は「指揮権発動はしない」と明言したが、「国家有用論」を信じている保守政治家は多く、三木政権を支えているのは三木派と幹事長に中曽根康弘を出している中曽根派だけしかいない。「三木のもとでは選挙も闘えない」と田中派、大平派、福田派は、反旗《はんき》をひるがえし、自民党の三分の二までが反三木に回っていた。

かりに三木政権が捜査さなかに崩壊すれば、次期政権が「国家有用論」にしたがって検察に指揮権発動をしないという保証はない。東京地検特捜部は「児玉再起不能」という捜査上のマイナスと「指揮権発動」の恐れという政治上の難関にさらされながら進むハンデを最初からもっていたのである。

三四〇ページに別表1として掲載したのは昭和五一年二月五日、ロッキード事件が火を噴いた時の東京地検特捜部の全検事である。

三四一ページの別表2はロッキード事件捜査時の検察・法務の首脳陣である。この検事群のなかから検事総長が四人も出ているのだから、まぎれもない検察・法務の中枢《ちゅうすう》といえる。

事務次官の塩野宜慶《しおのやすよし》は戦前検察に大派閥を張った塩野季彦《しおのすえひこ》の息子で、その後、ナンバーツーの東京高検検事長から最高裁判事に進んでいる。

## 宣戦布告

早春の二月二四日朝、風もなく暖かい日だった。ロッキード疑惑が表面化してから二週間余り、東京地検特捜部はついに強制捜査に踏み切った。午前八時四五分、東京都世田谷区等々力《とどろき》六の二九、児玉誉士夫邸に、特捜部検事・松田昇《まつだのぼる》に率《ひき》いられた東京地検、警視庁、東京国税局の合同捜索隊が現れた。

松田は北海道出身、父に連れられ渡った中国で終戦。負傷した父の代わりに小学生の松田が大きな荷を背負って引き揚げ、家計を助けるため工業高校を出ると就職。それでも中央大学の夜間へ通い司法試験にパスした温情味のある検事だ。一三年後には特捜部長として元官房長官・藤波孝生《ふじなみたかお》らを起訴したリクルート事件捜査の指揮をとったが、このロッキード事件では前首相・田中角栄逮捕の呼び出し役を務めるなど若手の斬《き》り込《こ》み隊長格だった。

通用門のベルを押すと三人の男が現れたが、捜索令状を見ると引っ込み、入れ替わりに一八人の捜索隊が児玉邸内に入った。児玉は奥座敷で、ふとんに入って土気色《つちけいろ》をして目をつぶっていた。

松田は主治医の喜多村孝一東京女子医大教授の了解を得て、ふとんをずらした。家宅捜索が始まった。ロッキード疑惑に対する日本の捜査権力をあげての宣戦布告であった。

布施の提唱で東京地検、警視庁、東京国税局の三庁合同体制ができていたが、もちろん捜査史上初めてのことだ。この日、動員された三庁の捜査・査察官は約四〇〇人にのぼり、児玉邸をはじめ東京都千代田区の丸紅東京本社、ロッキード・エアクラフト・インタナショナル日本支社、丸紅専務・伊藤宏、大久保利春の自宅など二九ヵ所が急襲、捜索された。ロッキード疑惑が発覚してから、ちょうど二〇日目で、布施は捜査史上、検事が驚くようなことをする。

検事総長の布施自身が「捜査開始」を宣言する談話を発表したのである。

検察としての談話は捜査終結にあたって東京地検検事正が発表する習慣はあるが、捜査の初めに、しかも検事総長が表面に出てくることは検察の重大決意と言えた。

「いわゆるロッキード問題については、事柄の重大性にかんがみ、米国内で公表された資料などをもとに、犯罪性の有無を鋭意検討してきたが、現在までの検討結果で所得税法違反および外為法《がいためほう》（外国為替及び外国貿易管理法）違反事件として捜査に着手するのが相当と認めるに至ったので、国税および警察両当局と緊密な協力のもとに本日、所要個所の捜索を実施することとした。検察当局としては、今後、全力をあげて事案の解明に努力する所存である」

このうち所得税法違反はアメリカ上院外交委多国籍小委が公表した通り、ロッキード社が秘密代理人の児玉に支払った莫大な報酬（そのうち一七億五四三〇万円には児玉の仮領収証まであった！）を指しており、外為法違反は、ロッキード社という外国企業から多額の金を受け取った児玉や丸紅の重役を指していることは明らかである。

それらの金は果たして権力中枢の大物政治家（政府高官）に渡らなかったのか——というのが、この事件の核心であり、布施は国民の前で捨てて置けぬ疑惑を、検察を中核とし警察・国税当局も巻き込んで、日本の捜査権力を総動員して対峙《たいじ》しようとしたのである。

児玉ルートは暗雲が立ち込めているが、ロッキードという大疑獄は始まったばかりであり、事件は燎原《りょうげん》の火のように燃え広がる気配《けはい》も見せていた。

検察トップの布施の出した異例の捜査開始宣言は、「政財界事件は専門家集団である東京地検特捜部にまかせるべき」という河井検察と明らかに違って、布施の意志が最高検主導型であることを物語っている。

布施は検察部内に、最高検と東京高検、東京地検の幹部が毎日午後三時からロッキード事件の捜査状況を検討する合同会議をつくった。布施の卓越さは、この会議を通じて、検察の一体感を盛りあげるとともに、検察の伝統である「捜査主任検事」を強力にバックアップしたことである。

捜査主任検事とは、事件ごとに主任検事を指名し、その検事が描く輪郭に全検事がしたがって事件をまとめていくシステムである。大きい事件になるか小さい事件になるかは、主任検事の腕の見せどころなのだ。

捜査主任検事は吉永祐介。身震いするほど大きい事件だった。ロッキードという国際的な黒幕の登場で、日本の威信が小柄な特捜検事・吉永にかかっていた。

それは明治三八年（一九〇五）日露戦争で日本の連合艦隊が「天気晴朗ナレド波高シ」の開戦電報を発してロシアのバルチック艦隊を日本海に沈めて終結した時、この日本海海戦の作戦を秋山真之《あきやまさねゆき》という一人の参謀にまかせたことに似ている。

吉永にとって布施は旧制第六高等学校の大先輩である。大学では吉永が地元の岡山大学、布施が東京大学と違ったが、全国から秀才の集まる六高の同窓生には先輩後輩の強いきずながあった。在学中に司法試験にパス、東京地検で修習した時、布施から「検事の道」をすすめられたことが〝自分の針路〟を決めるのに大きかった。吉永は王陽明《おうようめい》（陽明学の始祖《しそ》）の教えの「事上磨錬《じじょうまれん》」（人は事上にあって磨くべきだ）の言葉を信条にしているが、「事上」を「仕事のなか」と言い換えてみると吉永の〝緻密《ちみつ》・徹底的な捜査〟ぶりが浮かびあがる。

「最も尊敬しているのは布施さん。部下にはやさしく自分には厳しい。部下を信頼して事件をまかす大きさがあった」と吉永は述懐《じゅっかい》しているが、ロッキード事件の捜査が開始される時、布施は特捜検事を集めて言った。

「すべての責任は私がとるから思う存分捜査して欲しい」

――布施がつくり上げた「最高検主導型」は、現場の東京地検特捜部が捜査しやすいよう最高の配慮をしたものだったが、この一言が第一線の検事を奮《ふる》い立たせた。この瞬間、〝眠れる獅子《しし》〟はよみがえり、かつての野性を取り戻した。

かつて東京地検特捜部長を河井信太郎《かわいのぶたろう》に引き継《つ》いだこともある布施は、吉永にとっては全人格な意味での「尊敬」であったが、一方の河井は特捜検察を現代検察のなかで定着させ、捜査技術を仕込んでくれた先輩としての「尊敬」のように見える。

吉永は特捜部には一四年間いたが、そのうちの五年間は上司に特捜の鬼・河井がいて、「河井さんには会社事件や汚職事件捜査の手法を徹底的に鍛《きた》えられた」と述懐している。〝河井学校〟の最後の門下生《もんかせい》と言われた。そして吉永にとって忘れられない河井の言葉がある。

「政財界事件を捜査する時、ひたすら刑事事件として法律違反だけを追って捜査すべきだ。その政治的影響などは検事は考えるべきではない。そうでなければ検察ファッショになる、と河井さんは言われた」と若い検事を相手に吉永はしばしば語った。

——法律違反だけを追う、という河井イズムを吉永はロッキードという大事件でどのように生かすのか。のちになって吉永は外部の講演会でも「私の先輩の検事である河井信太郎さんは……」と政財界事件を捜査する心がまえを強調している。

戦争中、南太平洋で出会ったサイパン航空隊隊長や副長が「軍人は勝つために全力で戦うが、その後の政治にはくちばしをはさまない」と言った論理を河井が検察に準用したものだ。

ロッキード事件捜査当時、河井は検察ナンバースリーの大阪高検検事長だったが、吉永の捜査ぶりをどういう目で見ていたのだろうか。ロッキード事件当時の検察陣はまぎれもなく史上最強の特捜検察になっていた。

ロッキード事件は最大の黒幕・児玉に脳血栓で倒れられて、その疑惑解明は絶望的になったが、それでも特捜部は必死に食い下がった。捜査開始宣言から九日目の三月四日、東京地検は臨床尋問《りんしょうじんもん》に踏み切った。特捜部の陣容は増強され最大で四七人まで達した。隣室に主治医の喜多村孝一東京女子医大教授が待機するなかで、松田昇、小木曽国隆《おぎそくにたか》両検事がふとんに寝ていた児玉に対し質問を発したが、児玉は弱々しい小声で「盆、暮れには金（二五〇〇万円を二回）をもらったが（四七枚の仮領収証に見合う）一七億円なんかもらっていない」と言うだけで、これ以上の追及には目をつぶった。ロッキード全容の供述はとても無理な状況だった。臨床尋問はその後、一週間に二、三回のペースで行われたが、特捜部は別に有力な〝隠し球〟を持っていたのである。

コーチャンらアメリカ側の要人と児玉の間を通訳でつないだジャパンPR社長の福田太郎。しかもコーチャン・児玉の謀議がすべて福田の通訳によっているならば、児玉がたとえ口をつぐんでも全容の輪郭をつかむことはできる。それを武器に児玉に迫れば……。特捜部は児玉重病の絶望感にとらわれながらもひそかに逆転を狙《ねら》ったのである。

福田は米国カリフォルニアのジュニアカレッジを卒業。日本の駐留米軍に勤めたが、昭和二六年（一九五二）、児玉の著書『我、敗れたり』を英訳出版したことから二人は急速に親しくなる。児玉をロッキード社に紹介したのも福田なら、昭和三四年、児玉と田中彰治が組んだダグラス・ロッキード商戦でロッキード社の極秘資料を児玉に渡したのも福田だった。

この商戦で児玉がロッキード社を逆転勝ちさせたことが秘密代理人としての児玉の地位を確立したのだから、福田の存在性は大きいものがある。だが不運も一つではやってはこない。福田もまた重度の肝硬変《かんこうへん》にかかり、児玉の主治医・喜多村孝一の勤務先である東京女子医大に入院していた。三〇分も話すと息切れしたが、児玉と違ってよくしゃべった。

「あの四七枚の仮領収証には児玉誉士夫のゴム印が押してあった。私はそれをロッキード日本支社のクラッターに英訳してやった。金の受け渡しの現場を見たわけではないが、一七億円は児玉にいっているはずだ」と福田は供述したが、児玉が税務署に申告しているはずはないから脱税起訴を支える重要証拠になった。

だが新聞に「福田」の名前が載ると、特捜検事が漏《も》らしたと思うらしく機嫌が悪く、横を向いたきり口を開かなかった。福田の供述は児玉ルートを解明するために不可欠の重要供述になった。特捜検事は、壊れやすい貴重な宝物を扱うように慎重な態度で接した。

福田が「通訳した」と供述した調書には次のような重要供述が含まれていた。

「コーチャンは日本船舶振興会会長・笹川良一《ささがわりょういち》を児玉に紹介してもらい、トライスター売り込みの協力を依頼した。またコーチャンは児玉、私（通訳の福田）と協議して（田中角栄首相と親しい）小佐野賢治に会い『ボーイング社やダグラス社との競争が激しく、売り込みが成功するためには全日空の大株主であるあなたの援助をお願いしたい』と懇請《こんせい》した。小佐野はそれに応えて全日空副社長・渡辺尚次を国際興業に呼んで昭和四七年九月、当時首相の田中角栄と米大統領ニクソンのハワイ会談の模様を伝えたりした」

「昭和四八年（一九七三）一月三日、児玉邸からアタッシュ・ケースごと盗まれたスイス・クレジット銀行振り出しの米ドル小切手（額面一六六万六六六七ドル＝約五億円）はロッキード社から小佐野に渡すものだった。金をもらえなかった小佐野は、その後、ロサンゼルス空港に立ち寄った時、ロッキード社から五億円を受け取った」

この福田供述の捜査を東京地検特捜部がもう少し進めたら、田中・ニクソンのハワイ会談でニクソン大統領が「日本がこんど導入する飛行機はロッキード社のトライスターにしてもらうと有難い」と発言したことが確認された。世界を股《また》にかけるコーチャンの謀略大作戦は米大統領にまで及んでいたのである。

まさに世界的な陰謀といえ、そのスケールの大きさには慄然《りつぜん》とするものがある。また、児玉邸での小切手事件の先には何があったのか。特捜部の調べによると、ロッキード社から受け取った五億円で小佐野は自民党代議士・浜田幸一《はまだこういち》がラスベガスで負けた賭け金《かきん》の穴埋め（浜田が負けた金は約四億五〇〇〇万円）に使ったが、小佐野自身はロッキード事件のさなかの昭和五一年二月一六日、衆院予算委員会の証人喚問で「ロッキード社から五億円をもらったことはない」と言ってしまって「嘘をついた」と議院証言法違反で起訴されている。

そして福田供述の最も恐ろしいのは、「児玉がクラッターに航空機売り込みのため四人の日本の政治家に金を渡した」と通訳したことだ。それは与党のT、O、Nという大物政治家と野党のNという政治家であることが明らかになっている。

児玉がクラッターの報告のなかで金をもらった政治家四人の名前をあげたことは真実であっても、現実に金を渡されたかどうかは児玉を取り調べない限りわからない。また軍用機のP3C対潜哨戒機疑惑では、もっと大物政治家がいたのではないか、という疑問も依然として残る。東京地検特捜部は、小佐野の国会喚問偽証事件の起訴事実のなかではっきりと「小佐野はコーチャンからP3C対潜哨戒機の日本政府売り込みを要請され、児玉と協議した」と認定しているが、福田は重要供述で恐るべき実態の一端を明らかにしただけで、容態が悪化して六月一〇日他界した。

ロッキード事件は、日米首脳によるハワイ会談で田中首相がニクソン大統領からロッキード社のトライスターを買うよう求められたことが、この国際的疑獄事件を象徴している。児玉がアメリカ企業の秘密代理人になるなど、疑獄もスケールが大きくなり、日本という枠《わく》のなかでは考えられない時代がやってきた。それとともに謀略としか思えないような事件が起きるのだ。

その時の日本は、どんな位置にいたのだろうか。コンピュータ付きブルドーザーともてはやされていた田中角栄が、佐藤栄作《さとうえいさく》の長期政権（七年余り）の後継をめぐってライバルの福田赳夫、大平正芳、三木武夫を蹴散《けち》らして宰相のポストを握ったのは昭和四七年七月七日のことである。すでに昭和四一年（一九六六）に始まった息の長い〝いざなぎ景気〟がすっぽりと日本をおおっていた。

ことに昭和四三年（一九六八）には日本の国民総生産（GNP）は一四一九億ドルをマーク、アメリカにつぐ「経済大国」を実現していた。ただ東京地検特捜部だけは長い眠りに入るきっかけとなる「日通事件」が起きている。

ついで昭和四七年には田中首相の日本列島改造論がブームを呼ぶなかで、翌昭和四八年イスラエルとエジプトなどアラブ諸国の第四次中東戦争が勃発《ぼっぱつ》、景気はかげりを見せた。アラブ産油国は対イスラエル制裁のため石油を武器とする戦略を実施。原油公示価格の大幅引き上げ、石油生産削減、非友好国への輸出禁止を打ち出した。そのあおりで日本が頼っていたエクソン、シェル両社も原油価格の三〇パーセント引き上げを通告。深刻な影響は全世界をおおい、日本経済の長い高度成長も吹っ飛んだ。

長い好況のなかで石油が危機に陥ると想像をしたこともない日本人は深刻なショックを受け、ガソリン、灯油、トイレットペーパーなどの買い占めに走った。それと同時に、日本経済の脆弱《ぜいじゃく》さは石油依存、石油多消費型の体質にあることを、石油ショックは見せつけていた。第一次エネルギー消費に占める石油の比重が七八パーセント（一九七三年）、石油輸入依存度もOECD（経済協力開発機構）諸国の平均は六〇〜七〇パーセントに対し日本は九九・七パーセントにまで達しており、日本経済の命運は石油にかかっているという構図をもっている。

そしてここに国際謀略の目が入り込むすきがあり、それが日米にかかわるロッキード事件の発覚と関係があるとしたら？　そしてこのことが「ロッキード事件の仕掛人はだれか」という問題に関係してきて、日本人にとっては黙視できないのだが、このことは後に詳述する。

## 極秘英文資料の解読

四月一一日は花曇《はなぐも》りの日曜日だった。朝一〇時、霞が関の官庁街は静まり返っていた。人影もまばらで日比谷公園のすぐ真向かいにある検察庁ビル玄関に黒塗りの車が着いた時だけシャッターがかすかに開いた。日曜の出勤者は布施検事総長、高橋次長、佐藤刑事部長、東京高検の神谷検事長、滝川次席、東京地検の高瀬検事正、豊島次席の七人だった。

日本の捜査当局の最高首脳と言われている人たちだ。

「それでは始めましょう」

と布施が言って「TOP SECRET」（極秘）のサインがある紙包みの封を切った。なかにあった英文書類は七つに分けられて検察高官に配られ、検事総長室はページを繰《く》る音しか聞こえなくなった。平均五九歳、この年齢になって英和辞書を頼りに英文書類を翻訳《ほんやく》しようとはだれも思わなかっただろう。

この英文書類が「SEC極秘資料」だった。ロッキード社の航空機売り込みの対日工作を調べ上げた全文三〇〇〇ページ、法務事務次官・塩野宜慶が渡米して「極秘の条件は絶対に守る」と米司法省との間で司法共助協定を結び、前夜、東京地検特捜部資料課長・田山市太郎《たやまいちたろう》、特捜事務官・水野光晴が黒革のカバンに入れ持ち帰ったばかりであった。

SECとはアメリカの連邦証券取引委員会で企業経済専門に準司法機能をもった強力な機関だ。二〇〇〇人のスタッフが法人規制、法人金融、投資活動規制、証券市場規制、執行の五部門に分かれて活動しているが、S・スポーキ執行部長は「企業不正が一〇〇件あれば九九件はあげてみせる」と豪語する。

一九三四年、ウォール街の大恐慌の五年後に創設されたことに象徴されるように、証券市場の公正な取引を監視する経済のお目付役なのだ。「善良で、騙《だま》されやすい大衆投資家を保護するのが役目」と企業不正の証拠が揃《そろ》えば告発の強権発動となるが、その対象はあくまで企業で、個人の刑事責任を追及する検察・警察とは際立《きわだ》った違いを見せている。準司法的機能をフルに使った調査は正確で、大企業の暗黒面のほとんどを握っているが、SECは秘密遵守《じゅんしゅ》に厳格と言われる。

企業の秘密が簡単に漏れるようになれば米経済界の信頼が崩壊するわけだが、こんどのロッキード事件のSEC極秘資料が米国上院外交委多国籍企業小委を舞台に次々と暴露された事態をどう考えたらよいのか。SECの秘密厳守はどうしたのか。ここにもアメリカの底知れぬ不気味さが顔を覗《のぞ》かせている。

検事総長・布施ら検察幹部のSEC英文資料の翻訳作業は午後九時過ぎにやっと終わった。昼過ぎに幕の内弁当が運び込まれただけで、延々一〇時間を越えた。

「今晩は風呂《ふろ》に入ってぐっすり寝よう。疲れたなあ」と布施は言って笑顔を見せた。どの検察高官もさり気なさを装っていたが、検察首脳たちは英文資料のなかに見たのである。

つい一年前まで首相だった田中角栄の汚職ぶりを！　終戦直後に「炭鉱国管汚職」で逮捕され（判決は二審で無罪）、「田中金脈事件」で首相を辞めざるを得なかった田中角栄。そしてこんどの「ロッキード事件」でまたも捜査線上に現れようとは……。この瞬間、ロッキード事件のテーマと捜査方向ははっきりと決まった。

ロッキード社に対する一七億円にのぼる疑惑の児玉領収証がありながら重病のため逮捕でき

堀田　力

ない児玉の影はますます薄くなり、それと反比例するように田中角栄のエネルギッシュな姿が大きく浮かんだ。

SEC極秘英文資料は特捜部に移管され、在米日本大使館一等書記官に出向したことのある法務省刑事局参事官・堀田力《ほったつとむ》が本格的解読を命じられた。堀田は京都大学卒、八年前東京地検特捜部が〝最後の特捜事件〟といわれていた挫折《ざせつ》の「日通事件」に捜査着手しようとした時に大阪地検特捜部にいて、〝東の河井〟に対し〝西の別所〟といわれていた別所汪太郎《べっしょおうたろう》特捜部長のもとで「大阪タクシー汚職」の捜査に懸命だった。

〝鬼の別所〟の下には堀田のほかに根来泰周《ねごろやすちか》（のち東京高検検事長、公正取引委員会委員長）、土《ど》肥《ひ》孝治《たかはる》（のち検事総長）らがいて、現・前衆議院議員二人を逮捕して大阪地検特捜部の黄金時代だった。堀田はその後、根来たちと前後して上京、法務省へ移るが、ロッキード事件が発覚した時は、公安出身の井本検事総長と河井ら特捜検察の対立事件の後遺症があって、東京地検特捜部と法務省とはしっくりいっていたとは言いがたかった。

しかし、ロッキード事件の魔力はすべての対立、怨嗟《えんさ》、相克《そうこく》をたちまち過去に押し流した。そんなことにこだわっていたらロッキードの大疑獄と闘えない。布施は「検察の総力をあげる」と言ったが、事件の核心を知り得る最も重要な解読を堀田一人にまかせた。

堀田がSEC極秘英文資料で田中角栄の名前に行きあたった時、とっさに思ったことは「やっぱり」だった。抜群の語学力と捜査検事の実力がロッキード事件の渦中へと引きずり込んでいく。

特捜部にはピーンと緊張感が張りつめていた。捜査線上に前首相が浮かんでいることを知っているのは特捜部でも川島部長、吉永主任検事（副部長）、田中取り調べにあたった石黒副部長らごく数人だったが、決戦が刻一刻と近づきつつあることは全員が知っていた。

ＳＥＣ解読を終えた堀田はただちにアメリカへ飛んで、難しい日米間の捜査問題に取り組む。そして所属も東京地検特捜部へと変わって、田中角栄の起訴後は一審判決まで六年半も法廷で田中角栄と対決、その時は特捜部副部長になっていた。

ロッキード事件唯一の証拠であるＳＥＣ極秘英文資料には田中角栄をはじめ児玉、小佐野や丸紅の檜山会長、伊藤・大久保両専務、全日空の若狭社長、渡辺副社長ら、のちに起訴される要人の名前のほかに、政府高官の名前が「ユニット領収証」の暗号の形で載っていた。これはいずれも全日空と関係があったが、何を意味するのだろうか。

| | | | |
|---|---|---|---|
| Hashimoto | 7 | 300 | 50 |
| Nikaido | 7 | 300 | 50 |
| Sasaki | 4 | 300 | 50 |
| Kato | 4 | 300 | 50 |
| Sato | 4 | 300 | 50 |
| Fukunaga | 4 | 300 | 50 |

最初のアルファベットはそれぞれ自民党の政治家であ

る橋本登美三郎《はしもととみさぶろう》（元自民党幹事長、元運輸相）、二階堂進《にかいどうすすむ》（元官房長官）、佐々木秀世《さささきひでよ》（元運輸相）、加藤六月《かとうむつき》（元運輸政務次官）、佐藤孝行《さとうこうこう》（元自民党交通部会長、元運輸政務次官）、福永一臣《ふくながかずおみ》（元自民党航空対策特別委員長）であることはわかるが、後の数字は何だろう。

特捜部の捜査で、田中が首相の座にあった昭和四七年一〇月ごろ、このメンバーは航空行政のカギを握る政府・自民党の実力者で、ロッキード社側が〝ワイロの実弾〟をぶち込んだらしい数字とまでは推測できるが、この数字の謎はわからない。

この暗号は昭和五三年（一九七八）一月三〇日「全日空ルート」第三九回公判で丸紅元専務・大久保利春が謎解きの証言をしている。

「このメモはコーチャンの筆跡《ひっせき》に間違いない。意味不明の数字もありますが、最初の七とか四の数字は領収証三〇ユニット分の配分について橋本は幹事長、二階堂は官房長官だから、それぞれ七、佐々木ら他のものは四の割合で配分するという七、七、四、四、四、四、四の数字をあげたのでコーチャンがそれをメモしたものと思う（総計は三〇〇〇万円）」

さすがに準司法権を持つSECの調査らしく極めて綿密で正確だった。このうち逮捕・裁判にかけるのはだれか。そこまではSECの管轄外なのでわからない。さらにSEC極秘資料で首相・田中角栄が疑惑の頂点にいることはよくわかるが、ワイロ額の記載がなかった。

SEC極秘資料で大疑獄の輪郭をつかんだ東京地検特捜部は、コーチャンらがいる区域を管轄しているロサンゼルス地裁に依頼してコーチャンらを尋問してもらう詳細な嘱託証人尋問事項を作成した。カミソリ堀田らしく綿密な尋問が並んでいた。
捜査はピタリと止まったように思えた。

## 時効まで一ヵ月

「政府高官逮捕のX《エックス》デーはセミの鳴くころになるだろうから今のうちよく眠っておくのだな」と検察幹部も〝静かな捜査〟を強調したが、一歩裏舞台へ回ると、二重三重の危機にさらされる東京地検特捜部の窮状があった。事態がこのまま推移すればロッキード事件そのものがいつ崩壊するかわからない危険をはらんでいた。

その第一は贈賄の本犯《ほんぱん》コーチャン副会長をはじめクラッター日本支社長、エリオット東京事務所長のトリオが「外国（日本）のために詳しく供述しろ、というのは憲法に反し暴論だ。絶対に供述しない」と敵意をむき出していたからだ。

これに対し塩野次官が開いた司法共助は確実にルートに乗った。東京地検の高瀬《たかせ》礼二《れいじ》検事正が「コーチャンら三人の供述が将来、日本の法律に触れようとも（逮捕）起訴はしない」と非常手段をとって日本では考えられない「不起訴宣明」をした。それを検事総長・布施健がまた保証した。日本の刑事訴訟法では第二四八条で「起訴便宜主義」といって「情況により訴追を必要としないときは、公訴を提起しないことができる」という条文を置いてはいるが、それはあくまで捜査後のことで、捜査もしないうちから「不起訴」を約束するのは日本の法律のどこを探してもない。

「いくら非常事態といっても違法じゃないか」と弁護士の間から批判が出たが、検察は強引に押し通した。検察もまた必死だったのだ。

東京地検の「不起訴宣明書」はアメリカ側へ渡り、ついで刑事訴訟法第二二八条「起訴前の証人尋問」を適用して東京地裁に証人尋問を請求した。だがコーチャンらはアメリカにいるのだから証人尋問調書は最高裁にあげられ、外務省、司法省のルートを通ってコーチャンたちがいる地域を管轄しているロサンゼルス連邦地裁に届き、ここのチャントリー判事から召喚状が発せられた。

「法廷に立てば何が起こるかわからない。逮捕だってあるのではないか」とコーチャンは地裁の召喚状には異議で対抗した。「日本の肩を持つことはない」とコーチャンたちは思ったのだろう。

巨大なジェット旅客機は高額な商品であり、コーチャン自身がSECの秘密証言で「一国の総理大臣を動かさなければエアバス（ジェット旅客機）の商戦には勝てない」と言い切っている。それは形を変えた「謀略」であり「裏切り」を随伴《ずいはん》するダーティな仕事である。その実態を法廷で言えば、日本の捜査当局の逮捕の恐怖におののくことになりかねない——こんな時は絶対口を開いてはならない、と裏切りが横行するビジネス界で生き抜いてきたコーチャンには映ったのだろう。

第二は日本の政治の世界で、ついに「国家有用論」を使って大物政治家を救出する動きがはっきりしたことである。椎名副総裁の執念にまでなった三木退陣工作がはっきり多数派工作を目指してきた。ただでさえ党内に強力な地盤を持たない三木としては、反三木派が連合すれば三木政権は崩壊のほかはない。そうなれば何が変わるか。

三木政権に支えられていた検察捜査も崩壊する。そしてそこに現れるのは三木を追った政権による検察の弾圧であり、政治に刃向《はむ》かう検察の徹底的な骨抜きである。田中金脈事件で痛めつけられていた検察は、ロッキード事件で進もうとした時その足を叩《たた》き折られては、おそらく二度と立ちあがることはないだろう。

国の外と国の内と、二重の桎梏《しっこく》が検察をおさえて離さない。それでも特捜検察はアメリカの世話にならない自前の捜査を始めていた。コーチャンらがアメリカの法律で擁護《ようご》されれば特捜検察は贈賄の本犯（コーチャン）から事件の全貌《ぜんぼう》を聞くチャンスは永久に途絶する。「自力でいけるところまでいってみよう」と、検事には悲壮なものがあった。運輸省、防衛庁の関係官庁をはじめ丸紅、全日空、日航、三井物産などの幹部が連日のように東京地検特捜部に任意出頭を求められた。その参考人調べは三〇〇〇人にも及んだ。曖昧《あいまい》なことを言って検事から机の下で足を蹴られた参考人もいた。

そして息をひそめている一群の人々がいた。ＳＥＣ極秘資料の登場人物だ。前首相・田中角栄、元自民党幹事長・橋本登美三郎、元運輸政務次官・佐藤孝行などのちに逮捕される自民党の政治家と、「職務権限」「時効」などの点で「灰色高官」にとどまった前官房長官・二階堂進、元運輸相・佐々木秀世、元運輸政務次官・加藤六月、元自民党航空対策特別委員長・福永一臣の自民党国会議員団、さらに丸紅の檜山広（会長）、伊藤宏（専務）、大久保利春（専務）、全日空の若狭得治（社長）、渡辺尚次（副社長）、藤原亨一（取締役）らがいた。

そのなかで田中は、米上院多国籍企業小委でロッキード事件が発覚した二月五日、秘書の榎《えの》本敏夫《もととしお》に指示して丸紅専務・伊藤宏に電話させ、「この件で田中は金をもらわなかったことにして欲しい。五億円くらいの金は用意できるので、できれば返したい」と言わせている。

それでも心配なのか、五日後には自分で伊藤に電話をかけ、

「いろいろとご苦労をかけているが、しっかり頑張ってくれ。檜山君にもよろしく」

と念を押したことが東京地検の冒頭陳述に出ている。さらに四月二日、田中派の緊急総会で「小佐野氏は古くからの友人だが、公私のけじめはつけている。児玉氏とも一〇年以上会っていない。私は私に誇りをもっている」

と一切の疑惑を否定する「所感」を発表している。そして椎名副総裁の「三木おろし」の退陣工作が始まると最も熱心な領袖になるのである。三木内閣が六月八日、コーチャンが証言しやすいようにと「コーチャンらを逮捕・起訴はしない免責特権（コミュテイション）を事実上認める日本の刑事訴訟法第二四八条（検察官による起訴猶予）を準用する」と閣議了解した時には、田中は白い怨《えん》の感情をたぎらせたことだろう。

日本の捜査当局の逮捕を恐れているコーチャンは日本のどんな誘いにも乗らなかった。田中らは祈るような気持ちでコーチャンの行動を追った。ロサンゼルス地裁の法廷へ召喚されたコーチャンらトリオはあらゆる法律を駆使して証言を拒否した。裁判所の決定には「異議」で対抗し、それが敗《やぶ》れると高裁へ抗告した。

「外国政府による宣誓尋問は米国内法に違反する」というのがコーチャンら擁護の米国の強力な弁護団の主張だが、それが敗れると米国連邦最高裁に持ち込んで法律論争を挑《いど》んだ。嘱託証人尋問は遅れに遅れた。

これと対決したのは堀田と東条伸一郎《とうじょうしんいちろう》検事（東京地検特捜部から派遣）だった。「ロッキード社側の弁護士の抵抗ぶりはすさまじかった。嘱託証人尋問を阻むため、証人に対する刑事免責制度が日本にないことを突いてきた。裏付け資料として司法研修所（日本）の『刑事講義案』まで持ち出してきた。相手の準備能力の凄《すご》さに緊張の連続だった」と堀田は後になって述懐している。

アメリカでは、軽い犯罪を見逃す代わりに重罪を犯した人の犯罪を捜査当局に親告させる「刑事免責」の制度があるが、日本の刑事訴訟法には捜査もしないうちから不起訴を約束するような条項は皆無なのである。それを〝総理大臣の犯罪〟で使おうとしたのがロッキード事件だが、堀田たちは逆に言えば、「そのような条文がないだけのことで、禁止したわけでないから使えるのだ」という論理構成をとった。

コーチャンらを見逃す代わりに首相・田中角栄だけは逮捕しなければ日本の検察当局は崩壊してしまう、という命題を抱えて、ロッキード事件は特異な疑獄の正体を見せ始めた。

そのたった一度の「刑事免責」が動き出した。連邦最高裁への特別抗告も却下されて万策《ばんさく》尽きたコーチャンらが検察側の嘱託証人尋問に応じてロッキード疑惑の全容を語り始めたのは七月二日のことである。汚職の核心は田中角栄が首相だった昭和四八年を中心に起きていて、東京地検特捜部は時効にも追われていた。田中が最高額のワイロ五億円を丸紅会長・檜山広らともらう約束をしたのは同年八月九日であり、時効（三年）まであと一ヵ月しかなかった。

これが時効になるとロッキード事件は根底から崩壊するが、まだ日本を苦しめる悪魔がついて回って離れない。

ロサンゼルス地裁（ファーガソン判事）は七月二日、コーチャンらの嘱託証人尋問を開始するにあたって「日本の最高裁は検察当局がコーチャンら三人を逮捕しないよう刑事免責を判決や規則で保証せよ。その決定を下さない限り、これから実施する嘱託証人尋問の秘密証言録を日本側に渡さない」と言い出したからである。

急報を受けた最高裁はただちに藤林益三《ふじばやしえきぞう》長官をはじめ最高裁判事一五人が集まって緊急裁判官会議を開いた。

「日本の法律にない規則や判決で保証を要求されても困る。そんなことできるわけがない」

「ロッキード事件のためにそのような法律をつくるにしても最低一年間はかかる。アメリカの裁判所は何を考えているのか」

　判事たちは、憮然《ぶぜん》としていた。それよりもっと深刻なのは検察陣営であった。布施をはじめ高橋最高検次長、神谷東京高検検事長、滝川同次席、高瀬東京地検検事正、豊島同次席、川島特捜部長ら検察首脳は何度も会議を開いた。何の解決策も出ないままに日時ばかりが過ぎた。

「嘱託証人尋問をしておきながらその証言録を渡さないとはどういうことなんだ。ロッキード事件を崩壊させようというのではないか。これは謀略だ。ロッキード事件は嘱託尋問が不可欠だ。事件の全容を知っているコーチャンらはアメリカにいるのに、どうやって解明するのか」

　検察首脳会議は連日開かれた。そして悲痛な結論に到達するのである。

「日本の法制上、ファーガソン判事の求める刑事免責の保証は不可能である」

　と布施は言ったが、時効の迫っている状況のなかで「嘱託証人尋問調書」をあきらめることはどんなに厳しいものか。そのなかで最高裁長官・藤林益三はわずかなすきを見つけ、一点突破、全面展開の勝負に出るのである。

　藤林は招集した最高裁裁判官会議で言った。

「刑事免責の保証について、ファーガソン判事は ORDER（判決・決定）、または RULE（規則）という言葉を使ったが、これが文字通りならば当最高裁であっても不可能だ。しかし日米の用語の使い方のニュアンスの問題とも考えられる。（最高裁事務総局の）岡田《おかだ》良雄《よしお》刑事課長をアメリカに派遣しよう」

岡田はロサンゼルスに飛んだ。地裁に入るとファーガソンは抱き抱えるように岡田の手をとった。

「何も法律改正をする必要はありませんよ。日本の態度がはっきりすればよいのですから、最高裁の意見でもいいんですよ」

藤林の狙いは適中した。最も強硬と見られていたファーガソンが日本から飛んで来た岡田に驚き、軌道修正したからである。そして藤林がしたたかなところを見せる。

七月二四日午前一一時、最高裁判事一三人を集めた裁判官会議が開かれ、藤林は「公訴権は検察官にあり、検察官が起訴しないとアメリカ側にした約束は永続性を有する」と満場一致で決議したが、署名したのは藤林だけなのだ。

普通、全裁判官が加わったものは判決でも全員の署名があるものだが、ファーガソンが態度を和《やわ》らげた一瞬をとらえ、「免責保証」を単なる意見に格下げし署名も藤林だけにとどめた。もし贈賄の本犯・コーチャンを起訴しなかった刑事免責が問題化するような場合（この予感は二〇年後に適中する！）を考え、最高裁長官・藤林益三だけが署名すればよい、という計算である。

藤林は弁護士で初めて最高裁長官になった人だが、陽気に振る舞いながら最高裁の権威を守る稀有《けう》な裁判官だった。

日本の検察からも最高裁からもコーチャンは処罰しないという確約を得て、ロッキード疑獄の田中角栄の運命は決まった。特捜検察は外為法違反を突破口に攻撃の手筈《てはず》を決めていたが、最高裁決議は七月二四日。ロッキード疑獄のなかで最大の〝総理大臣の犯罪〟事件の「時効」は八月九日だから、まさに寸前の荒療治《あらりょうじ》だった。田中逮捕を控えて特捜検察は戦慄した。

政府高官(田中角栄)逮捕が早いか、三木おろしが先か――緊張がジリジリと高まった。

## 三木おろし

三木は戦前からの〝議会の子〟である。政党が合従連衡《がっしょうれんこう》を繰り返す議員心理に通じているうえ、三木自身がヨーロッパの政党乱立をなぞらえた〝バルカン政治家〟と言われ、弱小政治派閥の強さを知っていた。

三木は一つの〝爆弾〟を持っていた。椎名が攻撃をかけようとした時、三木は衆院解散をチラつかせた。〝三木おろし〟は国民の憤激を呼ぶ〝疑惑隠し――ロッキード隠し〟だった。日本で絶えて久しくなかった疑獄が白日のもとにさらけ出され、検察が政界の「巨悪」を逮捕しようとした時、それを阻止するため三木内閣を退陣させようとすれば国民の怒りを買うことを意味する。

その直後の衆院選挙では三木を追い落とそうとした反三木派は惨敗するだろう。反三木が傷つかずに三木退陣を実現できれば最高だが、したたかな三木はそう簡単に譲るはずがない。

「ロッキード問題の真相究明が核心に入り、国会も重要な時期を迎えている時に、政局を混乱に陥れることは許されない。ロッキード事件解明は私に課せられた使命であり、その責任を中途で投げ出すことは絶対にしない」と三木は退陣要求をきっぱりとはねつけた。

この時の政治状況は、三木内閣を幹事長の中曽根康弘、福田派ながら〝政界のはぐれ鳥〟といわれた政調会長・松野《まつの》頼三《らいぞう》が支えているように見えたが、三木はなかなかしたたかであった。

自民党の国会議員の三〇パーセントしか支持のなかった三木政権が強気だったのは、〝疑惑隠し〟の汚名を着てまで突っ走る軍団がいなかったからだ。

椎名副総裁ら反三木派にとっては、三木首相に衆院解散の宝刀《ほうとう》を使わさずに党内の指導権を失わせ退陣させるのが最も期待される構図だが、それも三木に見破られていた。〝三木おろし〟があと一歩のところまできて停滞した時、特捜検察はジリジリと強制捜査への距離を縮めていった。

五月一二日、保守政界の奥深いところで衝撃的なことが起きた。潜行して「三木退陣工作」を続けていた自民党の椎名副総裁が極秘裡《ごくひり》に、七日に田中前首相、九日に大平蔵相、一〇日に福田副総理兼経済企画庁長官の実力者と会談を重ね、一〇日後に迫った国会終了直後に「即刻退陣」要求を三木首相に突きつける計画が表面化した。三木内閣の現職副総理、蔵相、さらに自民党副総裁、前首相の実力者がこぞって参加していることを見ても、いかにすさまじいクーデターであったかがわかる。三木は総理大臣と自民党総裁を兼任していたが、その一つ下の副総理、自民党副総裁に反乱を起こされた例はこれまでにはない。三木・中曽根派の非力の主流派は自民党の議員総数の三分の一まで転落していた。

この状況のなかへ「国家有用論」を入れてみると、政界実力者たちの姿がよくわかる。ロッキード事件の異常さは、政界大物のうちだれが特捜検察に逮捕されるかはだれも最後までわからなかったことである。それほど検察の秘密保持は完璧だった。政界は一種の疑心暗鬼《ぎしんあんき》になっていた。

「ロッキード事件は日本の政治が傷つくことはあってもウヤムヤにしてはならぬ。民主政治の致命傷になる」と言いつのる三木に、反三木の領袖たちは怒りの拍車をかけたことだろう。

三木退陣工作の極秘会談での四実力者の発言をみると、政界大物を逮捕せずに自民党再生をはかる「国家有用論」なのである（ほかに二階堂進、鈴木《すずき》善幸《ぜんこう》、小坂《こさか》徳三郎《とくさぶろう》が同席）。

椎名悦三郎

〔椎名副総裁〕「ロッキード事件で自民党は全党的に疑いを受けた。この現状を打破し党再生のため近代化が急務だ。〔三木は〕政権担当一年半になるが何の成果もない。すぐに退陣してもらう以外に道はない」

〔大平蔵相〕「重要法案の処理に強い危機感を持っている。財政特別法、地方交付税、三公社五現業の仲裁裁定とどれも欠かせない重要案件だ。いまやロッキード事件によって自民党はふりかかった疑惑を一掃して人心を一新して時局にあたらなければならない。重大な決意を持っている」

〈福田副総理〉「三木体制のもとで自民党内の総裁に対する不信感が鬱積《うっせき》し、このままでは政局運営に重大な支障を来す恐れがある。党の現状では三木首相の手による総選挙すらできない」

〈田中前首相〉「三木首相が政権を担当して以来、独禁法改正、スト権問題など自民党政策の根幹にかかわる諸問題を極めて独断的に処理していることは許されない。それにロッキード事件の処理でさえ三木政権維持の手段として利用しようとしている。三木政権は即刻退陣すべきだ」

――この四人の首脳のなかでは、逮捕の迫る田中だけは、三木早期退陣の椎名工作を、死中に生ありの〝神風《かみかぜ》〟と思ったことだろう。

「国家有用論」はまさに自分のためにあると思ったことだろう。三木内閣の現職閣僚である農相・安倍晋太郎《あべしんたろう》も敵方に回った。

自民党総務会が開かれ、派閥団体の会合も急を告げ、少数の三木・中曽根派を田中・大平・福田派などその他大勢《おおぜい》の反主流の大派閥が袋叩きにして、三木政権は風前《ふうぜん》の灯《ともしび》のように見えた。

自民党内では、「ロッキード、ロッキードと三木はハシャぎすぎだ」「あいつ」「この野郎」の激しい言葉も飛んだが、しかしバルカン政治家の三木は自民党の多数の恐れる「衆院解散」

をチラつかせて政局運営の主導権をしたたかに離さなかった。来るべき大物逮捕は田中角栄ではないか、と証拠はなくとも政治家の勘で読み取っていた議員もかなりの数にのぼっていた。そして自民党長老の一人である灘尾《なだお》弘吉《ひろきち》（総務会長）が椎名に忠告した。

「椎名君、副総裁として君のやらねばならんことは、むしろ田中君に道義的、政治的責任をとらせ議員を辞めさせることではないか。それなのに君の下で中心になって動いているのは、田中君にごく近い連中ばかりではないか。これでは三木批判の名分が立たないばかりか今の世間は納得しない」

――椎名工作には常に田中の影がつきまとっていた。前首相・田中角栄らに対して検察の逮捕が早いのか、自民党の椎名工作による三木政権打倒が早いのか。この結果によって検察・政治は重大な影響をこうむることになるが、特に三木内閣の崩壊となれば、親田中内閣の出現が予想され、検察捜査への圧力ははかり知れないものがある。

東京地検特捜部の捜査が、大臣経験者レベルの政治家に向かっている間は、政治側は静観・中立を装うが、ひとたび政権中枢や派閥領袖が捜査線に浮かんだことを知った時、「政治」側は特捜検察に対し舞台裏で〝捜査封じ〟の強圧に出てくる体質を本来的にもっているからである。

三木政権はすでに自民党過半数の支持を失っており、「ロッキード解明」が国民の強い支持を受けているとはいえ、三木政権崩壊の危機はいつ訪れても不思議ではなかった。この捜査が非常に微妙な時期に不思議な行動をとった実力政治家がいた。田中と盟友関係にあった大平正芳蔵相。東京地検が捜査の秘中の秘だったSEC極秘書類を、法務省を通じて東京地検特捜部に「非公式にあの書類を見せて欲しい」ともちかけたのである。

四月なかばのことで、大平蔵相はその理由としてロッキード事件を調査している国税庁が大蔵省の管轄下にあり、またSECも日本側の窓口は大蔵省であることをあげたが、法務省はさすがに検察にとりつぐこともせず、「アメリカと司法共助協定締結の際、『秘密遵守』『捜査の必要』など厳しい制約があり、いくら蔵相でも応じられない」と断った。

このことはロッキード事件が最高裁最終判決を迎えた一九年目になって初めて明るみに出たが、大平は本気で「国家有用論」を考えていたことを物語っている。

そしてこの「国家有用論」がロッキード疑惑を押しつぶす可能性があったことを示している。三木政権がいつ倒れるかわからない不安定さのなかで、検察もまた最悪な場合も予想した〝したたかな〟手をひそかに打っていたのである。

検事総長の布施はしばしば「検察は総力をあげる」と言ったが、七年間も東京地検特捜部にいて、「巨悪退治」のキャッチフレーズをつくった大物・伊藤栄樹《いとうしげき》はどうしたろうか。

伊藤はロッキード事件が発覚する三ヵ月前に東京地検次席をはずれて最高検検事になっていたが、ここは次のポストの待機組が務める性格があり、一応、公安事件担当、刑事事件担当と分かれているが、河井信太郎に言わせれば、「仕事は楽で、話題は孫の話か血圧の話だった。

多忙な東京地検から来ると別天地のようだ」ということになる。

検察の総力をあげるなら、ただちに人事異動を行い、伊藤を捜査の枢要《すうよう》ポストに据《す》えることも可能だった。検察首脳会議の出席メンバーの最高検刑事部長か東京高検次席ならば、伊藤の経歴から見ても不足はない。しかし伊藤にそんな人事異動はなかった。そしてロッキード事件捜査が終わった翌年三月になって人事異動が発令されて、法務省刑事局長になっている。

「先輩検事から『君がロッキード事件で傷つかないように配慮した。捜査が響くポストは避けた』と聞いた。そのことを聞いて私は嬉《うれ》しかった」と伊藤は記しているが、その先輩検事とは、文の運び具合から伊藤が法務省刑事局長になった時、その前任者で法務事務次官へ進んだ安原美穂《やすはらよしほ》と推測される。安原は法務省が長く、検事総長になるが、定年後も法務・検察の人事に影響をもったといわれた大物である。

法務・検察人事は法相のもとで検事総長と事務次官が案を決め、最終的には法相の了承を得るが、かりに三木政権が倒れてロッキード捜査も崩壊した時、特捜検察は「政治」側の徹底的な弾圧を受けることが予測される。二〇年は立ち上がれないと言われたが、そのなかでも一人のエースを温存《おんぞん》して、復権を狙うという作戦の中心が伊藤栄樹だったのである。

### スパイ大作戦

三木政権、検察、ロッキードにかかわりあった巨悪たち、さらに「国家有用論」を信奉している政治家たちが自らの権威を守るために必死の闘いに突入している時、第四権力と言われる報道機関はどうしただろうか。

日本最大の事件と言われ、それを国民に知らせる責務をもつ報道機関もまた必死だった。すべての新聞、通信、放送各社が検察取材の拠点としていた司法記者クラブを増強した。普段は一社三、四人の記者数だったが、それを二倍、四倍、なかには一〇倍の記者を動員した社もあって史上最大の報道陣を編成した。しかもこれは新聞社組織の最先端である検察取材だけの陣容なのである。

ボルテージが最も高くなった夏——その光景は私に、死体置き場を連想させた。記者クラブに入りきらない記者は新聞紙を敷いて眠りこける。脱ぎ放った靴下の異臭。その男たちが夜ともなると目を爛々《らんらん》と光らせ、検事を求めて夜討ちに出かける姿は、この世のものとは思えない。

ロッキード事件はアメリカに端を発した国際事件であり、三木首相をはじめ田中前首相、福田副総理、大平蔵相、安倍農相、椎名自民党副総裁、中曽根幹事長と派閥の領袖が総登場。さらに総合商社「丸紅」、航空会社「全日空」の最高幹部がアメリカの航空機メーカー・ロッキードと画策《かくさく》したスケールの大きさから、取材陣は政治、経済、社会、外信、地方部など一つの新聞社で動員した記者は二〇〇人を超える大事件だったが、私が所属する新聞社でもルーティンの検察取材の記者四人を七人に増強した。

取材総数二〇〇人から見れば小さな組織であっても重要さは変わらない。むしろ検察取材の一線記者の真摯《しんし》さと取材力の凄さがロッキード事件の謎に迫れるかどうかのカギを握っていた。

だが、私たち七人の司法記者は、スター記者でも報道界に名を轟かせた特ダネ記者でもなかった。日々のルーティンワークに追われている〝そこそこの〟記者でしかない。報道界にはどこにもいる平凡な記者なのだ。そうは言っても戦後最大の事件になりそうな予感に戦慄した。

春、この司法記者クラブへ応援の三記者が到着した。他社にも続々、応援記者が現れ、狭い記者クラブはごった返した。

私の新聞社の検察取材グループ（司法記者クラブ）はキャップの私・山本祐司、橋爪順一、藤元節、勝又啓二郎、野村修右、観堂義憲、高尾義彦という構成だったが、大阪本社からの唯一の応援記者・観堂は初対面の時から、その意気込みで私を驚かせた。

私より一〇歳若い三〇歳。東大空手部の副将を務めた猛者《もさ》で、取材の打ち合わせのため喫茶店に誘うと「コーヒーはダブルで」と注文した。「山本さん、普通の事件取材と同じと考えたらあきまへんで。特ダネとか他社を考えたらダメでっせ。闘う相手は検察庁だけ。調書を見るために特捜部の金庫破りをするぐらいでないと真実に迫る報道はできまへん。『スパイ大作戦』というテレビがあるでしょ。アレですよ」

観堂は太い腕をさすりながら熱弁を奮ったが、彼は大阪本社で上司の部長に向かって「こんな未曾有《みぞう》の大事件が始まっているのに大阪本社はタッチしなくてもいいんですか」と迫って部長から「それなら君が行け」と言われ上京した迫力があった。

私も尋常な取材ではロッキードの真実は暴露できないと思っていた。私の驚きは特捜部の金庫破りのことを私たち東京の記者たちも大阪の観堂記者も「スパイ大作戦」のこととして考えていたことである。

まさか金庫破りなどという物騒な手段はとらないまでも、本物の逮捕状・調書を見る方法はないものかと考えていた。このことを私たちは「現物主義」と呼んだ。違法スレスレの取材手段を駆使することでは七人の検察取材班は一致した。

「逮捕されることはないだろうが、責任をとって社をやめることはある。その時は『スパイ大作戦』のように〝君、もしくは君の仲間が殺されようとも当局は一切関知しない〟という精神でいくしかないな。辞職は私だけでたくさんだ」と私はひそかに辞表を用意した。そうしなければ落ち着かないからだ。

私たちは「あらゆる取材の手段を動員する」と申し合わせたが、絶対あり得ない手段まで試みた。現在のように検察庁は最新式ハイテクビル（地上二一階、地下四階＝一九九〇年七月竣工）には移っていなかったが、白い八階建ての旧検察ビルはそれなりに威厳があり、警戒は極めて厳重であった。巨悪を含む政治家名のあるSEC極秘文書が特捜部の奥深い金庫にあることを考えると厳戒は当然と言えた。

ロッキード事件で社会は過熱しているのに、一歩東京地検特捜部に入ると不気味な静けさが支配していた。当時の特捜部は事件関係者以外出入り禁止だったが、それにかまわず真ん中の廊下を進むとドアが並んでいて、検事の取調室と思ってドアを開けると、また廊下だった。つまり特捜部は二重廊下になっていて、事件参考人が出頭した時もだれにも会わないですむような構造になっていた。

その次の廊下のドアを開けると、こんどこそ検事取調室が並んでいたが、検事たちの口数も少なく、参考人も検事取調室に消えると何が行われているかわからない。

このなかで参考人の口からロッキード事件にからむ大物政治家の名が出るのだろうが、東京地検次席の正式会見でも各社が事件記者を増強した検事宅の〝夜討ち〟でも政治家の名前はまったく出ない。検察の箝口令《かんこうれい》は徹底していた。特捜部長・川島興は「口なしのコーチャン」と言われた。特捜部内部でも政治家情報を知り得るのは吉永らごく僅《わず》かな検事に限られた。

しかし政界では、ロッキード事件でどんな大物政治家が逮捕されるかわからないのに、「国家有用論」が先行して三木政権退陣工作がしぶきをあげていた。このまま進行すれば大異変が起こるかもしれない――と検察取材の七人の侍《さむらい》は考えていた。私はこの事件のテーマは田中角栄であると考えていた。

一年八ヵ月前には田中金脈事件で首相の座を失っていたし、法務政務次官当時の昭和二三年（一九四八）の「炭鉱国管汚職事件」で逮捕（一審有罪、二審無罪）されているが、私はもし前総理大臣に汚職の嫌疑が起きた場合、相手が田中角栄ならばもはや検察は容赦しないだろうと思った。

総理大臣は、言うまでもなく日本の最高権力者であり、それを牢獄《ろうごく》に閉じ込めようとすれば権力からは激越な圧力を受け、ついには検察が腰くだけになって、すさまじい報復を覚悟しなければならない。「国家有用論」は政治家だけでなく検察内部にもあって、日本のために大きな功績があった総理大臣が汚職で逮捕問題が起きた時、検察がひそかに暗闇《くらやみ》のなかで始末することも充分考えられることを特捜の歴史自体が示している。しかし田中の場合はその許容限度を超えていると私は考えていた。それは首相という防護枠がなくなったことを意味した。

検察のホープと見られている伊藤栄樹が、田中金脈不発を検察上層部の指示で東京地検次席として処理しながら最高検検事に異動になっていた時、伊藤が酒に酔って「角栄は許せない。絶対に許せない」と言ったこと（他日確認）を私は忘れない。

政治家として田中は重要人物として人気があったが、検察内部では田中金脈事件などで一足早く権威が消えていた。つまり、首相クラスを逮捕する時は、検察が一致団結した時に限る——という鉄則が田中についてはできていた。

ロッキード事件で日本列島が緊張したのは首相クラスの大物現役政治家がこれから登場してくるかもしれないという予感を国民がもったからである。児玉と対比しても大物でなければならない首相クラスと言えば、昭和四七年七月自民党総裁公選に出馬した田中角栄（前首相）、福田赳夫（副総理、のち首相）、大平正芳（蔵相、のち首相）、三木武夫（現首相）の四人だが、どういう条件をあててみてもロッキード事件の汚職に手を出し特捜検察の照準に合う政治家となれば田中の必然性が最も高い。

しかし、政治家の実像は不可解で、逮捕段階になって意外な人物が浮かぶことがあるから、私たちは油断しなかった。首相クラスの人物には当然、政権を降りたばかりの佐藤栄作（元首相）も入るが、かりに法律違反があっても刑法の贈収賄罪では「時効」だから除外した。歴代首相のなかにはワルそうな政治家もいたが、それも「時効」だ。

検察からの捜査情報が途絶えると、報道機関は検察権力のコントロール下に置かれることになり、ロッキード事件の真実を国民に知らせるという構図は崩壊する。疑獄捜査の取材は記者としての事件の「読み」の勝負である。捜査の本筋《ほんすじ》を正確に読み取り、常に軌道修正をしながら事件を追っていなければ、正確な報道も大胆な紙面展開もできない。本筋を読み間違えて迷路に踏み込もうものなら、その行き着く先は「大誤報」の地獄なのだ。

それにしても検察の捜査情報が極端に少なかった。何が捜査の本筋かを読み取るにも肝心の捜査情報がなかった。私たちは躊躇《ちゅうちょ》なく「スパイ大作戦」と呼ぶ違法すれすれの取材行動を決めた。東京地検特捜部を奇襲するのだ。

もうすでに辞表を書いていたから精神的に恐れることもなかった。夜が明けた。朝六時になると白い検察庁ビル裏口に私の仲間が素知らぬ顔をして入って行く。

もちろん警備の係官はいたが、彼らの目の死角を狙った。早朝のひんやりした空気のなかを五階に上がり、まだ無人の特捜部へ行った。特捜部の衝立《ついたて》の奥には中央廊下があり、その両側にはドアがいくつもあって、そこを入るとまた廊下という二重廊下構造についてはすでに記した。私たちは「スパイ大作戦」に踏み切った。特捜部長、副部長の部屋を押したがカギがかかっていた。検事の個室（取調室）も同様だった。

だが検事室の前の箱を調べていた仲間が手を上げた。そこには特捜検事や事務官が書き損じた調書が捨てられていたが、そこにはロッキード事件の真実が書かれていたではないか。供述調書のほか図表の一部が捨てられていた。

おそらく特捜部としては、こんな時間にこんなところまで忍んで来る記者はあるまい、と信じていたに違いない。第一、日本最強の捜査機関を奇襲することをだれが思いつくだろうか。どこにもすきがないと鉄壁《てっぺき》を誇るものでも弱点はあるものだ。「スパイ大作戦」による特ダネが続いた。

しかし「スパイ大作戦」は突然、幕を降ろすことになる。私たちの心のなかに慢心が生じればきっと危険を招来するが、それを暗示するように私の仲間がミスをした。「現物主義」で入手した情報は、それをストレートに記事化してはならない、という鉄則がある。

もちろん、「現物」だから真憑性《しんぴょうせい》は抜群だが、特捜部が自らの立場を考えれば私たちの行動を疑ってくるはずだ。

「山さん、あの作戦は中止だよ。あんなに詳しく書いては危険だよ」と自らも「スパイ大作戦」のメンバーだったベテラン記者が言った。

検察は極度に情報漏れを恐れ、手入れの時、張込みの記者やカメラマンがいたら捜査を中止したり、また新聞に「きょう逮捕」と出ていれば逮捕の日時を変えたり、はなはだしい場合は捜査そのものをやめたりする。結果的に新聞社の誤報となる。検察庁からこんなクレームをつけられるようではプロの記者としては失格である、と私は思っている。

それに、白いビルの東京地検のおひざもと、いや検察そのものからだれも知らないうちに情報（調書）が流出していたことは検察にとっては絶対にあってはならないことなのだ。

「それで検察の動きは？　それにしてもまずったなあ」と私はため息をついて「スパイ大作戦」を中止した。「作戦は一つだけではないのだから」と私は言った。それにしても「君、もしくは君の仲間が殺されたり……」と『スパイ大作戦』のテーマフレーズはロッキード事件によく似合っていたのだが——。

## 丸紅・全日空ルート

ロッキード事件は「児玉ルート」と「丸紅ルート」の二つから成り立っていたが、このうちの「児玉」は重病で失速していたから、後は影響力の重大な総理大臣クラスの大物政治家をあぶり出さねばならない。それが国民の知る権利に奉仕することになる。

毎日新聞社社会部のロッキード報道は検察取材の私たち七人のほかに総合商社・丸紅と全日空に的《まと》をしぼった航空機問題、さらにその背景の田中・ニクソン会談、田中・若狭（全日空社長）会談、田中・檜山（丸紅会長）会談、さらに暗躍した政治家群などの取材に社会部一〇〇人の記者があたっており、独自の調査報道で急速に成果をあげていた。

しかしそれでも捜査主体は東京地検特捜部であり、特捜検察が口を開かない限り、どの政治家群を狙っているかわからず、イニシアチブは完全に特捜検察が握っていた。

ロッキード社のつくる多数の大型ジェット旅客機という巨大な商品を、国家政策を曲げても導入するなどということは、陣笠《じんがさ》代議士などではとてもできない――という論理はよくわかる。丸紅・全日空ルートの行方《ゆくえ》に首相・田中角栄の実像が結ばなければ、どうしても謎が解けないのだ。そして伊藤栄樹が言ったように、田中角栄ならば逮捕することに抵抗感が消えており、検察側の「国家有用論」からははずれていたことも重要であった。

流動する事件捜査の本筋が読めなくなると、私たちは、すぐ「こんなことができるのは総理大臣以外にはいないのではないか」という原点ともいうべき素朴な疑問に立ち返った。私たち検察取材グループの間では田中角栄の姿がますます大きくなった。

それとともに自民党の椎名副総裁がはじめた「三木おろし」の動きが不気味だった。自民党勢力の三分の二を反三木派がおさえていたのだから、何が点火して大爆発を起こすかわからない。その事態になれば三木政権は崩壊するだろうし、ロッキード事件の大物政治家逮捕もなくなるだろう——という恐怖が私をしめつけた。

政界疑獄事件を追って一〇年になる私は「政治家だから逮捕されないという聖域があってはならない。その特権意識が社会を歪《ゆが》める。初めて訪れた大物逮捕をないがしろにしてはならない」と思い込んでいた。特ダネ意識は「大物逮捕が実現するかどうか」という重大問題を前に拡散した。

椎名ら有力派閥の領袖が工作している〝三木おろし〟の担当は新聞社の組織でいえば政治部であり、社会部の事件担当の記者が政権中枢から取材するのは範囲外とされていた。

しかし、「政界大物が逮捕されるかどうか」の非常事態ではないか。あらゆる取材方法を駆使しようと「スパイ大作戦」を始めたのではなかったのか……。私は政権中枢と結ぶ方法を長い間考えていた。だが裁判や事件を追ってきた司法記者である私には政権中枢にいる政治家なんて知ってるわけがない。「三木政権だから政権中枢の政治家と言えば官房長官・井出《いで》一太郎《いちたろう》かあ」と私はため息をつかざるを得なかった。

官房長官といえば総理大臣を補佐する内閣の要《かなめ》であって、大物政治家逮捕問題とはいえ、政務多忙の井出が私と提携することなどあり得ないし、大物政治家（具体的には田中角栄だが）の逮捕を自分自身に問い詰めた結果、白日夢を見ているのではないか、これは頭を冷やしたほうがいいと思い返したりした。

しかし日本中が過熱している時には、思いがけないことが起きるものだ。司法記者クラブにかかった一本の電話が一面識もない井出との連携を実現させたのだ。その電話は政治部の岩見《いわみ》隆夫《たかお》（のち毎日新聞社役員待遇・編集局顧問）からのもので、「山ちゃん、井出官房長官がね、ひそかに毎日新聞社会部の記者に会いたいと言うんだ」と言った。私は絶句した。

それから二〇年の時間が経過し、ロッキード事件が起きた年の七月にスタートした「記者の目」欄が四〇〇〇回を越え、二〇周年を迎えた記念パーティーが平成八年（一九九六）七月六日、毎日ホールで開かれた。私はとっくに定年、しかも脳卒中で右半身不随《ふずい》、口も不自由になったがパーティーには出席した。

岩見は「記者の目」の第一回を書き、私は田中角栄が逮捕された日、同欄に「検察、疑獄に無力の神話砕《くだ》く」を書いていたが、パーティーで岩見は私を見ると、にこやかに近づいて来た。

「山ちゃん、あの時、井出さんは、ずいぶん役に立ったんじゃないの？」と岩見は言った。

「それはもう大変！」と私は二人だけにしかわからない会話をして二人とも笑った。

――緊迫した空気のなか、井出と私は国会と道一つ隔てた永田町の衆院第一議員会館の三木武夫の部屋で会った。三木は首相官邸に移っていてガランとした空き部屋になっており、クモの巣があるようなカビ臭さが漂《ただよ》っていた。真ん中のソファーに座ると「密会の場所としてはいいでしょ。まさか総理大臣の部屋とは気がつかない」と井出は笑った。

後でよく考えてみると、政権側には大物政治家逮捕を控えて東京地検特捜部の動向に関する情報は三木政権存続のうえでも不可欠の重要さをもっていた。また私の方は自民党内で熾烈《しれつ》さを加えている〝三木おろし〟が、いつロッキード捜査に向かうかわからない状況ではホットな政界情報——特に三木政権の反撃策を知っておくことが極めて大事と思っていた。

井出と私とでは立場がまったく異なるが、三木政権がロッキード事件捜査開始直後に「日本の政治が傷つくことがあってもウヤムヤにしてはならない。民主政治の致命傷になる」と打ち出した所信を私は感動をもって迎えた思いがある。

井出との密会は初めは議員会館の三木の部屋が使われ、時間によっては井出が駅弁を持って来たりした。しかし情勢が切迫してくると電話が多くなり、私たちはこの電話をホットラインと呼んだ。しかし情報のギブ・アンド・テイクが公平に行われたとは言いがたい。井出のもたらす情報は政権にからむ枢要なものも含まれていたが、それに見合う情報は最高検、東京高検、東京地検からも入らなかった。情報の完璧な遮断である。事件のテーマは田中角栄と推測できても決定的な裏付けがない。

検察で、政治家のからむ捜査を知り得るのは、最高検なら検事総長、次長、担当検事の三人、東京高検は検事長、次席の二人、東京地検なら検事正、次席の二人に特捜部長ら実際に捜査にあたっている吉永ら少数の検事にしぼられている。検察の秘密厳守は完璧で、この時ほど白い検察合同庁舎ビルが威厳をもってそびえて見えたことはない。

私は井出には〝事件の読み〟を語ったりしたが、井出の素晴らしさは、心を許した者には、たとえ私が極秘情報をとれなくとも、自分の方は誠実に政権の秘密情報を教え続けたことである。私は井出のスケールの大きさに感動していた。

## 総攻撃の開始

東京地検特捜部は総攻撃を開始した。

六月二二日、コーチャンらの嘱託証人尋問は始まっていなかったが、東京地検特捜部はそれを待ってはいられない事情があった。「時効」の恐怖である。捜査さなかにロッキード事件に群がった人たちに相次いで「時効」が完成し、逮捕もできない事態になったらどうなるか。

「嘱託証人尋問なし」の自前の捜査で東京地検特捜部はこの朝、丸紅専務・大久保利春を外為法違反で逮捕した。彼は明治の元勲《げんくん》・大久保《おおくぼ》利通《としみち》の孫で律義《りちぎ》で礼儀正しい男だった。全日空専務・沢雄次《さわゆうじ》、経理部長・青木久頼《あおきひさより》、業務部長兼国際部長・植木忠雄《うえきただお》は警視庁捜査二課が外為法違反で逮捕した。検察が三庁合同捜査体制に配慮したためだ。しかし大物政治家(田中角栄)に連なる大久保だけは東京地検特捜部が離さなかった。すさまじい特捜検察の逮捕攻撃である。

▽6月29日　不動産業(児玉の友人)・水谷文一(脱税)
▽7月2日　丸紅専務・伊藤宏(偽証)、児玉の秘書・太刀川《たちかわ》恒夫《つねお》(強要罪)
▽7月7日　全日空取締役・藤原亨一(偽証)

▽7月8日 全日空社長・若狭得治(外為法違反、偽証)
▽7月9日 全日空副社長・渡辺尚次(外為法違反)

逮捕者が続出し捜査のボルテージが最高潮に達しようとした時、私は日本ジャーナリスト会議から電話を受けた。

「在京各支部が土曜の一〇日夕、交流会を開きますのでロッキード事件のことを話していただけませんか」と事務局の人は言った。私はちょっと考えて「必ずうかがいます」と短い返事をした。白い八階建ての検察庁ビル——検事や弁護士など法曹関係者が出入りする光景は変わりないのに、五階の特捜部へ近づくと息苦しい緊張感が高まるのは事件が重要局面に入ったからだ。

事件捜査は着実に大物政治家逮捕を目指して進んでいるのに、最後の裏付けをとれないことが私を苛立《いらだ》たせた。ロッキード疑獄のテーマは田中角栄しかないと確信しているのに、捜査主体の特捜検察が一言も確認しないので、紙面展開ができない隘路《あいろ》に封じ込められていたからだ。

このまま事態が推移すれば近いうちに大物政治家の逮捕が切迫し、どんな混乱が起こるかわからない。逮捕の危機を知った大物政治家は、報復を決意し、特捜検察の崩壊をはかろうとするだろう。自民党内の異変は井出が知らせてくれるだろうが、それでは遅すぎる。もしかりに疑獄が目の前でつぶされるとしたら黙って見ているジャーナリストはいない。だがことが起きてから調べ始めるのでは読者（国民）への責任が果たせない。

今のうちに田中角栄に対する砲列《ほうれつ》を揃えておくべきではないか——日本ジャーナリスト会議からの電話があった時、これだけのことを考えた。大物政治家が逮捕されるかどうかという重大な歴史の節目の時に、一社だけの特ダネ意識などは関係がない。

日本ジャーナリスト会議は進歩的なジャーナリストが集まっているので知られるが、その小さな在京各支部第三回交流会は全日空副社長・渡辺尚次が逮捕された翌一〇日夕、東京・表参道の青山荘で開かれた。ここにその時の機関紙のコピーがあるから引用する。参加者は、一九支部・準支部の三八人だったが、機関紙や市民新聞、通信の人が多く、日刊紙は東京新聞の人と私だけだった。

「会はロッキード事件を裁判所などで取材している中心メンバーの話から始まり、それぞれの職場の状況をまじえながら、ロッキード事件の動きそのものについて情報交流会、研究会といった雰囲気になった。『逮捕などが大安の日に起こるのは偶然ではない。検事たちは机のなかに伊勢神宮の暦《こよみ》を入れていてチラチラ見ている。茅ケ崎《ちがさき》の大岡越前守《おおおかえちぜんのかみ》のお墓にお参りしているる』といった担当記者の話に満場爆笑……」とこの記事は続き（この担当記者とは私のことだが）、私が「田中角栄」の名を明かしたのはこの直後のことだった。

質疑応答に移って司会者が「最初に逮捕されるのはだれとお思いですか」と聞いた時、私は即座に言った。「田中角栄前首相です」。場内はざわめき、赤旗の記者がすかさず発言した。

「田中金脈事件の時検察がしたことは宅地建物取引業法違反という形式犯だけです。その検察がロッキードでは田中角栄を逮捕すると言われても信じられないのです」

「今回は検察の存在意義がかかっていて検察は真剣です。必ず角栄は捕まります」と私は自分の分析を語った。

だが赤旗の記者は執拗《しつよう》だった。赤旗紙面で生彩ある田中金脈事件の企画記事を何回も連載した自負があるように見えた。

「それはね、第一線の特捜部が逮捕したいと思っても検察一体の原則で最高検が逮捕しないと決めれば特捜部もしたがわねばならないのでしょ」

「その最高検も逮捕すると決めればいいのです。検察は必ず逮捕します」

「それはそうだが、信じられないな」

「この事件の本犯はロッキード社の経営者です。そしてアメリカの証券取引委員会が日本の犯人はだれか、ということを知っています。その環境のなかでどうして有力政治家だからと見逃しなんかできますか。検察は必死なんです」

ほんの一瞬、沈黙が通り過ぎた。この短い時間で自らの衝撃を整理したのだろうか。「とすると角栄逮捕はもうすぐそこまできてるのか」という声も出て、雰囲気は一気に盛りあがった。最後に司会者が「みんな、田中逮捕は黙っていることにしよう。これが広まると事件をつぶすことになるから。くれぐれも慎重にな」と言って会は閉会になったが、この言葉のために日本ジャーナリスト会議の当日の機関紙では在京支部・準支部交流会の内容から〝田中逮捕〟が落ちた。

その悔《くや》しさを機関紙は「予定時間はアッという間に過ぎた。もう少し話し合いたかったという声が聞かれた」という表現を使った。

だがジャーナリストの習癖から私は「田中逮捕」の情報はジワリジワリと広まるだろうなと思った。

私としては自民党多数派が「国家有用論」を使って田中角栄前首相を救出するために特捜検察の弾圧に出てきた場合、ジャーナリストは前もって調べておいた田中角栄問題でいつでも戦える態勢をつくることにあったが、その目的には成功したとは言えなかった。

しかしこのことがきっかけとなって赤旗の関口社会部長とロッキード事件以後、政界疑惑の情報交換をするようになった。密会の場所は国電（現・JR）代々木駅近くのすし屋と決まっていた。政界疑惑情報のためには多くの人と結ぶべきだと私は考えていたからだ。ジャーナリスト会議の在京支部・準支部の交流会があってからも、ロッキード事件の捜査はしぶきをあげた。そして重大なことが起きるのだ。

▽7月13日　丸紅前会長・檜山広（外為法違反）
▽7月19日　丸紅総務課長・毛利《もうり》英和《ひでかず》、同課員（運転手）・松岡克浩《まつおかかつひろ》（証拠隠滅）
▽7月20日　丸紅秘書課長・中居篤也（証拠隠滅）

――いよいよ大物政治家逮捕の日が刻一刻と接近してくる。

（下巻に続く）

本作品は一九九八年九月、小社より刊行された『特捜検察物語』㊤を加筆改題し、文庫化したものです。

山本祐司－1936年、中国・奉天市(現・瀋陽)に生まれ、山口県萩市に育つ。早稲田大学法学部を卒業し、毎日新聞社に入社。10年間司法記者クラブに在籍ののち社会部副部長、横浜支局長を歴任。社会部長時代の1986年、脳溢血で倒れるが〝奇跡の生還〟を遂《と》げ、懸命のリハビリを続け8年がかりで『最高裁物語』の執筆に挑《いど》み、同書で1995年度、ジャーナリスト界最高の賞とされる日本記者クラブ賞を受賞。ペンを衝き動かす記者魂は燃え続け、フリーライターとして活躍。
著書には『恐慌と疑獄』(潮出版社)、『最高裁物語』㊤㊦(講談社＋α文庫)などがある。

講談社＋α文庫 特捜検察《とくそうけんさつ》㊤
──巨悪・地下水脈との闘い
山本祐司《やまもとゆうじ》

2002年8月20日第1刷発行

発行者──野間佐和子
発行所──株式会社 講談社
東京都文京区音羽2-12-21 〒112-8001
電話 出版部(03)5395-3722
販売部(03)5395-5817
業務部(03)5395-3615
デザイン──鈴木成一デザイン室
カバー印刷──凸版印刷株式会社
印刷──慶昌堂印刷株式会社
製本──有限会社中澤製本所

落丁本・乱丁本は小社書籍業務部あてにお送りください。
送料は小社負担にてお取り替えします。
なお、この本の内容についてのお問い合わせは
生活文化第二出版部あてにお願いいたします。
Printed in Japan ISBN4-06-256649-4
定価はカバーに表示してあります。